PUBLICATION DE LA RÉUNION DES OFFICIERS

LE
SERVICE D'ÉTAT-MAJOR

PAR

LE GÉNÉRAL **BRONSART VON SCHELLENDORFF**

CHEF D'ÉTAT-MAJOR DU CORPS DE LA GARDE

traduit de l'allemand

PAR

LE CAPITAINE **WEIL**

DEUXIÈME VOLUME

PARIS
LIBRAIRIE MILITAIRE DE J. DUMAINE
LIBRAIRE-ÉDITEUR
Rue et Passage Dauphine, 30

1876

LE SERVICE D'ÉTAT-MAJOR.

Paris. — Imprimerie J. DUMAINE, rue Christine, 2.

PUBLICATION DE LA RÉUNION DES OFFICIERS

LE
SERVICE D'ÉTAT-MAJOR

PAR

LE GÉNÉRAL BRONSART VON SCHELLENDORFF

CHEF D'ÉTAT-MAJOR DU CORPS DE LA GARDE

traduit de l'allemand

PAR

LE CAPITAINE WEIL

DEUXIÈME VOLUME

PARIS

LIBRAIRIE MILITAIRE DE J. DUMAINE

LIBRAIRE-ÉDITEUR

Rue et Passage Dauphine, 30

1876

AVANT-PROPOS

Je vais livrer à la publicité la deuxième et dernière partie de mon travail sur le service d'état-major.

Cette deuxième partie, comme je l'ai dit dans l'avant-propos de mon premier volume, est consacrée exclusivement à l'étude du service de l'état-major en temps de guerre. Les IIe et VIIe chapitres traitent de la formation de l'armée sur pied de guerre, et de certaines mesures qui ont un rapport direct, un lien intime avec cette organisation. Si je me suis vu, par la force des choses, obligé à passer sous silence tout ce qui, par ordre supérieur, doit rester secret, je me suis en revanche efforcé de donner un aperçu exact de tout ce qui, ayant trait à la formation de l'armée sur pied de guerre, a pu être révélé au public.

J'examinerai donc, dans ce volume, à la fois tout ce qui a été déterminé par des prescriptions et des ordonnances et tout ce qui a été consacré par l'expérience des dernières guerres, ainsi que les questions plus abstraites, en ayant soin, sous ce dernier rapport, de réduire à sa plus simple expression la valeur que la nouveauté peut sembler leur donner.

Aussi, si mon travail est exposé à perdre, par suite, au point de vue de la forme même, quelque peu du caractère homogène et unique qu'il devrait avoir, j'ose espérer cependant qu'il y gagnera davantage sous le rapport de l'utilité pratique, parce que si j'ai, d'une part, traité avec une liberté absolue certaines parties de mon sujet, je me suis, de l'autre, efforcé à ne pas dépasser certaines limites qu'on ne saurait transgresser, sans rendre des considérations purement théoriques moins utiles qu'une description sérieuse et raisonnée des institutions existantes.

J'ai cherché aussi à mettre à profit tous les enseignements que j'ai pu emprunter à l'histoire des guerres et à ma propre expérience de soldat, mais, en même temps, j'ai complétement renoncé à donner des exemples tirés de l'histoire militaire. On sait bien, en effet, que l'histoire des guerres fournit une foule d'arguments superficiels, spécieux, qu'on peut invoquer et faire valoir à l'appui de toutes les thèses les plus diverses. Pour pouvoir baser une opinion sur ces exemples, il faut en fournir un nombre tellement considérable qu'il devient alors très-pénible de vérifier si ces exemples reposent sur des causes de même genre et ont produit des effets de même nature. En agissant de la sorte, j'aurais considérablement augmenté les dimensions de mon œuvre et singulièrement nui à l'unité de l'ensemble de mon travail.

C'est également pour cela que je n'ai pas cherché non plus à remplir, en résolvant certains problèmes dont j'avais établi la donnée, le cadre que je m'étais imposé. Ces problèmes n'ont, par eux-mêmes, qu'une valeur bien moindre encore que les exemples empruntés à l'histoire militaire. Ils nuisent, plus qu'ils ne servent, à celui qui n'a pas saisi le sens même et la portée des choses, et ne rendent que peu de services aux esprits qui veulent travailler librement.

Le but de mon livre est, au contraire, d'exciter au travail les esprits studieux, de leur donner un guide pratique, et je viens, pour la seconde comme pour la première partie de mon travail, réclamer pour mon œuvre la bienveillance et l'indulgence de mes camarades de l'armée allemande.

Berlin, le 22 mars 1876.

BRONSART VON SCHELLENDORF,

Général-major et chef d'état-major du corps de la garde.

LE SERVICE D'ÉTAT-MAJOR.

I. — Composition des armées, ordre de bataille et répartition des troupes.

L'*ordre de bataille* règle la composition et la distribution des armées. Cet ordre de bataille, basé dans le principe sur les idées adoptées pour la *formation de combat,* détermine aujourd'hui plus particulièrement la *répartition générale des troupes,* tout en réglant les positions faites aux *différents commandements et administrations* et en ne faisant qu'indiquer les *formations normales de combat.*

C'est à l'époque de l'apparition des premières armées régulières que remonte l'origine de la division de ces armées en unités moins considérables et du fractionnement de ces unités elles-mêmes en un certain nombre de subdivisions. Quand bien même on arriverait à concentrer les combattants dans l'espace le plus resserré possible, l'unité absolue du commandement, la direction immédiate de toutes les forces par un chef unique, ne peuvent présenter d'avantages que quand il s'agit de corps d'un effectif peu nombreux. Dès que les effectifs s'accroissent, on est obligé de répartir les troupes en un nombre de subdivisions en rapport avec celui des hommes, qu'un seul chef peut commander et diriger par lui-même, tout en se réservant la possibilité de pouvoir encore dans de certains cas établir de nouvelles subdivisions. On arrive de suite à saisir ainsi le sens de ce que, dans le langage moderne, on est convenu d'appeler *unité tactique*. C'est là une expression dont le sens et la portée ont dû forcément varier avec les différentes périodes qu'a traversées l'art de la guerre. La formation qu'une subdivision de ce genre prendra pour combattre, c'est-à-dire pour tirer le plus grand parti possible de ses armes, l'espace qu'elle couvrira tant en profondeur que sur son front, serviront par-dessus tout à déterminer le maximum qu'une unité tactique ne saurait dépasser. Il faut en effet toujours chercher à atteindre ce maximum, c'est là d'ailleurs le seul moyen pour ne pas verser dans l'ornière de subdivisions trop nombreuses qui multiplient à l'excès les chefs intermédiaires et augmentent outre mesure les degrés par lesquels passe forcément la transmission des ordres.

Il est assurément fort intéressant de suivre pas à pas le développement historique des principes qui ont régi aux différentes époques la composition et la formation des armées. Mais une étude de ce genre nous entraînerait trop loin. Il nous paraît suffisant de rattacher à l'état de choses actuel et de faire ressortir d'un examen approfondi de l'organisation des armées modernes, organisation basée sur les principes qui régissent aujourd'hui l'art de la guerre, les points principaux qui déterminent la composition des armées.

On a assurément à tenir compte alors d'une foule de considérations ; mais de toutes ces considérations, celle qui doit primer les autres, c'est sans contredit celle qui a trait à l'emploi qu'on fait des troupes pendant le combat, et à la possibilité de les faire marcher utilement et à propos tant avant le combat que pour les faire arriver sur les lieux mêmes de la lutte. La question de la sûreté de la transmission immédiate des ordres a un rapport immédiat avec cette première considération. Ce n'est qu'ensuite et en deuxième ligne qu'on doit s'occuper de tout ce que nous désignons par le terme général de questions d'administration, c'est-à-dire des subsistances, de l'habillement, de l'équipement, de l'armement, de l'hygiène, etc., des troupes.

Ces variations, que subissent la formation et la distribution des armées, sont une conséquence forcée, essentielle de l'état de l'art militaire moderne. La régularité automatique du dix-huitième siècle, les formations adoptées par l'armée prussienne en 1806, ont cédé la place à une liberté complète dans la disposition des troupes.

C'est là ce qui a donné naissance à ces variations multiples apportées à la *répartition des troupes*, qui se modifie selon la nature même des circonstances.

L'*ordre de bataille*, qui détermine d'une manière constante la constitution organique des troupes en temps de guerre, ne saurait être considéré comme une contradiction à cette *répartition des troupes* exposée à tant de variations. Cette répartition n'est à vrai dire que le complément de l'ordre de bataille, et il est de toute évidence qu'on aurait tort de répartir les troupes d'une manière par trop contraire aux dispositions de *l'ordre de bataille*, tout comme il serait dangereux d'apporter à cette répartition des changements trop fréquents et d'une utilité contestable.

En agissant de la sorte, on troublerait non-seulement l'équilibre des différents pouvoirs, on porterait une grave atteinte à l'énergie et au prestige du commandement, mais on modifierait encore l'assiette même de l'administration qui contribue si puissamment à maintenir les troupes en état d'entrer en campagne.

Il faut par suite, pour peu qu'on parvienne toutefois encore à atteindre certains résultats, préférer, même aux dépens de la répartition la plus idéalement **avanta-geuse**, le maintien d'une répartition quelque **peu du-rable** à des changements constants.

Il est donc facile de voir que la répartition des trou-pes doit correspondre le plus possible à l'organisation du commandement et des pouvoirs administratifs, telle qu'elle découle de l'*ordre de bataille*, ou bien, en renversant la proposition, il faut que l'*ordre de bataille*, tenant compte de toutes les exigences de l'art militaire moderne, au lieu d'être une difficulté sous ce rapport, soit la base réelle sur laquelle repose une répartition des troupes de nature à se prêter à la plupart des cas.

Il suffira alors de tenir compte des considérations relatives aux mouvements et à la subsistance des trou-pes, à la sûreté de la transmission immédiate des ordres, etc., pour se convaincre de l'importance qu'a pour une armée le choix judicieux d'un *ordre de bataille*, établi en vue de la guerre, pour laquelle toutes les armées doivent être organisées à l'avance en temps de paix.

La meilleure répartition des troupes en temps de paix serait, à ce seul point de vue, celle qui permettrait de passer directement à la formation sur le pied de guerre. Mais les conditions mêmes du pied de paix viennent forcément modifier quelque peu l'application et la réalisation de cette idée. C'est ainsi que l'on ne saurait constituer les corps, tels qu'ils le seront au point de vue du commandement en temps de guerre, sans porter une grave atteinte à l'instruction spéciale et technique des différentes armes (Voyez 1er volume), et ce n'est qu'après de longues et sérieuses études, que l'on peut déterminer les différences qui existent entre la répartition du temps de paix et l'*ordre de bataille*, après des études qui seront d'autant plus lon-gues et plus sérieuses, que de jour en jour on a de moins en moins de temps pour faire sortir les troupes de leurs garnisons, les former en corps d'armée et les mener au combat. On ne pourrait donc aujourd'hui négliger sans danger aucune des mesures qui tendent à faciliter le passage sur le pied de guerre.

Nous allons examiner maintenant les principes qui doivent régir la constitution et la composition d'une *grande armée :* on ne saurait en effet s'occuper utilement de la composition de petites armées; ces petites armées, dans les circonstances graves, se relient aux grandes, et il suffit alors que *leur ordre de bataille* leur facilite les moyens de se joindre et de se relier à ces armées.

Une *grande armée* comprendra tout d'abord, dans sa formation du temps de guerre, un certain nombre de subdivisions que nous avons pris l'habitude de désigner par le nom d'*armées.*

On ne saurait déterminer à l'avance ni les effectifs ni la composition de ces armées, parce que les circonstances mêmes dans lesquelles se produit la guerre, sont essentiellement variables et que, sans parler même de l'armée ennemie, leur force varie en raison de l'existence et de la présence d'armées alliées, de l'attitude des États qui restent neutres dans le principe, etc., etc.

Il s'agit donc de déterminer ici tout d'abord les subdivisions que doit comprendre une *armée.*

Il faut tout d'abord que la première *division* de l'armée contienne assez d'unités, pour qu'il soit inutile d'intercaler à l'avenir des pouvoirs intermédiaires. Le maximum même, que le nombre de ces unités ne saurait dépasser, découle presque naturellement de ce fait, qu'un seul chef ne saurait diriger efficacement des agents trop nombreux. Il serait théoriquement difficile de fixer d'une façon absolue le nombre de ces facteurs;

mais l'expérience fournit sous ce rapport quelques points de repère, et l'on peut dire aujourd'hui **que toutes** les fois que le nombre des unités, dont se **com-pose** une armée, sera de plus de huit, il en résultera de graves inconvénients au point de vue de la stricte exécution des ordres et de l'homogénéité du commandement. Il faut d'ailleurs, à cet égard, reconnaître que l'importance des différentes subdivisions de l'armée et le rôle particulier qui leur est attribué exercent une influence décisive sur la solution à donner à cette question, parce qu'à mesure que ces unités deviennent plus considérables, et en raison de l'extension qui est rendue indispensable tant par la composition même que par l'emploi des forces, les considérations d'espace pèsent plus puissamment dans la balance.

Si, ne nous occupant tout d'abord que des trois armes principales, l'infanterie, la cavalerie et l'artillerie, nous considérons l'armée comme une somme d'unités tactiques, c'est-à-dire, d'un certain nombre de bataillons, d'escadrons et de batteries, il faudra, quand il s'agira d'effectuer la première division de l'armée, examiner si, en prenant comme point de départ le chiffre total de l'infanterie, on devra diviser cette infanterie en portions égales auxquelles on adjoindra une certaine proportion de cavalerie et d'artillerie, ou bien si l'on devra constituer de grandes unités composées, soit exclusivement, soit seulement en grande partie, de troupes appartenant à ces deux dernières armes.

Après la consécration nouvelle, que les événements de la guerre de 1870-71 ont donnée à la cavalerie allemande, après les services qu'elle a rendus pendant cette campagne, tant en éclairant au loin qu'en couvrant complétement les mouvements de l'armée, il serait **superflu** d'insister sur un fait, dont l'évidence **a dû frapper** l'esprit de tout véritable soldat, il serait inutile

de vouloir prouver que dans la formation première de
toute armée, il doit y avoir nécessairement des corps
se composant exclusivement de cavalerie et de batteries d'artillerie à cheval. Ce qui reste à déterminer
sous ce rapport, c'est l'effectif que doivent avoir ces
corps de cavalerie, et le genre de formation qui leur
convient le mieux.

L'armée prussienne, lors de la campagne de 1866,
comprenait un *corps de cavalerie* fort de deux divisions,
qui releva presque tout le temps de l'un des généraux
commandant en chef une des armées, et qui ne reçut
qu'accidentellement et exceptionnellement des ordres
émanant directement du grand quartier général.

Or, comme un semblable corps de cavalerie ne saurait être formé dans le sens de la profondeur, ni lorsqu'il
s'acquitte du service de reconnaissance, ni lorsqu'il
prend part au combat, mais qu'il est obligé d'agir en
accolant ses divisions l'une à côté de l'autre, toutes les
fois que chacune de ces divisions ou que le corps
entier doit produire son maximum d'effet, il en résulte
que l'officier général chargé du commandement de ce
corps devient un intermédiaire, un facteur inutile,
dont les pouvoirs peuvent être exercés directement
par le général commandant en chef une armée.
Aussi s'est-on gardé de former un *corps de cavalerie*
pendant la guerre de 1870-71 ; mais, en revanche, on
constitua un certain nombre de *divisions de cavalerie*
qu'on mit à la disposition et sous les ordres immédiats
des généraux en chef d'armée. Cette organisation de la
cavalerie a permis de satisfaire à tous les besoins. Si
donc, on admet qu'une formation analogue sera adoptée à l'avenir, on peut, sans nuire pour cela en rien à
une liberté absolue d'action, que tant de causes diverses
rendent si souvent nécessaire, essayer de déduire des
considérations, que nous exposerons dans ce travail,

une formation pour la division de cavalerie. On **devra** **alors** ne perdre de vue ni le rôle qui incombe à la cavalerie comme arme appelée à combattre, **ni les** **exigences** du grand service de reconnaissances **et de** sûreté; on devra aussi se garder d'oublier que, dans le premier cas, il s'agit avant tout de déterminer l'effectif total et le nombre des parties constitutives de la division, tandis qu'il importe, dans le second cas, de fixer la constitution de cette division, de lui adjoindre de l'artillerie et parfois même quelques troupes d'infanterie. Afin d'élucider complétement la question relative à la composition même de la division, il sera bon de peser de suite les avantages et les inconvénients qui résultent de l'adjonction constante de troupes d'infanterie à la division de cavalerie.

Nous n'hésitons pas à déclarer que l'adjonction *constante* d'une *faible* troupe d'infanterie à un *gros* corps de cavalerie est une mesure illogique, en contradiction directe avec la nature même de la cavalerie. L'infanterie, en effet, manque de la qualité essentielle, de la qualité à laquelle seule la cavalerie doit sa valeur et son importance, la vitesse. On nous approuvera, nous l'espérons du moins, si nous croyons inutile de reproduire ici les arguments et les théories de ceux qui veulent transporter constamment l'infanterie en voiture, afin de lui donner la rapidité de mouvement qui lui manque, et improviser des transports de ce genre au moment de la guerre. Mais pour pourvoir, en temps de paix et d'une façon permanente, ces corps d'infanterie, des attelages et des moyens de transport nécessaires (ce serait en effet le seul moyen pour que cette infanterie ne restât pas, au moment de la guerre, trop loin en arrière de la cavalerie à laquelle on l'attacherait), il faudrait se décider à des dépenses qui ne seraient guère en rapport avec les résultats qu'on pourrait espérer d'une pareille innovation. Il est évident que parfois un petit corps d'infanterie adjoint à la cavalerie pourra, dans certains cas particuliers, lui rendre certains services ; mais il est certain, d'autre part, qu'en attachant d'une façon permanente de l'infanterie à la cavalerie, on riverait à cette dernière une chaîne qui ralentirait et entraverait son action. Si la cavalerie tient à conserver ses qualités, elle doit se séparer de l'infanterie, la laisser en arrière et l'abandonner à elle-même.

Il est donc à désirer, dans l'intérêt même de l'infanterie, que l'on ne prenne une résolution de ce genre, rien que lorsqu'on se porte en avant, ou du moins lorsque le mouvement en avant est déjà commencé.

Pour que ceux qui se prononcent en faveur de l'adjonction permanente de petits corps d'infanterie à de grosses masses de cavalerie, fassent valoir, en faveur de l'opinion qu'ils défendent, l'analogie qui existe à leurs yeux entre cette adjonction et celle d'un régiment de cavalerie à une division d'infanterie, il faut assurément qu'ils se refusent à voir que la division d'infanterie est constamment chargée de s'acquitter de missions que l'infanterie se trouve physiquement incapable de remplir, telles que, par exemple, les reconnaissances rapides de grandes étendues de terrain, les renseignements et les nouvelles, la constitution d'un service de sûreté en avant et au loin, l'établissement et le maintien des communications et correspondances avec les troupes voisines et les corps détachés, etc., etc. Pour toutes ces différentes missions, il est indispensable d'avoir à sa disposition un certain nombre *d'hommes à cheval.* Mais au contraire on ne trouverait pas, dans tout le service qui incombe à la division de cavalerie, même une seule circonstance dans laquelle un certain nombre de cavaliers, armés d'une carabine à longue portée et auxquels on fait alors mettre pied à terre, ne saurait remplacer efficacement un petit corps d'infanterie. On a, de plus, renoncé désormais au vieux préjugé, en vertu duquel une troupe de cavalerie cantonnée devait être, pendant la nuit, couverte et protégée en avant par des fantassins. Je ne veux cependant pas prétendre, par là, que l'infanterie doive en prendre à son aise aux dépens de la cavalerie et négliger d'agir toutes les fois qu'il se présente pour elle l'occasion de le faire utilement. Parfois, dans des circonstances toutes particulières, il pourra être utile de placer des troupes d'infanterie sous les ordres du commandant d'une division de cavalerie, surtout quand il s'agit d'occuper des défilés, etc., en avant desquels la cavalerie devra se déployer. La cavalerie, dans ce cas, ne sera pas obligée à laisser des troupes pour les garder et sera sûre, dans le cas où elle serait forcée de battre en retraite, de pouvoir se replier sur des troupes qui la recueilleront. On peut encore, dans certains cas exceptionnels, par exemple quand on voudra faire occuper par une troupe d'infanterie un point assez éloigné placé en avant du front ou sur les flancs de l'armée, adjoindre à la cavalerie un détachement d'infanterie qu'on transportera à l'aide de voitures. Mais ces adjonctions ne sauraient jamais se faire que temporairement et dans certains cas absolument exceptionnels; elles ne rentrent donc pas dans le cadre de l'*ordre de bataille*, mais bien dans celui de la répartition spéciale des troupes.

Afin que la division de cavalerie puisse toujours se passer du concours de l'infanterie, il faut qu'on donne à cette division une composition particulière.

En tenant donc compte, à ce propos, de l'état actuel des choses dans l'armée allemande, nous aurons à nous occuper tout d'abord de la question de l'armement de la grosse cavalerie et de la cavalerie légère.

Les cuirassiers, on le sait, n'ont qu'un pistolet d'arçon, assez court, bon seulement pour le tir aux petites distances et qui sera remplacé sous peu par un revolver doué lui-même d'une portée peu considérable. Dans les régiments de uhlans, 32 hommes par escadron sont armés de carabines, tandis qu'au contraire tous les hommes des régiments de dragons et de hussards possèdent déjà une arme de ce genre. Il est donc aisé de voir que, pour qu'une division de cavalerie puisse agir par elle-même et avec une entière indépendance, il faudra qu'elle comprenne une quantité suffisante de troupes appartenant à la cavalerie légère (hussards et dragons). Les régiments de uhlans, qu'on a familiarisés complétement avec le service de la cavalerie légère, paraissent actuellement destinés à fournir plus particulièrement la cavalerie divisionnaire, qui est presque constamment et plus intimement liée aux divisions d'infanterie.

Il suffit en effet, dans ce cas, qu'un homme sur quatre soit armé de la carabine à longue portée, pour qu'on puisse trouver dans le régiment un nombre suffisant d'hommes en état d'être détachés.

Dans la division de cavalerie, au contraire, on fera mieux d'assimiler les uhlans à la grosse cavalerie. Le fait même, qu'ils sont armés de lances, augmente pour eux les difficultés du combat à pied : enfin chaque escadron ne possède qu'un nombre relativement peu considérable d'hommes armés de carabines. Si donc on réserve de préférence les régiments de uhlans pour le service de cavalerie divisionnaire, il sera bon de constituer les divisions de cavalerie pour les deux tiers de cavalerie légère (dragons et hussards), et pour un tiers de grosse cavalerie (cuirassiers et éventuellement uhlans).

Par suite, la division de cavalerie devrait se composer normalement de 3 brigades, deux de cavalerie légère, une de grosse cavalerie, de 2 régiments chacune.

Une pareille composition et la force numérique, qu'aurait alors la division, correspondraient de plus au double rôle attribué à la division de cavalerie, qui agit, soit comme unité tactique de combat, soit comme partie constitutive de l'armée, chargée spécialement du service de reconnaissance. Un corps de cavalerie doit, pour combattre, être en général formé sur trois lignes, c'est-à-dire les trois brigades l'une derrière l'autre. Le général de division dispose pour les reconnaissances de ses deux brigades légères qui opèrent alors ordinairement à la même hauteur et l'une à côté de l'autre, pendant que la brigade de grosse cavalerie, tenue provisoirement en arrière, suit le mouvement, prête à se porter là où son intervention peut devenir nécessaire en cas de rencontre, et reste disponible, de façon à pouvoir être dirigée sur les points quelconques qui ont besoin d'être renforcés.

Tant pour le service de reconnaissance que pour le combat, il est utile d'adjoindre *de l'artillerie* à la division de cavalerie, soit pour briser la résistance que peuvent opposer de petits détachements de troupes de toutes armes, soit pour recueillir la cavalerie qui se retire, soit enfin pour préparer d'une manière bien *vigoureuse* l'attaque décisive. Il reste à se demander quelle doit être la force de cette artillerie. Le minimum d'artillerie, qu'on puisse donner à une division de 6 régiments, est d'une batterie, par cela même qu'on ne saurait diviser cette batterie d'une manière permanente en sections. Comme *maximum*, on n'a jamais demandé plus de 3 batteries, soit une batterie par brigade. Il est **évident** qu'avec une seule batterie par division, l'artillerie se trouvera souvent hors d'état d'intervenir effi- cacement et l'on doit par suite se prononcer d'autant plus chaudement en faveur de l'adjonction de trois bat- teries (constituées comme cela se fait d'ordinaire en *Abtheilungen*) que l'on pourra alors, tout en étant en mesure de parer à toute éventualité, alléger le service de chacune de ces trois batteries et que, dans le cas d'une bataille, ces batteries pourront toujours, sur un ordre spécial du général commandant en chef l'armée, prendre une part active à l'action. Si l'on se refuse à admettre cette dernière manière de voir, en prétendant que l'on doive toujours laisser son artillerie à une divi- sion de cavalerie qui ne donnera peut-être que dans les derniers moments d'une affaire, on aura alors à se poser la question de savoir si l'adjonction de trois bat- teries à chaque division de cavalerie n'affaiblira pas outre mesure, dans le cas d'une bataille, la puissance de l'artillerie de l'armée. Si l'on répond affirmativement à cette question, on devra se contenter d'adjoindre aux divisions de cavalerie deux batteries, qui, pendant que la division de cavalerie éclairera l'armée, seront atta- chées aux deux brigades légères. A vrai dire, ce nombre de batteries sera encore suffisant dans la plu- part des éventualités qui peuvent se présenter pendant ce temps.

Il résulte de tout ce que nous venons de dire, que la masse de cavalerie d'une armée doit être formée en di- visions indépendantes, relevant uniquement du com- mandant en chef de l'armée, divisions qui se compose- ront de 3 brigades (deux de cavalerie légère, une de grosse cavalerie), qu'il ne faudra pas attacher d'infan- terie d'une façon permanente à ces divisions, mais qu'on devra leur adjoindre une *abtheilung* d'artillerie forte de 2 à 3 batteries.

Quant au nombre de divisions de ce genre que l'on

pourra créer, il est facile de le déduire du nombre total de régiments dont se compose la cavalerie allemande, après avoir eu soin d'en retrancher, comme cavalerie divisionnaire, autant de régiments qu'il y a de divisions d'infanterie. Nous insisterons plus loin sur l'importance et l'utilité de la cavalerie divisionnaire.

Or, comme d'après l'organisation de l'armée allemande sur le pied de paix, le corps de la garde se trouve seul, après avoir détaché deux régiments de cavalerie à ses deux divisions d'infanterie, en état de former dans son sein une division de cavalerie de 6 régiments, tandis que dans les autres corps d'armée on arriverait à n'avoir plus que des divisions fortes de 2 à 4 régiments, la constitution des divisions de cavalerie ne saurait dans son ensemble se faire par corps d'armée (1). C'est au contraire l'*ordre de bataille* qui doit, en cas de guerre, déterminer la formation des divisions de cavalerie et les répartir suivant les besoins probables entre les différentes armées.

Les remarques mêmes que nous venons de faire à propos de la cavalerie, peuvent s'appliquer également

---

(1) Il faut remarquer cependant qu'outre le corps de la garde, le XII⁰ corps (Saxe royale) et le XV⁰ corps (Alsace-Lorraine) possèdent chacun une division de cavalerie. Mais ces 2 corps d'armée ne se composent en temps de paix que de 6 régiments de cavalerie. Ici, *comme pour le corps de la garde*, des circonstances particulières ont fait ressortir la nécessité de constituer des divisions de cavalerie même en temps de paix. La réunion de *tous* les régiments de cavalerie en divisions de cavalerie, réunion par suite de laquelle il faudrait retirer les régiments de cavalerie qui entrent dans la formation normale actuelle des divisions composées d'une brigade de cavalerie et de 2 brigades d'infanterie, présenteraient les mêmes inconvénients, qui, rendus palpables par la désastreuse campagne de 1806-1807, ont amené alors la suppression des inspections d'infanterie et de cavalerie qui avaient existé jusqu'alors et leur remplacement par des divisions composées de troupes des deux armes.

à l'*artillerie*, et sous ce rapport nous aurons à résoudre la question de savoir s'il est utile de créer de grands corps d'artillerie qu'on placerait sous les ordres immédiats des commandants en chef d'armée.

L'armée prussienne, lors de la guerre de 1866, pendant laquelle les 3e et 4e corps d'armée n'existèrent pas en réalité, puisque les 5e, 6e, 7e, 8e divisions furent placées sous les ordres directs du commandant en chef de la 1re armée, possédait une réserve générale d'artillerie de l'armée formée de l'excédant d'artillerie des 3e et 4e corps. Mais on reconnut bientôt que la formation d'un semblable corps d'artillerie donnait naissance à une création aussi peu maniable en marche et pendant le combat, que difficile à loger et à abriter dans les haltes. On n'a jamais pu trouver pour cette artillerie l'occasion de l'employer efficacement dans son ensemble; c'est du reste là une expérience qui a produit des résultats analogues partout où l'on a constitué des réserves d'artillerie d'armée. Il était en effet facile de prévoir que, malgré les dispositions les plus judicieuses, la disproportion forcée qui existe entre la profondeur de la colonne de marche et le front normal de combat de l'artillerie se ferait sentir d'autant plus vivement que cette masse d'artillerie sera plus considérable. Par suite, comme la théorie et la pratique se prononcent toutes deux contre la formation de gros corps d'artillerie, constitués comme corps à part dans le sein d'une armée, il est permis de supposer qu'à l'avenir, comme cela s'est d'ailleurs fait au moment de la guerre de 1870-71, l'*ordre de bataille* ne comprendra pas de réserve d'artillerie d'armée.

D'ailleurs la solution définitive de cette question, tout comme l'apparition éphémère de cette formation lors de la campagne de 1866, est intimement liée à la solution même d'une autre question, celle de savoir si l'infanterie doit être groupée par unités plus ou moins considérables, c'est-à-dire si ce sera le *corps d'armée* ou la *division* qui constituera la première subdivision de l'armée. Nous voici revenus au point de départ même de toutes nos considérations, et nous avons déjà fait ressortir l'importance qu'il y a à ce que le *premier* fractionnement de l'armée contienne le plus grand nombre de facteurs, pourvu, toutefois, que leur nombre ne soit pas tellement considérable qu'il vienne porter atteinte à la sûreté et à l'unité de direction et de commandement. Il pourrait se faire alors, en tenant uniquement compte de cette seule considération que, dans chaque cas particulier et en voulant avoir toujours un même nombre de subdivisions, on arrive à posséder de grandes unités tactiques de force différente et variable selon la force même de l'armée, et nous n'avons pas besoin de démontrer à ce propos qu'une armée ne saurait être organisée de la sorte. Il faut, au contraire, tout en tenant compte des considérations que nous avons exposées précédemment, fixer l'effectif normal de ces premières grandes subdivisions d'une armée, effectif qui dépend de l'effectif total de l'armée et qui varie par suite d'une armée à une autre.

Comme ce principe est aujourd'hui universellement reconnu, on n'a dans ces derniers temps discuté que la question de savoir si c'est le *corps d'armée*, c'est-à-dire un corps fort d'environ 40,000 hommes (en y comprenant tous les trains) ou la *division*, c'est-à-dire une unité d'un effectif de moitié moins considérable que celui du corps d'armée, qui doit constituer la première subdivision de l'armée. Bien que cette question soit tranchée en Allemagne dans le sens des corps d'armée, il est bon cependant, en présence de l'expérience de fractionnement par division faite pendant la campagne de 1866 et des opinions contraires qui semblent préva-

loir dans quelques autres armées, d'examiner attentivement cette question.

Sans parler de la campagne de 1870-71, nous devons
considérer et respecter l'organisation du corps d'armée
comme un produit des expériences faites au cours des
longues et grandes guerres du commencement de notre
siècle.

D'ailleurs, il n'y a guère rien de changé depuis lors
par rapport à ce fractionnement de l'armée, si ce n'est
toutefois que, par suite de l'adoption du service obliga-
toire, l'*effectif des armées* s'est *accru* sensiblement. C'est
là un fait qui ne saurait guère faire conclure à l'oppor-
tunité de la diminution des effectifs de la première
subdivision d'une armée. Assurément, si l'on se représente une armée de 70 à 80,000 hommes, il peut paraître
plus logique de diviser cette armée en 4 divisions d'infanterie et une de cavalerie, au lieu d'adopter le fractionnement normal en deux corps d'armée et une division de cavalerie.

Les 2 corps d'armée se subdiviseraient eux-mêmes
en 4 divisions d'infanterie, et dans ce cas particulier les
généraux commandants de ces corps seront des intermédiaires inutiles et même nuisibles. Mais dans une
armée qui se compose en temps de paix de 18 corps
d'armée, qui constitueront en temps de guerre 4 ou
5 armées, chacune de ces armées aura une force au
moins double de celle que nous avons supposée dans
le premier cas. Il faudra alors diviser ces 5 armées en
10 subdivisions, bien que le commandement et la direction générale doivent devenir par là plus pénibles.

L'expérience a démontré, de plus, que les grandes
difficultés que présente la confection des dispositifs
des marches journalières d'une armée, proviennent non
pas des troupes mêmes, mais bien de tout ce qu'on
désigne sous le nom de colonnes, de train, de ba-

gages, etc. Si le commandant en chef d'une armée doit, après avoir réglé le dispositif de marche de 8 divisions d'infanterie et de 2 divisions de cavalerie, prendre encore les mesures essentiellement variables selon les cas, relatives à la place que doivent occuper les colonnes de munition et le train dans la colonne de marche formée par les troupes, il en résultera qu'on le chargera d'une tâche au-dessus des forces humaines.

C'est alors surtout que se fait sentir la nécessité de l'application du principe de la division du travail. Ce sera principalement à propos des marches, à propos de cette partie des opérations militaires qui se représente presque quotidiennement pendant le cours d'une campagne, qu'on reconnaîtra les avantages mêmes qu'il y a à faire du corps d'armée la première subdivision d'une armée, par cela même qu'un corps d'armée en marche couvre, en général, rien qu'avec la partie de ses colonnes et de son train dont il ne saurait se séparer, une profondeur de 25 à 30 kilom. et que, dans le cas ordinaire de marche sur une seule route, il occupe à lui seul l'étendue d'une forte étape. Le dispositif de marche sur une seule route sera par suite plus judicieusement établi par le chef même qui est placé à la tête de cet ensemble de troupes. Il suffit donc de considérer l'importance qu'a la rédaction judicieuse des ordres de marche pour se convaincre de la nécessité de la création des corps d'armée.

La solution est d'ailleurs la même en se plaçant au point de vue des besoins qui se font sentir à l'intérieur des corps dont se compose une armée. En effet, si, pour réduire le plus possible le convoi, on veut s'efforcer d'emporter avec soi la quantité la plus faible possible de munitions, de subsistances, d'effets d'habillement, d'objets destinés aux lazarets, etc., on ne tardera pas à s'apercevoir qu'on arrivera plus aisément à ce résultat, en adoptant pour le pied de guerre une organisation qui comprendra de grandes unités tactiques possédant un effectif considérable.

On arrive ainsi à obtenir une égalité presque parfaite entre la somme des besoins qui varient de plus en plus, à mesure qu'on descend l'échelle des subdivisions. Il y a donc, même sous ce rapport, avantage à ce que la première des subdivisions de l'armée soit le corps d'armée et non la division qui possède un effectif de moitié inférieur à celui du corps d'armée. Il est hors de doute en effet que, du jour où la division sera devenue la première des subdivisions de l'armée, il sera indispensable de lui donner des colonnes de munitions et un train complet, et le commandant de l'armée ne pourra plus alors diriger les services de manière à subvenir complétement et en tout temps aux différents besoins des divisions, à moins toutefois qu'il ne s'agisse seulement d'une armée forte de 3 à 4 divisions, c'est-à-dire, dans un de ces cas tout à fait exceptionnels et qu'on ne saurait considérer quand il s'agit de faire une organisation.

En considérant exclusivement le combat, la bataille, on pourrait peut-être encore admettre le fractionnement par division, bien qu'alors encore il soit souvent utile d'avoir à sa disposition un chef qui commande plusieurs divisions. Il arrivera fréquemment, même dans les cas où il n'y aura que deux divisions engagées l'une à côté de l'autre sur un front de combat assez étendu, et bien que l'on ait eu le soin de déterminer avec attention les missions spéciales dont elles sont chargées, il arrivera souvent qu'il y ait, dans les difficultés qui se présenteront lors de l'accomplissement de leurs missions, des différences qui pourront atteindre parfois le rapport de 2 à 1. Tandis qu'une des divisions pourra peut-être, avec les deux tiers de son infanterie, soutenue par l'artil-

lerie divisionnaire, accomplir sans peine la **mission
qu'on** lui aura donnée, l'autre division, sans **parler**
même de l'appui que lui aurait fourni pour **préparer**
son attaque, une artillerie plus puissante que les seules
batteries divisionnaires, se trouvera avoir besoin d'une
réserve spéciale d'infanterie qu'elle ne saurait constituer avec ses propres troupes. La division voisine, dont
la tâche est plus aisée, pourrait assurément lui fournir
cette réserve, mais le fera-t-elle volontiers avant d'être
elle-même absolument sûre de son *propre* succès ?
Dans un cas semblable, il est donc indispensable de
constituer, avec une partie des troupes de l'une des divisions, une réserve qui puisse soutenir les deux divisions; il faut donc, par suite, qu'il existe un chef ayant
les prérogatives voulues et le pouvoir nécessaire pour
prendre une mesure de ce genre. Il est clair que ces
pouvoirs doivent être conférés à un officier d'un rang
plus élevé, c'est-à-dire, à un général commandant en
chef, et non pas au plus ancien des deux divisionnaires,
qu'on détournerait ainsi de l'accomplissement de ses
propres fonctions. Mais là où la nécessité et l'importance de la direction émanant d'un général en chef se
font sentir plus puissamment encore, c'est lorsque,
comme cela se présente parfois, par exemple lors des
premières opérations d'une campagne, une armée
marche en colonnes séparées les unes des autres,
colonnes dont l'effectif est aussi considérable que possible, et lorsque ces colonnes viennent à s'engager isolément avec l'ennemi.

Le commandant en chef de l'armée ne peut de sa
personne se tenir qu'avec une de ces colonnes, et dirigera alors les opérations de cette colonne. Laisser, par
conséquent, sur les autres points, la direction des autres
colonnes au plus ancien divisionnaire, dont l'état-**major**
est à peine suffisant pour assurer la direction d'une

seule division pendant le combat, c'est vouloir abandonner trop de choses au hasard. Un pouvoir qui fonctionne habituellement, ordinairement, *doit* être à même de faire plus qu'un pouvoir qui n'existe qu'accidentellement (1).

La division de l'armée en corps d'armée, qui correspond d'ailleurs à l'organisation de l'armée allemande en temps de paix, doit donc être le principe fondamental de l'*ordre de bataille*. Comme nous l'avons dit précédemment, on créera, à côté de ces corps, des divisions de cavalerie.

Nous nous occuperons maintenant de la composition du corps d'armée, qui peut comprendre de 25 à 30 bataillons. L'armée prussienne, jusqu'en 1853, possédait un total normal de 24 bataillons d'infanterie et 1 de chasseurs, et constituait 4 divisions, à chacune desquelles on adjoignait encore un régiment de cavalerie et une batterie (de 8 pièces), formées à l'aide des 4 brigades d'infanterie qui existaient en temps de paix. On formait la division de cavalerie à l'aide des 4 autres régiments de cavalerie qui appartiennent aux corps d'armée et d'une batterie à cheval. L'artillerie de réserve du corps d'armée se composait alors de 4 batteries à pied et de 2 batteries à cheval, soit 48 bouches à feu.

Cet *ordre de bataille* reposait sur le principe de l'incorporation dans l'armée active des troupes du premier

---

(1) Il est peut-être bon de faire remarquer que les défenseurs de la division, considérée comme première subdivision de l'armée, invoquent à l'appui de leur dire l'exemple de la seule défaite éprouvée par les armes prussiennes en 1866, le combat de Trautenau. Mais ils n'ont jamais essayé de prouver que la journée aurait eu une autre issue, si on avait eu la 1re et la 2e division au lieu du 1er corps ; ils passent, il est vrai, sous silence les opérations du 5e corps, qui n'aurait pu rendre de pareils services s'il n'avait pas été placé sous les ordres d'un seul chef.

ban de la landwehr et renfermait par suite en lui **tous**
les inconvénients que présentait ce système. Des **8 ré**-
giments de cavalerie, 4 appartenaient à la landwehr et
n'étaient par suite formés qu'au moment de la mobilisation. On ne saurait prétendre que ces régiments auraient dû être employés de préférence comme régiments
de cavalerie divisionnaire, mais ce qu'on peut affirmer,
c'est que l'on ne causait guère d'agrément au commandant de la division de cavalerie en faisant entrer dans
la composition de sa division, à côté du régiment de
cuirassiers de la ligne, 3 régiments de cavalerie de
landwehr. Le fractionnement du corps d'armée en 4 petites divisions d'infanterie amenait donc un morcellement regrettable de la partie immédiatement disponible
de la cavalerie. La répartition de l'artillerie reposait
sur des principes qui n'étaient guère plus pratiques ; il
est assez curieux, en effet, de voir 5 batteries données
isolément à chacune des 5 divisions alors que la réserve
d'artillerie se compose de 6 batteries ; enfin il est évident que la proportion d'une batterie par division est
trop faible par rapport à l'effectif.

On remédia partiellement à quelques-uns de ces inconvénients, même avant de rompre avec le système de
l'incorporation dans l'armée active des troupes du premier ban de la landwehr, en attribuant au corps d'armée
2 divisions d'infanterie, une de cavalerie et la réserve
d'artillerie. Chaque division d'infanterie possédait alors
un régiment de cavalerie et 2 batteries de 8 pièces. On
n'empruntait donc, dans l'hypothèse la moins favorable, que 2 régiments à la cavalerie et la division de
cavalerie, forte désormais de 6 régiments, eut, compa-
rativement à l'organisation antérieure, un effectif plus
considérable, ce qui ne gâtait rien, vu surtout la valeur
assez contestable des régiments de landwehr. Les divisions d'infanterie n'avaient encore que 2 batteries et

l'artillerie divisionnaire du corps d'armée ne se composait que de 4 batteries ou de 5, en y comprenant la batterie à cheval de la division de cavalerie, mais le fait même d'avoir donné ces 2 batteries à chacune des divisions, au lieu d'en avoir attaché une à chacune de leurs brigades, permettait déjà, en cas de besoin, d'imprimer à l'artillerie une direction unique et de lui attribuer une action commune.

En 1860 on rompit définitivement avec le système d'incorporation des troupes de landwehr dans les grandes unités tactiques de l'armée.

Sans parler même des nombreux défauts des troupes de landwehr, défauts qui devenaient plus apparents de jour en jour, l'importance militaire qu'on reconnaissait déjà aux chemins de fer, grâce auxquels on allait pouvoir, sans avoir à leur faire exécuter désormais de longues marches, faire arriver immédiatement et directement les troupes de leurs garnisons presque jusque sur le champ de bataille, devait forcément faire exclure de *l'ordre de bataille* tous les corps que l'on constituait seulement au moment de la mobilisation et les reléguer en 2ᵉ ligne, afin qu'ils eussent ainsi le temps d'achever et de parfaire leur formation intérieure. Ces considérations, ainsi que le développement de l'artillerie, l'augmentation du nombre des batteries du corps d'armée, augmentation qu'on effectua en réduisant de 8 à 6 le nombre de pièces de chaque batterie (1), la nécessité, reconnue par tous les esprits pratiques, de renforcer l'artillerie divisionnaire, conduisirent peu à peu à la constitution du corps d'armée, tel que nous le

---

(1) A l'aide des 3 batteries à cheval existant en temps de paix, on pouvait aussi former provisoirement pour le temps de guerre 6 batteries de 4 pièces.

trouvons au moment de la campagne de 1870-71 (1).

Chacune des 2 divisions d'infanterie se composait de 2 brigades d'infanterie (ordinairement de 2 régiments d'infanterie, auxquels on adjoignait, selon les cas, un bataillon de chasseurs et parfois même un troisième régiment d'infanterie, d'un régiment de cavalerie (à 4 escadrons), d'une *Abtheilung* d'artillerie (à 4 batteries de 6 pièces), d'une à deux compagnies de pionniers et parfois aussi d'un équipage léger de ponts ou d'une colonne d'outils de terrassement, et d'un détachement de troupes de santé.

Grâce à cette composition, la division d'infanterie possède, dans le corps d'armée même dont elle fait partie, une certaine indépendance ; elle peut surtout occuper dans la ligne de bataille un espace en rapport avec son effectif et, en s'appuyant sur les divisions placées à sa droite et à sa gauche, entreprendre avec des chances réelles de succès un combat tant offensif que défensif. La quantité de cavalerie et surtout d'artillerie qu'on lui adjoint, doit être considérée comme un minimum. La division ne saurait, en effet, se suffire à elle-même avec une artillerie moindre ; mais souvent il faudra, pour que la division puisse accomplir la mission qui lui incombe, renforcer son artillerie, ce qui pourra se faire sans peine par ordre du commandant de corps d'armée, qui lui attribuera alors une partie de l'*artillerie de corps* (6 batteries montées de 6 pièces auxquelles il faut ajouter parfois une batterie à cheval).

Il arrivera parfois que, dans certaines espèces de terrain et pour certains combats, le régiment de cavalerie

---

(1) Les corps d'armée qui n'appartenaient pas à la Prusse présentaient encore quelques différences, causées par des considérations d'une nature particulière.

divisionnaire ne puisse pas être employé du tout, ou n'ait du moins qu'un rôle restreint à jouer. Mais, en considérant le service complexe que cette cavalerie divisionnaire devra faire pendant les marches, les bivouacs, les cantonnements, et même en supposant que tout le poids du service de reconnaissance et de sûreté incombe aux divisions de cavalerie, il est évident qu'un effectif de 600 chevaux au début de la campagne doit être l'effectif normal d'un régiment de 4 escadrons attaché à une division d'infanterie de 12,000 hommes. Mais, quand bien même on considérerait comme suffisante une force moindre de cavalerie, on ne saurait se prononcer en faveur du fractionnement, pour un temps assez long, d'une unité constituée comme la division de cavalerie.

Il faudrait, alors, créer à cet effet des régiments d'un effectif moindre. Mais comme on ne saurait invoquer d'autre argument en faveur d'une mesure de ce genre et comme on peut affirmer à bon droit que nous avons réduit ces effectifs au chiffre le plus faible qu'ils puissent avoir, il faudra par suite, attacher d'une manière constante à chaque division d'infanterie un régiment de cavalerie.

Chaque division d'infanterie possédait une partie des troupes de pionniers attachés au corps d'armée (3 compagnies) et des trains de pionniers (équipage de ponts légers de campagne et colonnes d'outils de terrassement). Cette disposition avait été prise en vue des besoins qui se manifestent formellement pendant les marches. Nous dirons plus loin les raisons qui, basées sur les expériences faites en 1870-71, militent en faveur de l'adjonction constante de pionniers à chaque division d'infanterie, pourvu toutefois que l'on modifie quelque peu la répartition de ces troupes et surtout de leurs trains.

Enfin l'*ordre de bataille* attribuait à chaque **division** d'infanterie un détachement de troupes de **santé**, **chargé** de recueillir les blessés, dès qu'une affaire **d'une** certaine importance s'engage, et de leur donner les premiers soins.

L'*ordre de bataille* ne contenait pas de dispositions relatives à l'adjonction d'autres trains et d'autres colonnes aux divisions d'infanterie, par suite même de l'adoption du principe qui fait du corps d'armée la première subdivision d'une armée. On se réservait néanmoins la possibilité d'adjoindre, *temporairement* pour des cas particuliers, des trains et des colonnes de toute espèce aux divisions.

Quelques divisions, chargées alors d'opérer sur des théâtres séparés, furent plus richement dotées en cavalerie et en artillerie, et eurent des trains et des colonnes plus considérables, afin de pouvoir accomplir avec leurs propres ressources la tâche qui leur était imposée et agir avec une complète indépendance.

Ce que nous désignions encore en 1866 par les mots de *réserve d'artillerie*, s'appelait en 1870-71 *artillerie de corps*. Ce changement de terme ne devait pas être considéré comme une modification purement nominale, mais indiquait, de plus, que cette artillerie cessait d'être une *réserve* pour devenir une masse, *un gros* dont on se servirait désormais sur les ordres et d'après les indications du général commandant en chef le corps d'armée. Aussi, si, suivant des errements erronés, nous avions, pendant la campagne de 1866, relégué la *réserve* d'artillerie presque à la queue de nos colonnes, si, par suite, cette artillerie n'a pu entrer en ligne que dans les derniers moments de chacun des combats, et si nous nous étions ainsi mis dans la presque absolue impossibilité de tirer d'elle tout le parti désirable, **nous** avons vu en revanche, dans les batailles de la campagne de 1870-71, l'artillerie de *corps* sortir rapidement des premiers échelons des colonnes de marche, préparer vigoureusement l'attaque du gros et souvent même remporter à elle seule des avantages d'une importance des plus réelles.

Outre ses 4 batteries de campagne et les batteries à cheval disponibles, l'artillerie de corps comprenait encore les 9 colonnes de munitions (4 d'infanterie et 5 d'artillerie). C'est à des considérations purement administratives, qu'est due cette adjonction qui ne nous paraît ni logique ni rationnelle.

Tandis, en effet, que nous nous efforçons de concentrer et de réunir toutes les batteries le plus vite possible sur le champ de bataille, nous cherchons, au contraire, à en éloigner, autant que faire se peut, les colonnes de munitions, ou du moins à ne les en rapprocher, que lorsqu'il est absolument indispensable de remplacer sur-le-champ les munitions consommées. Remarquons, de plus, que les 9 colonnes de munitions ne comprennent pas, rien que les munitions destinées aux batteries de l'artillerie de corps, mais bien celles appartenant à toute l'infanterie, à toute la cavalerie du corps d'armée, ainsi qu'aux batteries d'artillerie divisionnaire, et que, par suite, il aurait fallu mettre ces colonnes sous les ordres immédiats des personnes chargées d'assurer le remplacement des munitions consommées par le corps d'armée, c'est-à-dire sous les ordres du commandant de l'artillerie (commandant de la brigade d'artillerie de campagne).

On pouvait également considérer comme trop fort l'effectif du 3e détachement de troupes de santé attaché à l'artillerie de corps, puisque ce détachement se composait du même nombre d'hommes que les 2 détachements de ces troupes attachés aux 2 divisions d'infanterie.

Mais la possibilité de diviser ce détachement en 2 sections, ce qui permet d'employer une de ces sections sur les points où le besoin s'en fait sentir plus vivement, et surtout le fait que, pendant le cours d'un engagement un peu sérieux, ces détachements, dès qu'ils sont établis sur un point, doivent limiter leur rayon d'action, plutôt en tenant compte des lieux qu'en s'occupant des corps auxquels ils sont attachés, justifient pleinement l'adjonction du 3e détachement de troupes de santé à la 3e des grandes unités de combat dont se compose le corps d'armée.

Les trains d'un corps d'armée se composaient de 5 colonnes de vivres, de la colonne de boulangerie de campagne, du dépôt des chevaux et de l'escadron d'escorte du train, chargé de fournir le service d'ordonnances entre les différents trains souvent fort éloignés les uns des autres et de surveiller militairement les 5 colonnes de voitures de réquisition. Nous avons depuis donné une extension nouvelle à cette dernière organisation, qui constituait déjà un progrès des plus sensibles par rapport au système de location suivi en 1866, en prescrivant la constitution de colonnes de voitures de parcs formées d'une façon toute militaire. La *colonne de pontons*, attachée au train du corps d'armée au point de vue administratif, n'en restait pas moins à la disposition du général commandant ce corps.

Les *lazarets de campagne* peuvent être encore considérés comme attachés au train du corps, bien qu'ils appartiennent uniquement aux services du corps d'armée, qui, relevant du commandant en chef de ce corps, sont destinés à parer aux besoins de toute nature qui peuvent se faire sentir en campagne.

Si nous avons réussi à exposer dans leur ensemble les principes qui ont influé sur la composition du corps d'armée, tel qu'il était constitué par *l'ordre de bataille* de l'armée allemande jusqu'à la campagne de 1870-71, si nous réservons pour le chapitre II la description plus détaillée de la formation de l'armée sur le pied de guerre, il nous reste cependant à parler de certains sujets, de certaines formations particulières, dont les unes sont conformes à *l'ordre de bataille*, tandis que les autres, au contraire, s'en écartent sous le rapport de la répartition des troupes chargées de certaines missions spéciales.

Pour ce qui est de la répartition spéciale des grandes unités tactiques pendant le combat par rapport au maintien des groupes constitués par l'ordre de bataille, tout se résume dans la solution de la question de la formation par *aile* ou par *ligne*.

L'artillerie n'a rien à voir à cela; elle n'a en effet qu'une seule formation de combat : ses pièces ou ses batteries sont disposées les unes à côté des autres avec des intervalles convenables entre chacune d'elles; elle combat toujours *sur une ligne*. Les formations dans le sens de la profondeur, sans parler ici des batteries qu'on garde provisoirement en réserve, ne s'appliquent qu'aux voitures de munitions, etc., etc., c'est-à-dire à la partie non combattante de l'artillerie.

Ce n'est donc que pour l'*infanterie* et la *cavalerie* qu'il y aura lieu de voir si elles doivent être formées par *ailes* ou par *lignes*. Quant à nous, il nous semble que les nombreuses discussions, les études faites pendant ces derniers temps, tendant toutes à établir la supériorité de l'une de ces formations sur l'autre, ont toutes eu un caractère trop abstrait.

Il est un fait essentiel, qu'il importe surtout de ne pas dédaigner, c'est qu'il faut toujours conserver, dans la formation de combat, les *unités de commandement* établies par *l'ordre de bataille*. On aurait donc, par exemple, le plus grand tort de nommer des commandants de ligne, si l'on doit former par aile certaines unités, tout comme il serait absurde de prendre une formation par ligne pour combattre ensuite par aile. Il s'agit donc de résoudre la question de savoir, si l'on doit combattre par *ligne* ou par *aile*.

Ces deux formations ont assurément leurs avantages et leurs inconvénients, inconvénients qui peuvent parfois devenir assez considérables pour rendre absolument impossible, dans certains cas, l'emploi de l'une de ces formations.

Si les circonstances permettent et réclament une direction unique pour la 1re ligne, s'il paraît en même temps utile de garder provisoirement une 2e ligne en arrière de cette première, on devra assurément accorder la préférence à la formation par ligne. Mais, même dans ce cas, cette formation se trouvera forcément limitée et circonscrite par l'étendue même de la ligne, étendue qui doit toujours permettre à un seul chef d'exercer la direction unique et générale de cette ligne.

Les dimensions admises à cet égard au temps de Frédéric le Grand n'ont plus aucune valeur aujourd'hui.

Pour l'*infanterie*, le combat en ordre dispersé a donné naissance à des exigences nouvelles, et les plus chauds défenseurs de la formation par ligne eux-mêmes ne demandent pas qu'une *division d'infanterie* soit formée par ligne, c'est-à-dire dispose ses deux brigades l'une derrière l'autre, chacune d'elles constituant une ligne. Il est admis que la division doit se former par aile, c'est-à-dire par brigades accolées. Ceux, au contraire, qui prétendent qu'une brigade d'infanterie doit toujours, en principe, se former par aile, c'est-à-dire avoir ses deux régiments formés l'un à côté de l'autre, ne s'aperçoivent pas que les régiments seront alors formés par ligne, c'est-à-dire par bataillon les uns derrière les autres, et qu'ils nient ainsi le principe même. On peut donc affirmer hardiment qu'il ne saurait y avoir à ce propos de principe absolument et rigoureusement vrai, mais que chacun des chefs doit, selon les cas, voir s'il devra faire combattre ses troupes par aile ou par ligne, et qu'il déterminera alors le rôle et l'action de chacune des unités confiées aux chefs en sous-ordres.

Il n'en est pas moins avantageux cependant de posséder pour la formation de rendez-vous et pour le combat de la brigade d'infanterie des formations normales et des modes de déploiements réglementaires qu'on peut alors, sans instruction spéciale, mettre rapidement et brièvement en pratique à l'aide de prescriptions et de commandements réglementaires. Si nous remarquons toutefois que la formation par aile ne présente en réalité aucun avantage absolu sur la formation par ligne, il nous semble que l'on pourra alors recommander de s'en tenir dans ce cas à la formation par ligne usitée jusqu'à ce jour, par cela même qu'il est plus facile de passer de l'ordre de marche à cette formation de combat.

Nous ne voulons cependant pas dire par là qu'on ne pourra pas, en vertu d'instructions particulières et dans des cas particuliers, se former par aile, quand on prendra la formation de rendez-vous.

Un corps de *cavalerie* se forme pour combattre de préférence par ligne. Ce principe n'a jamais été contesté, depuis que, sous Frédéric le Grand, la cavalerie prussienne a rendu tant et de si grands services. Mais il nous semble que l'étendue des lignes, c'est-à-dire la longueur d'une ligne placée sous les ordres d'un chef unique, a, pour la cavalerie comme pour l'infanterie, diminué depuis lors. C'est, du reste, à ce fait que répond pour nous la formation des divisions de cavalerie : la brigade (qui couvre un front d'environ 400 mètres) devient la brigade normale, qu'on peut renforcer éventuellement par un régiment, qu'on porte rapidement de la 2e ligne à la 1re pour exécuter une attaque de flanc. Le grand avantage, que l'on trouve à la formation par aile, qui seule permet de faire soutenir les troupes engagées par d'autres troupes appartenant aux mêmes unités tactiques, a une égale importance pour la cavalerie, bien qu'on la forme cependant par ligne, par cela même que les escadrons de soutien, appartenant à la première ligne, restent provisoirement en réserve derrière cette première ligne et peuvent prendre part à l'action assez rapidement pour décider de l'issue du combat en faveur de leur régiment.

Il peut cependant, et cela est hors de doute, se présenter des cas, où la division de cavalerie devra combattre par aile, c'est-à-dire par brigades accolées. Les brigades se forment alors par lignes, c'est-à-dire par régiment l'un derrière l'autre.

Le déploiement normal de combat d'une division de cavalerie et, par suite, la formation de rendez-vous se font donc par ligne, les brigades l'une derrière l'autre, formées elles-mêmes par aile, c'est-à-dire par régiments placés l'un à côté de l'autre.

Avant de terminer ce chapitre, il nous reste à parler des modifications inévitables que l'on fait subir à *l'ordre de bataille*, quand il s'agit de créer, pour certaines missions, des groupes spéciaux.

En principe, on ne devra se décider à modifier *l'ordre de bataille*, qu'en tant que le but, qu'on se propose, l'exige absolument, et il sera bon de revenir à cet ordre de bataille, dès que cette nécessité aura cessé d'exister.

Les causes déterminantes d'une semblable manière de faire sont en effet évidentes : car toute modification apportée à l'*ordre de bataille,* quelque indispensable qu'elle puisse être, n'en porte pas moins une grave atteinte à la vie intérieure de ce groupe tactique.

Enfin, il existe, à propos des corps à détacher, un vieux principe qui dit, qu'on ne doit jamais se demander, quelle doit être la force des troupes détachées, mais bien quelle peut être la faiblesse numérique du détachement. Ce principe repose évidemment sur les idées de concentration des troupes, mais il répond également à la tendance générale qui pousse à toucher le moins possible à l'*ordre de bataille.*

Si, cependant, les circonstances obligent à des formations spéciales et rendent nécessaire le maintien de cet état de choses pendant plusieurs jours, par exemple, comme lorsqu'il s'agit de former une avant-garde, il faudra, comme nous l'avons dit au commencement de ce chapitre, se garder de modifier la répartition des troupes, si l'on n'y est pas absolument forcé, et chercher autant que possible à la maintenir telle quelle pendant toute la durée de la guerre. C'est alors seulement que pourront se manifester jusqu'à un certain point les avantages qui résultent du maintien *complet* et *constant de l'ordre de bataille.* Des modifications quotidiennes dans la répartition dans la répartition des troupes compromettent au contraire les intérêts mêmes des troupes, la sûreté de la transmission des ordres, et enfin la réussite des opérations. Il ne faudra modifier cette répartition que lorsqu'il sera, sinon impossible, du moins difficile, d'opérer sans cela, ou lorsqu'il faudra employer ailleurs, ou faire relever par des troupes fraîches un corps épuisé et éprouvé.

Il faudra alors simplement du tact pour parvenir à se rendre un compte exact des différentes considéra-

tions qu'il importe de peser et à prendre des dispositions rationnelles.

Il peut se faire qu'on ait à constituer les troupes
d'une manière particulière, soit pour *combattre*, soit
pour marcher, soit pour *se garder* pendant les haltes,
soit enfin pour *former un détachement* chargé de certaines missions, et surtout de celles de ces missions
que peut seul accomplir un détachement composé de
troupes de toutes armes et fort d'environ une division.

Pour *le combat*, on n'aura tout d'abord à modifier
l'ordre de bataille, que lorsqu'il s'agira de constituer
des *réserves à part*. Le corps d'armée ne pourra pas,
à moins que le général commandant l'armée ne mette
à sa disposition un corps de troupes chargé de lui
servir de réserve spéciale, se priver d'une réserve d'infanterie (qui sera alors prise à une des divisions ou à
toutes deux) : de même aussi on se verra souvent
obligé de garder en réserve une partie de l'artillerie
de corps, mesure qu'on devra assurément préférer à
celle qui aurait pour objet de constituer des réserves
d'artillerie en enlevant des batteries à l'artillerie divisionnaire. Car, comme nous l'avons dit précédemment,
le nombre des batteries attribuées à chaque division
d'infanterie doit être considéré comme un minimum.
Quand un corps d'armée aura à combattre avec l'armée dont il fait partie, ce ne sera que bien rarement
qu'il aura à constituer une réserve de cavalerie : ce sera
alors le général commandant en chef de l'armée, qui
devra former cette réserve en confiant une mission de ce
genre aux divisions de cavalerie. Un corps d'armée
opérant isolément possédera en revanche plus de
cavalerie que n'en comporte l'effectif normal de la
cavalerie divisionnaire, et cette cavalerie, après avoir
rempli les missions diverses qui rentrent dans le cadre

du service de reconnaissances, pourra être employée aussi pendant le combat et gardée en réserve.

Une division d'infanterie, qui s'engage avec le corps d'armée auquel elle appartient, n'a guère besoin d'une réserve d'artillerie : elle peut, en effet, dès le début de l'affaire, faire donner toute son artillerie, car elle sait bien que l'artillerie de corps est là prête à soutenir l'action de l'artillerie divisionnaire. On devra toujours constituer une réserve d'infanterie, même lorsque le commandant en chef n'aura pas donné l'ordre d'en former une. La cavalerie divisionnaire sera placée en réserve au commencement du combat, à moins toutefois qu'il ne soit encore utile de l'envoyer sur les flancs pour les éclairer. Elle doit néanmoins rester assez près de la ligne de combat pour pouvoir vivement et de son propre mouvement mettre à profit toutes les circonstances qui lui permettront de prendre une part active à l'affaire, et c'est là une considération qui circonscrit l'idée qu'on se fait habituellement du mot « réserve ».

Une division d'infanterie opérant isolément trouvera dans l'effectif plus considérable qu'auront ses batteries et sa cavalerie, l'élément nécessaire pour constituer une réserve suffisante avec des troupes appartenant à ces deux armes.

La réserve d'une division de cavalerie est formée par la troisième ligne de cette division et éventuellement par l'artillerie placée en arrière de cette troisième ligne.

On ne devra jamais charger un seul chef de commander les réserves de différentes armes.

On ne doit pas s'attendre, en effet, à ce que l'on puisse faire entrer en ligne, simultanément, sur le même point et en leur indiquant des objectifs rapprochés les uns des autres, des troupes appartenant aux différentes armes. Un chef unique, donné à ces réserves, perdrait donc son autorité avant d'avoir pu l'exercer. Néanmoins, et toutes les fois que la première concentration de toutes les réserves se fera sur un seul et même point, le commandement, conformément au règlement, appartiendra, dans les cas imprévus et afin d'éviter toute espèce de conflit d'autorité, au plus ancien des officiers présents.

En *marche*, les corps, qui se meuvent dans le voisinage de l'ennemi, devront former une *avant-garde* (ou une *arrière-garde*) et parfois aussi, selon les circonstances, *des détachements de flanqueurs*, dont la force et la composition varieront à l'infini suivant les cas. La nécessité de s'éclairer au loin et de pousser des reconnaissances dans toutes les directions, rendra indispensable, surtout dans la marche en avant, l'adjonction d'une force assez considérable de cavalerie. Les arrière-gardes, qui sont chargées de ralentir la poursuite de l'ennemi, devront posséder une artillerie plus puissante.

Les avant-gardes devront être composées de la même manière, toutes les fois que l'on prévoira l'imminence d'un engagement qui a pour but de faciliter et d'assurer le déploiement du gros de l'armée, ou bien quand, dans une poursuite, il s'agira de briser en peu de temps la résistance de l'arrière-garde ennemie. L'adjonction de toute la cavalerie disponible à l'avant-garde chargée de poursuivre l'ennemi, résulte d'ailleurs de la nature même des choses. Quant aux détachements de flanqueurs, ils ne se composeront presque exclusivement que de cavalerie, quand ils seront simplement chargés d'un rôle d'observation; si, au contraire, ils peuvent être appelés à s'engager sérieusement, on devra faire entrer dans leur composition de l'infanterie et de l'artillerie.

Un corps d'armée, marchant sur *une seule* route, devra se constituer une avant-garde (ou arrière-garde) et les détachements de flanqueurs jugés nécessaires. Si le corps marche sur *deux* routes, chacune des deux divisions d'infanterie devra pourvoir à ce soin. Le général commandant le corps d'armée se contente alors d'indiquer le lien qui doit exister entre les deux avant- (ou arrière-) gardes, et d'adjoindre à l'une ou à l'autre des renforts empruntés à la cavalerie attachée au corps d'armée. Toutes les fois qu'à l'arrière-garde, on pourra être appelée à livrer un combat, on adjoindra aux arrière-gardes des divisions une partie de l'artillerie de corps.

Une division d'infanterie prend des mesures analogues à celles que nous venons d'indiquer pour le corps d'armée.

Une division de cavalerie en marche est chargée, en général, d'éclairer et de reconnaître une plus ou moins grande étendue de terrain; il faudra donc qu'elle se divise en plusieurs colonnes (généralement par brigades à chacune desquelles on attache de l'artillerie). Chacune de ces colonnes se constitue alors une avant- (ou arrière-) garde qui lui est propre et qui se relie, par ordre du commandant de la division, avec les avant- (ou arrière-) gardes des colonnes voisines. Quand on marchera, momentanément seulement, sur une seule route, par exemple quand on aura à passer un défilé, l'avant-garde se composera d'une brigade à laquelle on aura attaché de l'artillerie.

L'*ordre de bataille*, par rapport aux divisions, ne sera donc modifié qu'en ce qui touche l'artillerie, qui ne pourra pas toujours rester constituée par *Abtheilung* (division).

En *marche*, on n'aura pas, du moins en général, besoin de constituer *une réserve*. Tout ce qui n'est pas détaché pour éclairer et reconnaître le terrain, soit en avant, soit en arrière, soit sur les flancs, forme le *gros* auquel, si l'on marche sur une seule route, il ne sera pas nécessaire de donner un chef particulier. Les arguments, qu'on pourrait invoquer à ce propos, sont semblables à ceux que nous avons exposés précédemment pour démontrer qu'il est inutile de nommer un chef spécial aux réserves des différentes armes. Le chef de la colonne, qui marche sur une seule route, peut en effet exercer sans peine le commandement du gros *pendant la marche ;* est-il obligé de s'absenter momentanément (par exemple s'il lui faut se porter à l'avant-garde afin de s'orienter et de se renseigner par lui-même), il sera alors, en cas de besoin, remplacé par le plus ancien officier général présent.

Les *avant-postes*, qui doivent tout naturellement être tirés des troupes, dont se composent l'avant- (ou l'arrière-) garde et les détachements envoyés sur les flancs, sont chargés du service de *sûreté pendant les haltes et repos*, c'est-à-dire après l'exécution ou pendant les interruptions un peu longues des marches. Par suite, les officiers généraux, investis de grands commandements, n'ont généralement pas à déterminer à ce propos une répartition spéciale des troupes. C'est aux troupes qui constituent l'avant- (ou l'arrière-) garde ainsi qu'aux détachements envoyés sur les flancs des troupes avec des missions particulières, qu'incombe plus particulièrement et tout naturellement d'ailleurs le soin d'assurer et de continuer le service de reconnaissance et de sûreté même pendant les pauses et les repos. Parfois aussi on fait rentrer le soir à leurs corps certains renforts de cavalerie et d'artillerie qu'on avait adjoints pendant la journée à l'avant- (ou à l'arrière-) garde dans la crainte de quelque engagement. Mais il sera bon, avant de donner un ordre de ce genre, de se demander, si le lendemain il ne sera pas nécessaire de prescrire de nouveau des mesures analogues. Un détachement seulement provisoire causerait alors aux troupes d'inutiles allées et venues, qui ne sont admissibles que dans le cas où elles sont justifiées par la possibilité de mieux loger et de mieux faire vivre ainsi les troupes.

Si l'on continue à combattre jusqu'à la tombée de la nuit, et si l'obscurité met seule un terme momentané à la lutte, sans que pour cela aucun des partis ait remporté un avantage signalé, celui des deux partis qui est fermement décidé à recommencer la lutte le lendemain et qui, par suite, est obligé de coucher la nuit sur le champ de bataille, devra se couvrir contre les surprises, que pourrait tenter l'ennemi, en disposant devant lui des avant-postes d'une certaine espèce. Ce qu'il y a de mieux à faire dans ce cas, c'est d'attaquer l'ennemi pendant la nuit avec celles des troupes qui sont encore en état de combattre ; mais on a besoin pour cela de troupes sûres, aguerries, et enfin il faudra que le succès ait paru déjà pencher du côté de celui qui tente un coup de main aussi hasardeux. Il est plus prudent et plus sûr de charger les troupes, qui se trouvent le plus près de l'ennemi, ces troupes qu'on aura prises parfois à la réserve pour les amener ainsi en première ligne, de se tenir toute la nuit prêtes à combattre et de conserver le contact avec l'ennemi. Il n'y aura donc généralement pas lieu de prescrire dans ce cas une répartition spéciale des troupes ; c'est ordinairement en tenant compte de la situation respective des différentes localités occupées par les grandes unités tactiques, que l'on improvise ce service de sûreté pour la nuit. On agirait donc conformément au sentiment que l'on a du succès que l'on vient de remporter, ou à l'intention, où l'on se trouve de battre bientôt en retraite, en prenant pour servir d'une manière spéciale, soit d'avant-garde chargée de poursuivre l'ennemi, soit d'arrière-garde chargée de couvrir la retraite, les dernières unités tactiques qui restent encore dans la main et à la disposition du commandant en chef, et en leur attribuant en outre la misssion d'assurer pendant la nuit le repos des troupes qui ont combattu.

Pour ce qui est de *la formation de détachements* chargés de remplir *certaines missions spéciales*, il est de principe que ces détachements doivent comporter l'effectif le plus faible possible et qu'il est dangereux, d'autre part, d'envoyer au loin de petits détachements d'infanterie.

Partout donc, où l'on pourra se suffire à l'aide de la cavalerie, renforcée au besoin par l'artillerie, on devra se garder d'employer à cet effet des troupes d'infanterie. Cette infanterie, qui ne peut se mouvoir que lentement, peut être aisément compromise, quand il s'agit de se retirer devant un ennemi plus nombreux, et de plus cette infanterie ne parviendra toujours que difficilement à rejoindre le corps dont on l'a détachée.

Il nous reste enfin à insister sur le fait suivant : toutes les fois qu'il s'agira de former, à l'aide de troupes de différentes armes, des détachements (ce mot, employé dans son acception la plus vaste, sert à désigner même les avant-gardes et les arrière-gardes), on devra s'efforcer de modifier le moins possible les dispositions de *l'ordre de bataille*. Ainsi, par exemple, s'il est impossible de conserver dans son intégrité, par exemple, *l'ordre de bataille* d'une division, on devra au moins tâcher de ne pas bouleverser *l'ordre de bataille* des 2 brigades, etc., etc. Il sera surtout utile de respecter ce principe, quand il s'agira de former des avant-gardes, etc., que l'on voulait, afin d'avoir plus de latitude dans le choix des chefs, composer de bataillons empruntés à différents régiments. On a alors l'habitude d'invoquer à ce propos l'exemple de ce qui se faisait pendant les campagnes de 1813-1814 à l'armée de Silésie, à cette

armée dont les instructions passent à bon droit pour
de véritables modèles.

Mais on néglige de tenir compte des changements
de toute espèce qui se sont produits depuis lors, tant
sous le rapport de la valeur intérieure des troupes,
qu'eu égard aux connaissances acquises des chefs
même les plus élevés. L'armée de Silésie contenait en
effet dans chacune de ses grandes unités tactiques, des
corps comprenant pour mille raisons diverses des troupes de ligne et de landwehr. Ces dernières, composées
principalement de conscrits, n'avaient pas encore reçu
une instruction assez avancée pour leur permettre de
faire le service d'avant-garde et n'étaient pas non plus
en état de supporter les fatigues qui sont liées intimement à ce service. On devait donc employer à cet effet
les troupes de ligne. Par suite, pour ne pas enlever aux
brigades toutes leurs bonnes troupes en affectant des
régiments entiers à ce service, on ne détachait que des
bataillons qu'on relevait de temps à autre selon les besoins. Mais rien ne nous empêche aujourd'hui de désigner, pour en former l'avant-garde, des brigades entières d'infanterie ou des régiments auxquels on attachera de la cavalerie et de l'artillerie et qu'on relèvera
en bloc, quand il le faudra. De même aussi on trouvera
dans chaque corps d'armée plusieurs brigadiers, tout
comme dans chaque division, plusieurs commandants
de régiments, qui posséderont les qualités voulues pour
conduire et diriger une avant-garde. La partie capitale
de ce service incombe d'ailleurs aux divisions de cavalerie, dont tous les chefs doivent sans exception posséder les qualités qu'on est en droit d'exiger d'un
commandant d'avant-garde. La théorie des avant-
gardes que nous appellerons *mêlées,* n'a donc plus le
sens commun aujourd'hui.

Il en est de même d'ailleurs pour *tout détachement.*

Ce n'est que quand il s'agira d'*actes exceptionnels* que peuvent seuls exécuter des hommes et des chevaux de choix, qu'on pourra, dans certains cas tout particuliers, se départir de ce principe lors de la constitution de *petits* détachements et par exemple faire partir, au lieu d'*un* escadron, les 20 ou 30 meilleurs chevaux de *chaque* escadron du régiment.

L'*ordre de bataille* annexé à ce volume peut servir de modèle pour des travaux de ce genre.

II. — Formation de l'armée sur pied de guerre.

Le passage de l'armée du pied de paix au pied de guerre s'effectue par la mise à exécution des mesures que nous désignons par le terme général de *mobilisation*. Toutes les mesures relatives à la mobilisation, et surtout le travail préparatoire de cette mobilisation, sont tenus dans le plus profond secret. Nous ne saurions donc donner ici une idée sérieuse et approfondie des travaux préparatoires qui incombent plus particulièrement à l'état-major. Le plan de mobilisation, que tout officier d'état-major peut consulter, ainsi que les instructions relatives à la mobilisation adressées à chacun des commandants de corps, etc., contiennent d'ailleurs tout ce qu'il est nécessaire de savoir à ce propos.

Les travaux préparatoires qu'on doit revoir tous les ans et refaire à nouveau, pour le cas où l'on aurait à mobiliser les troupes pendant l'année, fournissent en outre les données nécessaires pour se faire une idée exacte du détail de la mobilisation.

Quand une armée passe du pied de paix au pied de guerre, il faut tout d'abord augmenter le nombre des officiers et des fonctionnaires des grands commandements et des corps de troupes, remplir les cadres à l'aide des hommes et des chevaux qu'on rappelle, constituer les commandements et les corps de troupes dont l'existence n'est prévue que pour le temps de guerre, et en particulier les troupes de garnison et de remplacement, enfin il faut pourvoir à l'armement de toutes les diverses formations qui répondent aux besoins du moment.

Il faut aussi qu'on ait, pendant la paix, déterminé le nombre et l'espèce des troupes qu'on devra mettre en mouvement en temps de guerre, ainsi que leur armement qui doit répondre au rôle particulier qu'elles auront à jouer. L'organisation du temps de paix doit donc préparer, en cherchant à la faciliter le plus possible, l'organisation du temps de guerre, tant en constituant des cadres suffisants pour le pied de paix et en prévoyant les besoins d'augmentation du personnel d'officiers, de fonctionnaires, d'hommes et de chevaux, qui se feront sentir au moment de la guerre, qu'en tenant tout prêts des armes, des munitions, des effets d'habillement, d'équipement, des subsistances, des ustensiles de campagne de toute espèce. Alors seulement on pourra compter que la mobilisation s'effectuera régulièrement et sans aucune perte de temps. Sous ce dernier point de vue, il faudra surtout que l'appel des classes rappelées sous les drapeaux, la livraison des chevaux dont on a besoin, la mise en mouvement de tout le matériel contenu dans des dépôts spéciaux, etc., etc., aient été préparés avec le plus grand soin et à l'aide de tous les moyens que peuvent fournir les voies de communication existantes et l'administration civile. C'est aux officiers d'état-major chargés de préparer la mobilisation qu'il appartient de chercher à en perfectionner sans cesse les conditions. Le rendement du réseau des chemins de fer, rendement qui est encore limité aujourd'hui par certaines considérations, les inconvénients qui résultent de l'affluence, dans un même moment et dans un même lieu, des masses de soldats rappelés, inconvénients qui ne se manifestent, il est vrai, que sur certains points peu nombreux, mais qui pourraient néanmoins causer quelque désordre, imposent certaines bornes à la rapidité de ces opérations et à la tendance naturelle d'abréger le plus possible leur durée. L'ordre, en effet, doit être maintenu à tout prix pendant la période de mobilisation. On trouve d'ailleurs une certaine garantie du maintien de cet ordre dans les instructions qui, émanant de l'autorité supérieure, prescriront une sage division du travail, et feront ainsi coopérer à un but unique le plus grand nombre possible de personnes qui travailleront avec méthode et avec ensemble.

On pourrait, par exemple, se figurer un système de mobilisation qui ferait supporter le poids des mille travaux préparatoires aux seuls commandants de corps d'armée et aux commandants de district de landwehr, et qui, laissant de côté les commandants de division et de brigade, leur imposerait seulement la mission de préparer ce qui est nécessaire à la mobilisation de leurs propres états-majors.

Mais on doit rejeter une semblable manière de faire, parce que toute une série de personnes, dont la coopération est en somme indispensable, se trouve exclue des travaux préparatoires, qui seuls permettent de se faire une idée exacte de la mobilisation. L'autorité supérieure peut aussi s'assurer, que toutes les mesures préparatoires sont bien prises, en contrôlant les journaux de mobilisations (*Mobilisations-tagebücher*) que doivent tenir et dresser à l'avance tous les commandants et tous les corps de troupes et qui doivent contenir, rangées méthodiquement et par ordre chronologique, toutes les circonstances de la mobilisation jusqu'au complet achèvement de la formation sur pied de guerre.

A. — *L'armée d'opération.*

a. — Organisation du grand quartier général et des quartiers généraux.

L'armée d'opération une fois mobilisée a besoin d'être

commandée. Sa situation *au point de vue administratif* diffère alors aussi plus ou moins de celle qui lui est faite en temps de paix, et l'armée doit donc être même *administrativement* organisée de telle façon qu'elle puisse pourvoir par elle-même à tous les besoins *momentanés* qui peuvent se manifester.

Les communications avec la patrie et les rapports avec les différentes autorités administratives, qui continuent à fonctionner comme par le passé, n'en demeurent pas moins nécessaires, afin de faire parvenir à l'armée les éléments de toute espèce dont elle a besoin pour combler les vides causés par les opérations, et sans lesquels elle ne saurait exister. Il faut donc que chaque grand quartier général, que chaque quartier général comprenne, outre les services auxquels incombent particulièrement le commandement de l'armée et la direction des opérations, des personnes et des autorités qui dirigent les différentes branches du service administratif.

On devra donc, dans la composition des grands quartiers généraux et des quartiers généraux, s'occuper :

> De l'état-major,
> De *l'adjudanture*,
> Du service de l'artillerie,
> Du service du génie,
> De l'auditoriat,
> De la police militaire de campagne,
> De l'intendance,
> Du service des étapes (y compris le service des chemins de fer, des télégraphes et des postes),
> Du service de santé,
> Du service religieux.

La représentation de chacun de ces différents services dans chacun des grands quartiers généraux et des quartiers généraux, résulte de l'organisation particulière donnée à ces services.

Partout où la centralisation sera nécessaire, comme

cela a lieu, par exemple, pour le service des étapes, il sera indispensable que ce service soit représenté dans chacun des grands quartiers généraux ou des quartiers généraux, tandis qu'au contraire, toutes les fois que la décentralisation sera possible, comme pour le service religieux par exemple, on ne trouvera des représentants de ces services que dans les états-majors divisionnaires.

En n'adjoignant pas d'une façon uniforme tous les services à chacun des quartiers généraux, en ne leur donnant que ceux des services dont ils ont réellement besoin, on se conformera de plus au principe universellement admis dans l'armée allemande, au principe de l'économie qu'on doit apporter à la composition des états-majors.

On a reconnu, en effet, que tout individu, dont la présence est superflue, devient un embarras. On enlève tout d'abord par là une unité de force vive au service dans le rang, on augmente ensuite la difficulté qu'on éprouve à loger les quartiers généraux et par suite la gêne que l'on cause aux troupes logées dans les mêmes localités, troupes qui ont déjà une propension naturelle à regarder avec une défaveur imméritée les personnes attachées aux grands quartiers généraux. Enfin, et c'est là le point capital : *L'oisiveté est la mère de tous les vices.* Un nombre trop considérable d'officiers attachés à un état-major, n'y trouvent pas les occupations suffisantes pour assurer leur bien-être matériel et intellectuel. La surabondance des forces se manifeste alors de mille manières désagréables et fâcheuses. L'expérience démontre que, dans des états-majors trop nombreux, les sentiments de noble émulation s'émoussent, que des caractères un peu querelleurs y occasionnent des conflits inutiles, et que les natures ambitieuses y sont toujours mécontentes.

Toutes ces passions, qui sont des conséquences de la nature humaine, ne se manifestent que fort amoindries, lorsque les individus, atteints de ces différents défauts, ont beaucoup à travailler. En outre, plus le nombre des personnes, dont se compose un état-major, est restreint, plus le choix des individus qu'on désigne pour ces états-majors est vaste et étendu. Lorsqu'il s'agit de constituer un état-major pour le temps de guerre, il faudra non-seulement que les personnes, qui le composent, possèdent des connaissances suffisantes et une certaine routine du service, mais encore et surtout que leur caractère soit égal et sûr, qu'elles soient elles-mêmes pleines de dévouement, d'activité et de discrétion. Par suite, il y aura donc un grave inconvénient à attacher à un état-major des correspondants de journaux, car ces correspondants ne peuvent pas, à cause de leur métier même, être discrets. Mais si, dans les circonstances actuelles, il est devenu difficile d'exclure des états-majors ces personnes d'ailleurs fort estimables, il faut au moins qu'on les choisisse avec soin. On doit, en tous cas, obliger les correspondants et veiller soi-même, à ce qu'ils n'expédient aucune lettre sans qu'elle ait été visée par un officier supérieur chargé spécialement de ce soin. La méfiance apparente, qui semble avoir inspiré une pareille mesure, n'a nullement trait au bon vouloir de ces personnes, mais ne se réfère qu'aux écarts auxquels elles pourraient, faute de connaissances militaires suffisantes, se livrer dans leurs appréciations.

Une nouvelle, qu'ils ont peut-être considérée comme insignifiante, mais qui, malgré cela, n'en a pas moins une valeur réelle pour l'adversaire, extraite d'un journal et télégraphiée en passant par les pays neutres, ne tarde pas aujourd'hui à arriver jusqu'au camp ennemi. Enfin, la complète liberté de la presse ne saurait être compatible avec l'état de guerre.

On doit procéder de même à l'égard d'autres personnes qui, sous un titre quelconque, et sans remplir aucune fonction réelle, ont réussi à se faire autoriser à suivre l'armée et qui s'attachent alors toujours à un état-major. Ce sont peut-être des sentiments essentiellement patriotiques qui ont fait naître chez ces individus le désir de suivre l'armée. Mais ces personnes sont une charge pour l'armée à laquelle elles ne peuvent rendre aucun service, à moins qu'elles ne s'occupent du service de santé ou de la distribution aux troupes de vêtements, de vivres, etc.

Des étrangers, qui ne seraient pas des officiers au service d'une puissance alliée ou dont l'amitié est bien reconnue, et qui, soit par curiosité, soit par intérêt personnel, soit encore afin d'étendre le cadre de leurs connaissances militaires, suivent les états-majors ou les troupes, doivent être renvoyés et expulsés sans retard.

1. Le grand quartier général.

Le grand quartier général doit renfermer les éléments de la direction supérieure de l'armée.

Nous espérons que, dans le cas d'une grande guerre, qui mettrait en mouvement toute l'armée allemande, l'empereur prendrait le commandement de toutes les forces militaires. A côté de lui, pour tout ce qui a trait aux questions d'opérations, se trouve placé *le chef d'état-major général de l'armée*. Il propose à l'empereur les mesures qu'il convient de prendre, sollicite son approbation, et, sur l'ordre qu'il reçoit du souverain, les communique sous forme de dispositions, d'instructions, etc., aux commandants d'armée.

Le *quartier-maître général* est à la fois le premier adjoint du chef d'état-major général de l'armée et son remplaçant. On n'a pas encore délimité exactement les attributions de ce quartier-maître, et une semblable délimitation serait surtout fâcheuse dans le cas où il y aurait incompatibilité d'humeur entre le chef d'état-major général et le quartier-maître général. S'il en est d'ailleurs ainsi, vu l'intention qu'on avait en désignant ces personnages, on n'aura pas davantage besoin d'une instruction de service délimitant leurs attributions. Du reste, même sans cela, le quartier-maître général aura des occupations tout à fait indépendantes; car c'est lui qui, à l'état-major du grand quartier général, concentre entre ses mains toutes les affaires, décharge le chef d'état-major général de toutes les questions de détail qui ne peuvent être résolues que par un personnage investi de certains pouvoirs, et laisse ainsi à ce chef d'état-major la possiblité de s'occuper de *grosses* affaires qui le concernent et l'intéressent particulièrement. En outre, pendant la campagne de 1870-71, le quartier-maître général avait encore pour mission de jeter un coup d'œil sur ce qui se passait en arrière de l'armée, et devait ne pas perdre de vue le service des étapes (1). A cette époque, en effet, il n'y avait pas encore au grand quartier général d'inspecteur général des étapes. L'intendance et le service télégraphique y étaient seuls représentés par un *intendant général* (2) et *un chef de la télégraphie de campagne* (3) qui concentraient entre leurs mains tout ce qui était relatif à l'ensemble de ces services. Ces

---

(1) Le grand bureau de poste de campagne (*Feld-Oberpostamt*) attaché au grand quartier général, quoique agissant avec une certaine indépendance, devait cependant obtempérer aux instructions que lui donnait le quartier-maître général.

(2) C'est de l'intendant général que dépendait le grand bureau des subsistances de campagne (*Feld-Oberproviantamt*).

(3) Le chef de la télégraphie de l'armée avait sous ses ordres directs au grand quartier général une division (*Abtheilung*) de télégraphistes.

deux dernières personnes, sans toutefois y être tenues réglementairement, étaient rattachées au chef d'état-major général, qui leur donnait les instructions nécessaires pour leur permettre d'agir utilement. Le choix des individus suppléait là aussi à l'absence de prescriptions bien déterminées : dès qu'un besoin se faisait sentir, on s'en rendait compte de suite et on y donnait immédiatement satisfaction. L'intendant général de l'armée, qui avait, pendant la campagne de 1866, exercé les fonctions de quartier-maître en chef (*Ober-Quartiermester*) d'une armée et qui avait été employé pendant longtemps à l'état-major, assistait presque tous les jours aux rapports à l'état-major du grand quartier général ; prêt à répondre à toutes les questions qu'on lui posait, il était tenu au courant des intentions du général en chef. Quant au chef de la télégraphie, un ancien officier d'état-major, c'était à peine s'il avait besoin de la moindre indication du quartier-maître général pour établir et faire fonctionner les lignes télégraphiques qui reliaient le grand quartier général aux quartiers généraux des différentes armées.

Le *service des chemins de fer de campagne* (*Feld eisen-bahnen Wesen*), base principale du service des étapes, était tout entier entre les mains d'un chef de bureau de l'état-major du grand quartier général et d'un employé supérieur des chemins de fer qu'on lui avait adjoint.

C'est ainsi qu'on put, au grand quartier général même, en étendant quelque peu les fonctions de l'état-major, diriger les opérations, assurer les subsistances, régler le service des chemins de fer et des télégraphes.

C'est encore de cet état-major que faisaient partie, sans parler des 2 adjudants chargés de résoudre celles des questions de service intérieur qui intéressaient l'état-major général, 3 chefs de bureau (*Abtheilungs Chefs*) et 9 officiers. L'état-major du grand quartier général comprenait donc les 3 bureaux suivants :

1° Opérations et détermination de l'*ordre de bataille* de l'armée ;

2° Service des chemins de fer et des voies de communication de toute espèce ;

3° Renseignements, recherches relatives à l'*ordre de bataille* de l'armée ennemie, négociations avec l'ennemi, etc., etc.

Des 9 officiers répartis entre ces 3 bureaux, la plus grande partie se trouvait fréquemment détachée pour remplir des missions spéciales qui duraient plusieurs jours. On confia même, dans les circonstances particulièrement importantes, des missions de ce genre aux chefs de bureau. Par suite de détachements d'une certaine durée et de vacances momentanées, l'état-major du grand quartier général n'a, pendant toute la campagne, presque jamais été au complet. Il se composait réglementairement de 2 généraux, 3 chefs de bureau, 2 adjudants, 3 officiers supérieurs et 6 capitaines d'état-major, 10 ingénieurs géographes et fonctionnaires, 3 secrétaires (1), 4 ordonnances d'état-major, 59 soldats du train et 115 chevaux.

Rien ne permet de croire, que l'on doive, dans le cas d'une nouvelle guerre, augmenter le nombre des officiers d'état-major attachés au grand quartier général. Les éléments dont se composait ce grand quartier général pendant la guerre de 1870-71 ont été, en effet, parfaitement suffisants. L'organisation, néanmoins, sera

---

(1) La plupart des pièces importantes étaient écrites par les officiers et les fonctionnaires d'un rang élevé. Un officier supérieur tenait le journal secret des opérations.

probablement différente, par cela même que la nouvelle
instruction, promulguée le 20 juillet 1872, et relative à
l'organisation du service des étapes et des chemins de
fer, a concentré ces deux services entre les mains d'un
inspecteur général qui relève du chef d'état-major général de l'armée. Cette réorganisation, sur laquelle
nous reviendrons plus loin, avait été reconnue nécessaire, afin de permettre, grâce à une direction centrale
et uniforme, de tirer plus complétement parti, surtout des ressources multiples que présentent les chemins de fer.

Le *ministre de la guerre*, avec quelques officiers et
fonctionnaires du ministère de la guerre, formant son
état-major, faisait aussi partie du grand quartier général et suivait ainsi de très-près la marche des opérations militaires. En règle générale, il assistait aux
rapports du chef d'état-major général et se trouvait
ainsi en mesure d'assurer, en ce qui le concernait,
l'exécution des décisions souveraines prises par le chef
de l'armée, en donnant immédiatement au ministère
de la guerre les ordres nécessaires.

Le désir de s'assurer, dans toutes les branches du
service de l'artillerie et de celui du génie, un moyen
d'action uniforme, a vraisemblablement conduit à mobiliser les inspecteurs généraux de ces deux armes
avec leurs états-majors et à les attacher au grand
quartier général. Tout ce qui, à proprement parler, se
rapportait aux armes et aux munitions de l'armée,
était traité par les officiers d'artillerie attachés aux
quartiers généraux d'armée ou de corps d'armée. Les
officiers du génie, attachés à ces mêmes quartiers généraux, agissaient d'une manière analogue pour les
affaires de leur ressort.

Le service extérieur de l'*adjudanture* au grand quartier général, incombait aux aides de camp généraux

et aux aides de camp de Sa Majesté, qui disposaient d'un certain nombre de *Feldjäger* à cheval.

Le *cabinet militaire* conservait ses attributions du temps de paix, accrues, il est vrai, par suite de la mobilisation, et réglait surtout les questions du personnel du corps d'officiers.

Le *commandant du grand quartier général* était chargé du maintien de la police militaire et de la discipline. Il disposait, à cet effet, sans parler d'un détachement de *gendarmerie de campagne*, de 250 fantassins et de 180 cavaliers de *garde d'état-major*. Ces troupes étaient chargées de veiller sur la personne de Sa Majesté et d'assurer la sécurité du grand quartier général pendant les marches et dans les cantonnements. La cavalerie de garde d'état-major faisait, en outre, le service d'ordonnances.

L'*auditoriat*, le *service sanitaire* et le *service religieux* n'étaient pas représentés au grand quartier général par des personnages étendant leur autorité sur toute l'armée.

Les pouvoirs très-étendus attribués en matière de *justice militaire* aux commandants de corps d'armée étaient, on le pensait du moins, suffisants pour qu'il n'y eût pas besoin d'attacher des auditeurs aux quartiers généraux plus importants que ceux de corps d'armée. Le *service sanitaire* était assuré dans des limites plus larges que celui de la justice, par des *médecins généraux*, attachés aux quartiers généraux d'armée, tandis que le *service religieux*, si l'on en excepte les lazarets, n'était représenté que par des *aumôniers divisionnaires*. En revanche, pendant toute la campagne de 1870-71, le commissaire royal et inspecteur militaire du service de santé auxiliaire était en relations fréquentes et directes avec l'intendant général de l'armée et suivait, par conséquent, le grand quartier général.

2. Le quartier général d'armée.

L'état-major général d'une armée se compose du chef d'état-major général, du quartier-maître en chef et d'un nombre d'officiers supérieurs, de capitaines et de lieutenants d'état-major qui varie en raison de l'effectif de l'armée (Voir 1er volume); les officiers ne sont pas divisés par bureaux, mais chacun d'eux traite, sur l'ordre direct du chef d'état-major ou du quartier-maître en chef, toutes les questions relatives aux opérations, à l'*ordre de bataille*, aux services des étapes, des télégraphes, des chemins de fer, des renseignements, etc., etc. Il est cependant avantageux d'apporter une certaine suite, une certaine méthode, à la répartition des affaires, et d'attribuer toujours à chacun d'eux des questions d'une même nature.

La situation qu'occupe, par rapport au chef d'état-major, le quartier-maître en chef, n'est pas déterminée par un règlement spécial. Le quartier-maître en chef est à la fois le subordonné et le remplaçant du chef d'état-major, et le meilleur moyen de bien régler leur situation respective consistera à choisir deux caractères s'harmonisant l'un avec l'autre.

Le quartier-maître en chef devra, à proprement parler, être, dans toutes les questions relatives à l'état-major, un véritable chef de bureau. Il sera, de cette façon, au courant de tout et, par suite, en état de résoudre, de sa propre autorité, toutes les questions d'une importance secondaire. Il devra apporter une attention et un soin tout particuliers à tout ce qui tient au service des étapes et se tenir en relations constantes avec l'intendant de l'armée.

L'*adjudanture* se compose d'un nombre, variable selon l'effectif de l'armée, d'officiers supérieurs, de capitaines et de lieutenants. Leur nombre est, en général, à peu près égal à celui des officiers d'état-major attachés au quartier général de l'armée. Le plus ancien des adjudants remplit les fonctions de chef de bureau pour toutes les questions qui sont du ressort de l'adjudanture (personnel, remplacement des hommes et des chevaux, ordres du jour, rapports, etc.) et contribue ainsi à décharger le chef d'état-major.

Le *service de l'artillerie* d'une armée relève d'un *général d'artillerie* assisté d'un état-major spécial. Il n'exerce aucun commandement, à moins qu'on n'ait constitué une réserve d'artillerie de l'armée (voir chapitre I) ou qu'on ne lui donne un commandement spécial, tel que, par exemple, la direction, pendant le combat, de l'artillerie de plusieurs corps d'armée. En revanche, il est chargé d'inspecter l'état du matériel d'artillerie de toute l'armée et de compléter les approvisionnements en munitions pour toutes les armes. Pour ce qui est du remplacement des munitions, les commandants des brigades d'artillerie de campagne disposent cependant complétement de tout ce qui entre dans la composition des colonnes de munitions des corps d'armée. Mais c'est le général commandant l'artillerie de l'armée qui règle le réapprovisionnement de ces colonnes par les colonnes du parc de munitions de campagne ainsi que le réapprovisionnement de ce parc à l'aide des munitions prises au dépôt principal de munitions ou aux dépôts annexes.

Le général commandant l'artillerie relève directement du général en chef. Si donc on n'a pas placé, par suite de considérations qui tiennent parfois à l'ancienneté, cet officier général sous les ordres du chef d'état-major général, il n'en est pas moins certain que cet officier ne saurait remplir ses fonctions d'une manière utile à l'intérêt de l'armée sans se tenir en relations constantes avec le chef d'état-major et le quartier-maître en chef.

Le service du *génie et des pionniers d'une armée* est concentré entre les mains d'un *général du génie* assisté d'un état-major spécial. Sa situation et ses pouvoirs sont les mêmes que ceux du général commandant l'artillerie. Il est chargé surtout de la surveillance du train des pionniers : c'est lui qu'on chargera de l'exécution des grands travaux techniques, tels que, par exemple, l'établissement d'un pont sur une grande rivière, opération pour laquelle il faudra concentrer le matériel de ponts de plusieurs corps d'armée.

L'*auditoriat* n'était pas, pendant la guerre de 1870-71, représenté d'une manière permanente au quartier général d'une armée. Les généraux commandant les corps d'armée et les divisions exerçaient la justice militaire et, dans des cas particuliers, on détachait à cet effet un des auditeurs des corps d'armée. A l'avenir, on attribuera un auditeur d'armée à chacun des quartiers généraux d'armée.

La *police militaire* rentre dans les attributions du *commandant du quartier général d'armée* qui a sous ses ordres directs la *garde* d'état-major (1 officier, 1 trésorier, 1 vétérinaire, 60 hommes et 43 chevaux), et qui dispose, en outre, pour des services spéciaux, d'un *détachement de la gendarmerie de campagne* de l'inspection des étapes, commandé par un maréchal des logis chef. Le commandant du quartier général d'armée reçoit directement ses ordres du chef d'état-major général.

L'*intendance* d'une armée a à sa tête un *intendant d'armée*, dont la mission principale consiste à faire arriver en temps opportun les subsistances des hommes et des chevaux. Il reçoit à cet effet les indications, qui lui sont nécessaires, du chef d'état-major, dont il relève également pour tout ce qui a trait à la solution de celles des questions qui le concernent en sa qualité de fonctionnaire faisant partie de l'état-major de l'armée. C'est dans ce cadre que rentrent surtout les questions suivantes : Parti à tirer du terrain même qui sert de théâtre aux opérations au profit de l'armée, en y établissant des magasins, en y faisant des réquisitions de vivres, de drap, de cuir, etc., etc., fixation et prélèvement des contributions en argent et des amendes, confection des ordres relatifs à la distribution des différentes subsistances dans les corps d'armée. L'intendant, en sa qualité de chef de l'intendance, agit avec une indépendance complète pour tout ce qui a trait au contrôle et à la comptabilité au quartier général d'armée et correspond directement avec l'intendant général de l'armée, l'intendant des étapes, et les intendants de corps. Il dispose d'un personnel suffisant composé de conseillers d'intendance, de secrétaires, ainsi que du bureau principal des subsistances de campagne de l'armée.

Le *service des étapes de l'armée* relève d'un *inspecteur des étapes*, qui dépend, d'une part, du général en chef, de l'autre, de l'inspecteur général des étapes et des chemins de fer.

Pour assurer ce service, que nous décrirons en détail plus loin, lorsque nous parlerons de l'organisation du service des étapes, il dispose d'un état-major particulier (chef d'état-major, 3 adjudants, 1 intendant, 1 médecin général, 1 auditeur, 1 directeur des télégraphes d'étapes, 1 directeur des postes d'armée, plusieurs fonctionnaires de l'administration civile, 1 vétérinaire, 1 trésorier), ainsi que d'un détachement de gendarmerie de campagne et des troupes chargées de couvrir et d'occuper les lignes d'étapes.

Le *service de santé et des lazarets* d'une armée est placé sous la direction du médecin général de l'armée. Il faut que ce médecin général soit en relations constantes avec les différents chefs du service des étapes, afin de régler l'évacuation des malades et blessés transportables et de pouvoir ainsi mettre les lazarets de campagne à la pleine et entière disposition de l'armée d'opérations.

Le service de santé auxiliaire était représenté pendant la guerre de 1870-71 aux quartiers généraux d'armée, par des délégués qui entretenaient des relations suivies avec l'intendant d'armée, le médecin général d'armée et les diverses autorités du service des étapes.

Chaque quartier général d'armée possédait encore un *bureau (expédition) de la poste de campagne* qui relevait, pour tout ce qui n'avait pas trait au service technique de la poste, directement du chef d'état-major.

3. Le quartier général de corps d'armée.

On trouve représentés au quartier général de corps d'armée les services suivants :

L'*état-major général*, composé du chef d'état-major, d'un officier supérieur et de 2 capitaines. Le chef d'état-major est le chef de tous les services représentés au quartier général du corps. C'est de lui que relèvent, comme en temps de paix, non-seulement les officiers d'état-major et les adjudants, mais encore, pour tout ce qui a trait au service de bureau de l'état-major du corps d'armée, l'auditeur du corps, l'intendant de campagne du corps d'armée et le médecin général du corps (ce sont là autant de branches différentes de service) qui sont les chefs de leurs services respectifs.

Le commandant de la cavalerie de garde d'état-major, le commandant du détachement de gendarmerie de campagne, ainsi que le maître de poste de campagne (directeur du bureau de poste de campagne), sont placés directement sous les ordres du chef d'état-major. Quant à ce qui est des commandants de l'artillerie, du génie et des pionniers du corps d'armée qui relèvent directement du général commandant ce corps, le chef d'état-major entretient avec eux des relations suivies dans l'intérêt même des services à la tête desquels ces officiers se trouvent placés.

Il n'existe aucune ordonnance qui règle la répartition des affaires dans le sein de l'état-major de corps d'armée. Le chef d'état-major est responsable de la marche régulière des affaires et, en cas d'absence ou d'empêchement du général, il est autorisé à signer les pièces urgentes. Il doit contrôler, d'une manière toute spéciale, la rédaction des ordres les plus importants, des principales dispositions et instructions, ainsi que les prescriptions relatives aux marches et à la répartition des troupes. C'est lui encore qui dirige le service des renseignements. Il confiera les travaux les plus importants à l'officier supérieur d'état-major, qui doit être tenu par lui au courant de tout, afin que cet officier soit en mesure de le remplacer à tout instant. L'officier supérieur tient le journal et l'aperçu des opérations du corps d'armée. Les 2 autres officiers d'état-major prennent, d'après les ordres du chef d'état-major, part au travail journalier de bureau et sont, avec le consentement du général commandant, affectés à des missions spéciales.

L'*adjudanture* se compose de 4 adjudants (2 capitaines et 2 lieutenants). Le plus ancien de ces adjudants fait fonction de chef de bureau pour toutes les affaires qui n'ont pas une relation immédiate avec les opérations, déchargeant ainsi le chef d'état-major, qui n'en conserve pas moins pour cela la responsabilité matérielle. Du reste, le service de bureau de l'adjudanture est moins lourd qu'en temps de paix, et se borne à la solution de questions relatives au personnel, au remplacement d'hommes et de chevaux, enfin aux rapports.

Quand il s'agit de confectionner des ordres secrets d'opérations, on se sert des adjudants pour copier ces ordres avec les officiers d'état-major. C'est eux encore qu'on charge de porter à destination les ordres écrits importants, etc., etc., qu'on ne veut pas confier à des ordonnances, Sous ce dernier rapport, il est facile de renforcer l'adjudanture par l'adjonction d'officiers d'ordonnance pris dans les régiments de cavalerie. La partie la plus importante de leur service consiste à porter pendant le combat des ordres verbaux, qu'il est souvent nécessaire d'expliquer ou de modifier. L'adjudant ne doit pas modifier lui-même la teneur de l'ordre qu'on l'a chargé de porter, mais il doit, le cas échéant, fournir au chef en sous-ordre, auquel il le transmet, les éléments qui lui permettent de le modifier. Il faut donc, pour cela, que les adjudants soient des officiers intelligents, doués d'un jugement sain et possédant de sérieuses connaissances militaires.

L'*intendance* est représentée au corps d'armée par l'intendant de campagne, qui est assisté par un conseiller d'intendance (son suppléant) et par un personnel suffisant de secrétaires, d'expéditionnaires, de comptables et d'adjoints. Le service de l'intendance de campagne en temps de guerre a surtout trait aux prestations en nature et en argent. Ces services sont assurés par la *caisse de guerre du corps*, le *bureau principal des subsistances de campagne* et le *bureau de boulangerie de campagne*. Le rôle et les attributions de ces services sont réglés par des instructions spéciales.

L'intendant, dont le service est, d'ailleurs, réglé alors également par une instruction spéciale, doit, et c'est là chose peu facile quand on marche, assurer les besoins matériels des troupes, faire arriver tous les jours les rations et les objets nécessaires, et les faire parvenir jusque sur les emplacements occupés par ces troupes, conformément à la teneur de dispositions qu'on modifie parfois fréquemment.

C'est là une tâche qu'il ne pourra remplir que lorsqu'il sera tenu constamment au courant des intentions du commandement par le chef d'état-major, et lorsqu'on pourra, dans la limite du possible, se rendre aux vœux qu'il émet par rapport à l'emploi des trains des subsistances (colonne de boulangerie de campagne, colonne de vivres, colonnes de voitures du parc).

Le *service sanitaire*, à la tête duquel se trouve le médecin général du corps (avec un médecin adjoint et un pharmacien en chef), embrasse toutes les questions relatives à l'hygiène ainsi que la direction des lazarets de campagne. Pendant le combat, on pourra tenir compte de l'avis qu'il émet relativement à l'affectation à donner au détachement sanitaire attaché à l'artillerie de corps. Un délégué du service de santé auxiliaire est ordinairement attaché à chaque quartier général de corps d'armée.

L'*auditoriat* est représenté par l'auditeur de corps qui est en temps de guerre, en matière de justice militaire, le conseil du général commandant le corps d'armée, par cela même qu'à cause de la distance qui sépare les différents corps de troupes, la conduite des poursuites judiciaires dans le ressort du corps d'armée, se trouve souvent forcément transmise à un autre tribunal militaire de ce corps. Il confirme, de plus, les jugements qui ont besoin de l'approbation du commandant de corps.

Le *service de l'artillerie* dépend du *commandant de l'artillerie* du corps d'armée (commandant de la brigade d'artillerie de campagne) qu'on doit donc, sous ce rapport, considérer comme faisant partie du quartier général. C'est lui qui doit veiller à ce que les batteries et les colonnes de munitions du corps d'armée soient constamment en bon état; c'est lui encore qui assure le réapprovisionnement en armes et en munitions des troupes et des services du corps. Il peut, pendant les combats, prendre, sur l'ordre du commandant de corps, la direction générale du combat d'artillerie. Il est, en outre, le chef de l'un des services dépendant du général commandant, d'un service qui administre lui-même et à part les troupes qui lui sont affectées (artillerie de corps et colonnes de munitions). On lui donne à cet effet, outre un adjudant et un capitaine d'artificiers, une intendance de campagne, un bureau de subsistances de campagne, un bureau de poste de campagne, un auditeur de division et un aumônier divisionnaire.

Le *service du génie et des pionniers* d'un corps d'armée est chargé de veiller à ce que les compagnies de pionniers de campagne et le matériel des ponts soient maintenus en bon état. Le commandant du génie et des pionniers (commandant du bataillon de pionniers) et son adjudant relèvent donc, sous ce rapport, du quartier général, ainsi que pour toutes les affaires qui doivent être approuvées au point de vue technique ou dirigées par un officier du génie.

Le *commandant de la cavalerie de garde d'état-major*, à laquelle on attache en général le vétérinaire du corps, est chargé de trouver un emplacement pour le quartier général, d'assurer sa sécurité, de régler le service d'ordonnances, de maintenir la discipline parmi les soldats du train attachés au quartier général.

Le *commandant du détachement de gendarmerie de campagne* doit veiller au maintien de la police militaire dans le rayon occupé par le corps d'armée, et doit surveiller en outre, à l'intérieur de ce ressort, le service des patrouilles de gendarmerie de campagne.

Le *bureau de poste de campagne* des corps est dirigé par un maître de poste de campagne qui doit obtempérer aux ordres du chef d'état-major pour tout ce qui n'a pas trait au service technique de la poste.

4. Le quartier général de division.

Le quartier général de division est, sous le rapport de la composition de l'état-major et du nombre des services, bien moins richement doté que le quartier général de corps d'armée.

L'*état-major* se compose d'un officier d'état-major (c'est en général un officier supérieur), auquel les règlements n'accordent pas l'importante position de chef d'état-major, parce que le général, qui commande la division, doit et peut prendre lui-même la direction détaillée de toutes les affaires. Tenu déjà quelque peu en dehors des considérations qui se rattachent aux grandes opérations, le général de division est, sous ce rapport, plutôt chargé de la mise à exécution que de la confection des plans. Il est utile, il est indispensable pour lui, qu'il reste en contact perpétuel avec tous les fils qui, partant d'au-dessous de lui, viennent aboutir à son bureau. L'officier d'état-major ne peut donc pas avoir la position de chef d'état-major, du moins du chef d'état-major considéré comme concentrant entre ses mains toutes les affaires d'état-major. Cependant, si cet officier remplit strictement et consciencieusement son devoir, il gagnera la confiance de son général à un point tel, qu'il occupera réellement la première place dans cet état-major. Il sera donc bon que l'officier d'état-major soit le plus ancien des officiers du quartier général divisionnaire, et que ce soit à lui que reviennent, par suite, les fonctions de chef de bureau.

L'état-major de la division comprend en outre 2 adjudants (1 capitaine et 1 lieutenant), qui peuvent se trouver appelés fréquemment à faire le service d'officiers d'état-major. Parfois aussi, il sera nécessaire d'attacher, au quartier général de la division, des officiers d'ordonnance.

Les services qui relèvent du quartier général de la division sont : une intendance de campagne, un bureau de poste de campagne, un médecin divisionnaire, un auditeur divisionnaire et deux aumôniers divisionnaires.

Dans une *division de cavalerie*, on ne trouvera qu'un seul aumônier divisionnaire.

B. — *Le corps d'armée et ses subdivisions.*

La composition du corps d'armée, sur pied de guerre, est restée à peu près telle qu'elle était lors de la campagne de 1870-71. Les colonnes de munitions, qui, pendant cette guerre, faisaient encore partie de l'artillerie de corps, forment, désormais, 2 *abtheilungen* de force égale (chacune d'elles comprend 3 colonnes de munition d'artillerie et 2 colonnes de munitions d'infanterie), placées sous les ordres immédiats du commandant de l'artillerie du corps d'armée (Voir 2e volume, 1er chapitre).

Le corps d'armée se compose donc normalement, et, sans nous occuper ici des grands états-majors, de :

1° 2 divisions d'infanterie. Chacune de ces divisions se compose, en général, de 2 brigades d'infanterie (de 2 régiments à 3 bataillons), d'un régiment de cavalerie (à 4 escadrons), d'une *abtheilung* d'artillerie de campagne (4 batteries), d'une ou deux compagnies de pionniers (le corps d'armée possède 3 de ces compagnies), d'un équipage divisionnaire de ponts et d'un détachement de troupes de santé.

Le bataillon de chasseurs du corps d'armée est attaché à une brigade : quand le corps d'armée possédera 2 bataillons de chasseurs, on en attachera alors un à chaque division qui attachera, à son tour, ce bataillon à l'une des brigades.

2⁰ L'artillerie du corps. Cette artillerie se compose d'un régiment d'artillerie de campagne comprenant 2 *abtheilungen* (à 3 batteries) et les batteries d'artillerie à cheval qu'on n'aura pas détachées aux divisions de cavalerie, plus un détachement de troupes de santé.

3⁰ Colonnes de munitions, dont la composition vient d'être indiquée ci-dessus.

4⁰ Bataillon du train qui se compose de 5 colonnes de subsistances, de 5 colonnes de voitures du parc, du dépôt des chevaux et de la colonne de boulangerie de campagne; l'équipage de ponts du corps est attaché au bataillon du train.

5⁰ Services administratifs de campagne, dans lesquels on ne doit comprendre ici, puisque nous avons décrit précédemment tous les services rattachés aux différents quartiers généraux, que les 12 lazarets de campagne.

Nous devons, dans un travail du genre de celui-ci, admettre que l'organisation, la composition et le rôle tactiques des troupes destinées à combattre sont connus de tous. Mais, en revanche, il peut être intéressant d'insister sur certaines données qui sont de nature à faire ressortir le rapport qui existe entre le nombre des rationnaires d'un corps d'armée et celui des combattants de l'infanterie, des chevaux de la cavalerie, des bouches à feu de l'artillerie. Ce sont là, en effet, deux totaux, qui ont tous deux leur importance en campagne. Il est bon également de donner le chiffre des voitures que les troupes et les états-majors doivent réglementairement emmener en campagne, de ces voitures qui allongent si sensiblement la longueur des colonnes.

Un corps d'armée prussien, dans sa formation normale du pied de guerre (sans division de cavalerie et sans *abtheilung* d'artillerie à cheval), de 25 bataillons d'infanterie, 1 de chasseurs, 8 escadrons et 14 batteries, entre en ligne avec 25,000 hommes d'infanterie, 1200 chevaux et 84 bouches à feu. Sa consommation journalière, en revanche, est de 36,800 rations (pour les hommes) et de 10,250 rations (pour les chevaux). Le corps d'armée emmène, en outre, 775 voitures à 2 chevaux, 261 à 4 chevaux et 469 à 6 chevaux.

Ce train, qui paraît considérable, est cependant plus ou moins nécessaire afin de mettre à la disposition des troupes tout ce qui, soit comme les équipages de pont et les voitures d'outils de terrassement, augmente l'étendue des services qu'elles peuvent rendre, soit comme les colonnes de munitions et les voitures régimentaires, les maintient constamment en état de combattre, soit comme les colonnes de subsistances et de voitures du parc, assure leur existence dans les moments difficiles, soit, enfin, comme les voitures d'ambulance, est affecté au transport des blessés et malades et doit fournir les éléments dont on a besoin pour établir des lazarets.

Nous allons donc avoir à exposer les ressources du corps d'armée en matériel de ponts, outils de terrassement, munitions, subsistances, établissements sanitaires et lazarets, enfin, en voitures qui transportent les bagages des officiers et fonctionnaires, les caisses et papiers de service, les effets d'équipement et d'armement de réserve. L'officier d'état-major doit posséder sous ce rapport, non pas rien que des notions générales, mais bien des connaissances toutes spéciales. A défaut de connaissances semblables, on pourra commettre bien des erreurs dans la confection des ordres de mouvement et de ceux relatifs à l'emploi des différentes colonnes, etc.

Les *équipages de ponts* d'un corps d'armée sur pied

de guerre se composent de deux *équipages de ponts divisionnaires* et d'un *équipage de ponts* du corps qu'on désigne, les premiers, par le numéro des divisions d'infanterie, le 2e par celui du corps d'armée.

Un *équipage de ponts divisionnaire* comprend :

> 2 haquets à chevalets, à 6 chevaux,
> 2 haquets à pontons avec des poutrelles à griffe, à 6 chevaux,
> 4 haquets à pontons avec des poutrelles, à 6 chevaux,
> 1 voiture d'agrès, à 6 chevaux,
> 1 chariot à ridelles, à 4 chevaux,
> 3 voitures d'outils de terrassement, à 4 chevaux,
> 1 voiture de bagages, à 2 chevaux.

Le commandant de la compagnie de pionniers, à laquelle est attaché l'équipage de ponts, remplit les fonctions de chef de l'équipage divisionnaire.

La compagnie fournit, à cet équipage, une escorte d'au moins 1 sous-officier, 1 *gefreite* et 16 pionniers.

L'équipage de ponts de corps d'armée comprend :

> 2 haquets à chevalets, à 6 chevaux,
> 2 haquets à pontons avec des poutrelles à griffe, à 6 chevaux,
> 24 haquets à pontons avec des poutrelles, à 6 chevaux,
> 2 voitures d'agrès, à 6 chevaux,
> 2 chariots à ridelles, à 4 chevaux,
> 1 voiture de bagages, à 2 chevaux.

Un capitaine du train commande cet équipage, auquel on donne, pour escorte, 2 officiers, 7 sous-officiers et 54 hommes (pionniers).

Le commandant de l'équipage divisionnaire dirige lui-même les travaux d'établissement d'un pont. Quand on emploiera à des travaux de ce genre l'équipage de corps d'armée, on le réunira au moins avec une compagnie, et ce sera, alors, le chef de cette compagnie ou bien un officier du génie, désigné spécialement à cet effet, qui dirigera l'opération. Le matériel de ces deux espèces d'équipages est identique et permet, par suite, d'employer ces trois équipages à une même opération, dont la direction appartiendra, en l'absence du commandant du génie et des pionniers du corps, au plus ancien commandant de compagnie.

Un *équipage divisionnaire* comprend :

> 4 poutrelles à griffe, de 5 mètres = 20 mètres,
> 4 poutrelles, de 4, 5 mètres = 18 mètres,
> 39 mètres courants de tablier, et en fait de supports, 4 chevalets et 6 pontons.

On peut donc, avec cet équipage, jeter un pont de chevalets de 20 mètres, ou un pont de pontons de 30 mètres de long, ou bien, en plaçant un chevalet sur chaque rive et 5 pontons au milieu, on peut arriver à la plus grande longueur normale, celle de 36,5 mètres.

L'équipage de corps d'armée comprend :

> 4 poutrelles à griffe, de 5 mètres = 20 mètres,
> 24 poutrelles, de 4, 5 mètres = 108 mètres,
> 132,6 mètres courants de tablier, et en fait de supports, 4 chevalets et 26 pontons.

Comme on n'établit, en général, que 27 travées (2 chevalets et 24 pontons), on obtient un pont d'une longueur de 122 mètres.

Le corps d'armée, sur pied de guerre, a donc un matériel suffisant pour jeter un pont d'environ 200 mètres de long.

On base ici les calculs sur l'*écart normal de la travée* entre les pontons (construction à 4 bords avec une distance de 4, 5 mètres du milieu d'un ponton à celui du ponton voisin).

L'accroissement qu'on peut donner à cet écart permet d'atteindre dans la construction à 4 bords un écart de 4, 8 mètres, soit, pour l'équipage de ponts de corps, une longueur de 129,9 mètres, et, pour chaque équipage divisionnaire, 37,2 mètres.

Les 3 équipages réunis permettent donc de jeter alors un pont de 204,3 mètres, dont, dans des circonstances ordinaires, toutes les armes pourront se servir.

Quand on veut faire passer, sur un pont, des voitures très-lourdement chargées, on devra diminuer l'écart et, par suite, la longueur totale du pont.

L'écart minimum, quand on construit à 4 bords, est de 3,3 mètres, à 6 bords, de 2,4 mètres.

Dans des circonstances exceptionnellement favorables, on peut, en construisant à 3 bords, arriver jusqu'à un écart de 6 mètres.

Le pont ou plutôt la passerelle n'est alors en état de servir qu'à l'infanterie marchant par file ou à la cavalerie passant par un.

Pour protéger les travaux d'établissement d'un pont ou bien encore quand on manque de la quantité suffisante de matériel pour jeter un pont, on fera passer les troupes sur l'autre rive, à l'aide de *machines de passage* (*Uebersetzmaschinen*) qu'on construit avec le matériel des ponts.

2 pontons couplés l'un avec l'autre et servant de moyen de transport peuvent contenir 35 à 40 fantassins avec tout leur paquetage au complet, et 30 à 35, seulement, quand le courant sera très-rapide, quand il ventera fort, quand les eaux seront très-agitées.

2 pontons couplés avec un écart de 4,5 mètres, réunis entre eux par 5 ou 10 poutrelles qui les recouvrent, et pourvus de parapets, servent à transporter la cavalerie et donnent un espace libre de 18 mètres carrés. On peut alors y embarquer 8 à 9 chevaux et autant d'hommes, ou un canon avec son avant-train chargé, 4 chevaux et 8 hommes.

Quand le courant est très-fort, on emploie avec avantage les *ponts volants sur câble*. Les ponts se composent de 8 ou de 15, parfois, seulement de 5 pontons. Quand on ne dispose que d'un petit nombre de pontons, on peut, sur des fleuves de largeur moyenne (100 à 120 mètres) se servir pour le passage de 4 à 5 pontons qui constituent *un bac à traille*.

Ces sortes de machines contiennent alors, quand elles se composent de :

> 4 pontons, 80 à 90 fantassins, ou 16 à 18 chevaux et autant d'hommes, ou 2 canons, 8 chevaux et 16 hommes ;
>
> 5 pontons, 100 à 110 fantassins, ou 20 à 22 chevaux et autant d'hommes, ou 2 canons avec leurs attelages et leurs servants au complet ;
>
> 8 pontons, 160 à 180 fantassins, ou 32 à 36 chevaux et autant d'hommes, ou 3 canons avec leurs attelages et leurs servants au complet ;
>
> 13 pontons, 260 à 290 fantassins, ou 52 à 58 chevaux et autant d'hommes, ou 5 canons avec leurs attelages et leurs servants au complet.

On emporte, en fait d'*outils de terrassement :*

Avec les troupes, savoir :

Dans l'infanterie, par bataillon, 200 petites pelles et 40 haches portées par les hommes ; sur les voitures, 54 grandes pelles, 18 pioches, 12 hachettes et 27 hachettes. Dans les chasseurs, par bataillon, 200 petites pelles et 40 haches portées par les hommes, 58 grandes pelles, 18 pioches, 13 hachettes et 26 haches sur les voitures.

Dans la cavalerie, par régiment, 108 haches portées par les cavaliers, et sur les voitures, 8 grandes pelles et 6 haches.

Dans l'artillerie, sur les voitures :

Par batterie montée ou par batterie à cheval, 14 hachettes, 36 haches, 18 pics, 29 pelles carrées.

Par colonne de munitions d'infanterie, 2 **hachettes,** **48 haches,** 23 pioches, 23 pelles carrées.

Dans les différents trains, sur les voitures :

Par colonne de subsistances, 32 haches, 9 pioches, 10 grandes pelles ;

Par colonne de voitures du parc, 22 haches, 22 pioches, 22 grandes pelles ;

Par lazaret de campague, 6 haches, 2 pioches, 2 grandes pelles.

Par détachement de troupes de santé, 1 hachette, 12 haches, 1 pioche, 1 grande pelle ;

Par colonne de boulangerie de campagne, 2 haches, 2 pioches, 1 grande pelle ;

Par chaque dépôt de chevaux, 6 haches, 2 pioches, 2 grandes pelles.

Dans les pionniers, par compagnie :

18 haches, 44 pioches, 88 pelles, 45 hachettes portées par les hommes, 20 cognées, 6 pinces, 30 pics, 60 pelles, 6 passe-partout, 6 scies à main, etc., sur la voiture d'outils que possède chaque compagnie.

Chacune des trois voitures d'outils de terrassement attribuées aux 2 équipages de ponts divisionnaires contient, en fait de gros outils, 30 hachettes, 6 scies à main, 200 pelles, 2 passe-partout, 2 grandes scies, 50 pics, 4 maillets, 4 piquets durcis, 8 masses et demoiselles, etc., etc.

Sans parler des outils qui sont distribués à la cavalerie, à l'artillerie et aux trains et qui sont destinés surtout à parer aux besoins journaliers des corps, et bien que les batteries puissent se servir de ces outils pour établir des emplacements pour les pièces, ainsi que pour aplanir les obstacles qui s'opposent à leurs mouvements pendant le combat, etc., etc., le corps **d'armée mobilisé (fort de 24 bataillons d'infanterie et** d'un bataillon de chasseurs) dispose, pour les travaux de fortification passagère, de

5,000 petites pelles, 2994 grandes pelles, 1728 haches, 675 hachettes et 972 pioches.

Les approvisionnements en munitions d'un corps d'armée se composent du total des munitions que les troupes ont avec elles, tant de celles distribuées aux hommes que de celles transportées sur les voitures des corps, et de l'ensemble des munitions que renferment les colonnes de munitions du corps d'armée.

Les corps sont approvisionnés de la manière suivante :

A. — *Infanterie.*

1° Munitions de poche des sous-officiers. . .	30	cartouches.
Id. id. des soldats..	80	id.
2° Dans la voiture de munitions du bataillon.	19,200	id.
3° Dans les 4 voitures à bagages de la compagnie	11,520	id.
Soit par sous-officier.	61	id.
par soldat . . , ...	111	id.

B. — *Chasseurs et Schützen.*

1° Munitions de poche des sous-officiers. . .	30	cartouches.
Id. id. des soldats.	80	id.
2° Dans les 8 voitures à bagages de la compagnie	38,400	id.
Soit par sous-officier.	69	id.
par soldat	119	id.

C. — *Cavalerie.*

1° Munitions de carabine par homme	50	cartouches.
2° Munitions de pistolet par sous-officier et par homme.	10	id.

Les voitures régimentaires ne transportent pas de munitions.

D. — *Artillerie.*

1° Batterie montée de 6 pièces de 9 cent. :
   I. Dans les avant-trains
      et caissons. . . . 120 obus, 60 shrapnels, 18 boîtes à balles.
   II. Dans les voitures
      de munitions. . . 440 id. 160 id. 46 id.

2° **Batterie** à cheval de 6 pièces de 8 cent. :

I. Dans les avant-trains
et caissons. . . . 144 obus, 72 shrapnels, 18 boîtes à balles.
II. Dans les voitures
de munitions . . . 480 id. 192 id. 16 id.

E. — *Pionniers.*

Munitions de poche des sous-officiers . . . . 30 cartouches,
Id. id. des soldats. . . . . 30 id.

Chaque compagnie emporte, en outre, avec elle 250 kilogrammes de poudre.

F. — *Train.*

I. Par sous-officier et soldat armé de carabines. 20 cartouches.
II. Par sous-officier et soldat armé de pistolets. 10 id.

Les 4 colonnes de munitions d'infanterie d'un corps d'armée contiennent 1,474,560 cartouches modèle 1871, soit par fusil ou carabine (en comptant par corps d'armée 23,448 fusils et 977 carabines), 60 cartouches environ.

On a donc, comme total, des approvisionnements en munitions pour chacune des armes combattantes du corps d'armée.

Par fantassin. . . . . environ 170 cartouches.
Par chasseur. . . . . id. 180 id.
Par pièce de 8 cent. . . . id. 289 coups.
Par pièce de 9 cent. . . . id. 262 id.

Les *trains de subsistances* d'un corps d'armée se composent de la *colonne de boulangerie de campagne,* des 5 *colonnes de subsistances,* et des 5 *colonnes de voitures du parc.*

La *colonne de boulangerie de campagne* doit subvenir aux besoins des troupes en fait de pain et de biscuit, toutes les fois qu'on ne peut pas leur en fournir autrement (elle comprend à cet effet 178 boulangers et maîtres boulangers), conduire le bétail sur pied et l'abattre. Elle possède 2 voitures d'instruments de boulangerie ou de réserve.

Une *colonne de subsistances* se compose de 30 voitures de vivres à 4 chevaux, 1 voiture de réserve à 4 chevaux, et une forge de campagne à 6 chevaux. La charge normale d'une voiture de vivres chargée de denrées est de 17 quintaux.

Une *colonne de voitures du parc* se compose de 80 chariots (*plan wagen*) à 2 chevaux et de 2 voitures de bagages d'escadron à 2 chevaux. La charge normale d'un chariot est de 20 quintaux. Le seul fait de l'existence d'une charge supérieure et d'un attelage plus faible suffit pour faire voir que ces voitures ne peuvent pas, comme les colonnes d'approvisionnement, suivre partout les troupes dans tous leurs mouvements. On doit donc les faire marcher autant que possible sur les bonnes routes.

On voit, par suite, que l'emploi plus ou moins judicieux et rationnel, qu'on fait des voitures dont on dispose, est d'une importance capitale. On doit donc en général éviter de charger ces voitures avec des denrées qui occupent, par rapport à leurs qualités nutritives et alimentaires, par trop de place, ou qui sont exposées à s'abîmer trop rapidement et qui par conséquent doivent être renouvelées constamment. On doit donc éviter normalement, pour ces deux motifs, de charger ces voitures de pain et de viande fraîche.

Il est rare que, dans une guerre où l'on marche, où l'on se meut, on vienne à manquer de viande fraîche, et quant au pain, il ne parvient généralement aux troupes qu'après un assez long transport et presque toujours très-avarié. Ce seront donc les corps, parfois avec l'aide de la colonne de boulangerie de campagne, qui feront eux-mêmes leur pain et qui l'emporteront, ainsi qu'un peu de viande fraîchement abattue, sur les équipages régimentaires, Quand on restera assez longtemps en place, quand on aura pu alors régler le service des subsistances, on devra s'efforcer de faire arriver régulièrement aux troupes du pain fait dans les environs. Dans tous les autres cas, les colonnes d'approvisionnement ne peuvent transporter que du biscuit au lieu de pain, du lard et des conserves de viande au lieu de viande fraîche, du riz, des légumes secs, du sel et du café.

On se posera alors la question de savoir si l'on doit charger chacune des voitures d'une seule espèce de denrées, ou si chacune de ces voitures doit au contraire contenir un certain nombre de rations journalières complètes, composées des différentes denrées qui entrent dans leur composition. Les avantages que présente le dernier mode de chargement au point de vue des distributions, sont manifestes. Mais, en revanche, il faut plus de temps pour charger les voitures (dans le rapport 2 : 3), et de plus, en chargeant les voitures avec une seule denrée, on peut souvent tirer un meilleur parti de la capacité de cette voiture.

Il faut, à ce propos, considérer le mode d'emballage usité chez nous pour les diverses denrées. Cet emballage est généralement exécuté comme suit :

Le biscuit en caisses de 1 quintal 25 kil. (75 kil.).
La caisse pèse en outre 20 kil.
Le lard en grandes tranches et sans emballage.
Les conserves de viandes en caisses à un quintal (50 kil).
La caisse pèse 10 kil.
Les légumes secs et le riz en sacs à 2 quintaux (100 kil.).
Le sel en sacs à 1 quintal 12 kil. (62 kil.).
Le café (brûlé) en sacs à 1 quintal (50 kil.).

La ration de campagne du soldat comprend :

500 grammes de biscuit (ou 750 grammes de pain).
170 grammes de lard (ou 375 grammes de viande fraîche, ou 200 grammes de viande conservée).
125 grammes de riz ou 250 grammes de pois, lentilles ou haricots.
25 grammes de sel.
25 grammes de café (fèves grillées).

Le poids minimum d'une ration serait donc de 500 grammes de biscuit, 170 grammes de lard, 125 de riz, 25 de sel, 25 de café, soit en tout 846 grammes. Si, en continuant à exclure le pain et la viande fraîche, on remplace le lard par des conserves de viande, le riz par des légumes secs, le poids de la ration se trouvera augmenté de 155 grammes et la ration pèsera alors 1 kilog.

La moyenne entre ces deux poids extrêmes est de 928 grammes, poids auquel il faut ajouter encore le poids des récipients qui contiennent ces vivres, soit environ 250 grammes, ce qui porte le poids total moyen de la ration journalière à 1175 grammes. Une colonne de vivres, avec une charge normale de 510 quintaux, pourra donc transporter 22,000 rations, soit environ les deux tiers des besoins quotidiens du corps d'armée, tant qu'il se maintient à son effectif normal.

Des expériences pratiques de chargement ont donné les résultats suivants :

1° Chargée avec une seule espèce de denrées, une voiture de vivres contient :

14 sacs de sel — 17 quintaux 18 kil. (868 kil.) . . . . = 34,720 rations.
Ou 9 sacs de riz — 18 quintaux (900 kil.). = 7,200 id.
Ou 9 sacs de légumes secs — 18 quintaux (900 kil.). . . . . = 3,600 id.
Ou 17 quintaux (850 kil.) de lard en tranches. . . . . = 5,000 id.
Ou 14 quintaux (700 kil.) de conserve de viande . . . . = 3,500 id.
Les caisses pèsent 1 quintal 40 kil. (90 kil.).
Ou 16 sacs de café — 16 quintaux (800 kil.) . . . . = 32,000 id.
Ou 9 caisses de biscuit — 13 quintaux 25 kil. (675 kil.) . . . . = 1,350 id.

Une colonne de vivres devrait contenir :

1 voiture de sel.. . . . . = 34,720 rations.

1 voiture de café. . . . . = 32,000 rations.
2   id.   de riz . . . . = 14,400   id.
3   id.   de légumes secs. . . . . = 10,800   id.
2   id.   de lard. . . . . = 10,000   id.
4   id.   de conserves de viande. . . . . = 14,500   id.
17   id.   de biscuit. . . . . = 22,950   id.

En chargeant ainsi, on peut transporter 23,000 rations complètes : il y aura encore un excédant de sel et de café, excédant qui sera d'autant plus avantageux que l'on manque souvent de ces précieuses denrées. Si, de plus, on peut se procurer autrement 2,000 rations de pain, la colonne aura donc fourni des vivres à environ 25,000 hommes.

C'est en s'appuyant sur ces chiffres et en comptant sur les effectifs presque toujours incomplets des corps, qu'on peut admettre que les 5 colonnes de vivres permettent d'assurer pendant 4 jours la nourriture des troupes.

2º Chargée avec toutes les denrées qui entrent dans la composition d'une ration, une voiture de vivres contient :

1 sac de sel — 1 quintal 12 kil.
(62 kil.) . . . . = 2,470 rations.
1 sac de riz — 2 quintaux (100
kil.). . . . . =   800   id.
5 caisses de biscuit — 7 quintaux
25 kil. (375 kil.). . . . . . . =   750   id.
plus 2 quintaux (100 kil.) de caisses.
3 caisses de conserves de viande —
3 quintaux (150 kil.). . . . . =   750   id.
plus 30 kil pour le poids des caisses.
1 sac de café — 1 quintal (50 kil.). = 2,000   id.

Total du chargement : 17 quintaux 17 kil. (867 kil.). . . =   750 rations complètes avec un léger excédant de sel et de café.

Ou bien, en effectuant une substitution :

2 sacs de légumes secs — 2 quintaux (100 kil.) = 800 rations.
Et lard — 2 quintaux 27,5 kil. (127,5 kil.). = 750   id.

Total du chargement : 18 quintaux 14,5 kil. (914,5 kil.) pour le même nombre de rations complètes.

La colonne de vivres contiendra donc 22,500 rations complètes avec un excédant de 52,000 rations de sel et de 37,500 rations de café.

Ces résultats à peu près analogues, quoique dans le dernier cas le chargement soit légèrement plus considérable que dans le premier, démontrent que, pour 2 ou 3 colonnes de vivres, on devrait adopter la 2e méthode de chargement plus commode au point de vue des distributions et la conserver autant que faire se pourra, pendant toute la durée des opérations. En présence des faibles moyens de transport dont disposent les corps de troupes, il y a un immense avantage à pouvoir, lorsqu'on approvisionne les troupes au moyen de colonnes de vivres, distribuer directement aux troupes, tandis que dans la première espèce, les corps doivent se rendre à la colonne de vivres pour y prendre sur leurs voitures les denrées placées dans les différentes voitures de la colonne.

Des expériences de chargement, avec les chariots dont on veut pourvoir les colonnes de voitures du parc, ont démontré qu'une voiture de ce genre pouvait contenir :

```
16 sacs de sel — 19 quintaux 42 kil.
   (992 kil.) . . . . . . . . . . . . . = 39,680 rations.
Ou 10 sacs de riz— 20 quintaux (1000 kil.) = 8,000  id.
Ou 10 sacs de légumes secs — 20 quin-
   taux (1000 kil.). . . . . . . . . . = 4,000  id.
Ou du lard en longues tranches—20 quin-
   taux (1000 kil.). . . . . . . . . . = 5,822  id.
Ou 17 caisses de conserves de viande —
   17 quintaux (850 kil.). . . . . . . = 4,250  id.
   plus 3 quintaux 20 kil. (170 kil.) pour les caisses.
Ou 8 caisses de biscuit — 12 quintaux
   (600 kil.). . . . . . . . . . . . . = 1,200  id.
   plus 3 quintaux 10 kil. (1) (160 kil. pour les caisses).
Ou 20 sacs de café—20 quintaux(1000 kil.) = 40,000  id.
```

____

(1) A cause de la place, on ne met que 8 caisses, bien qu'on

Chargée de toutes les denrées qui entrent dans la composition de la ration complète, une de ces voitures contient 800 rations avec un certain excédant de sel et de café.

L'avoine est emportée dans des sacs d'un quintal et demi (75 kilog.) : une voiture de vivres contient 11 de ces sacs, un chariot des colonnes de voitures de parc, en contient 13. La ration journalière de campagne est de 5,625 grammes (ration lourde) et de 5 kilog. (ration légère). Comme le nombre des chevaux, qui reçoivent la ration légère, est proportionnellement peu considérable, on peut calculer l'ensemble des rations sur un taux moyen de 5,5 kilog. La voiture de vivres contiendra donc 150 rations, le chariot des colonnes de voitures du parc, 177. Les 5 colonnes de voitures du parc pourraient donc contenir 71,000 rations, c'est-à-dire 7 jours de rations pour tout un corps d'armée,

Les *établissements sanitaires* d'un corps d'armée se composent des 3 *détachements de troupes de santé* et des 12 *lazarets de campagne*. Un détachement de troupes de santé comprend 7 médecins, 1 pharmacien de campagne, 8 aides de lazaret, 8 infirmiers militaires, 191 brancardiers (sous-officiers et soldats). Il emmène 8 voitures de transport de blessés à 2 chevaux, 2 voitures techniques à 2 chevaux et 2 voitures de bagages à 2 chevaux.

Cette organisation permet de diviser le détachement en 2 parties à peu près égales et lui donne un rôle plus important en facilitant son emploi.

Sur le champ de bataille, les détachements de troupes de santé doivent établir avec le personnel médical et le

---

n'aurait atteint le poids normal qu'avec un chargement de 10 à 11 caisses.

personnel auxiliaire le poste principal de pansement (1), faire relever les blessés par leurs brancardiers (2) sous les ordres du chef du détachement (capitaine du train) et les amener à l'aide de leur matériel de transport jusqu'au poste de pansement.

Le commandant du détachement reçoit du général de division, ou selon les cas du général de corps d'armée, qui lui transmettent leurs instructions par la voie du médecin en chef de la division ou du corps d'armée, les ordres relatifs aux mouvements du détachement, à l'établissement du poste de pansement, à un déplacement de ce poste : ce sont encore ces officiers généraux qui décident si l'on aura recours à une seule des deux sections ou à toutes deux. Les médecins d'un poste de pansement doivent, avec l'aide des infirmiers, mettre les blessés en état de supporter le transport jusqu'aux lazarets de campagne, après leur avoir donné les cordiaux nécessaires et les avoir installés de leur mieux, sonder leurs blessures, appliquer les appareils qui permettent de les transporter, enfin faire toutes les petites opérations et même des opérations plus graves en cas d'urgence. On renforce à cet effet le personnel médical de ces postes en leur attachant, soit ceux des médecins des corps qui deviennent disponibles après la suppression des postes de premier pansement, soit les médecins qu'on envoie en avant pour établir certains lazarets de campagne, et qui, après avoir prêté leur concours à leurs

---

(1) Dans les petits engagements, on établit d'abord des postes de premier pansement (*nothverbandplatz*), dans lesquels le service est assuré par le personnel sanitaire attaché aux corps.

(2) Dans les rangs des troupes se trouvent des brancardiers auxiliaires, qui font le service dans les petits engagements, mais qu'on peut employer aussi pour assister et aider les brancardiers du détachement sanitaire.

collègues, se retirent avec les blessés qu'il emmènent dans leurs lazarets.

Le transport des blessés désignés pour être évacués sur les lazarets de campagne s'effectue à l'aide des voitures d'ambulance des détachements sanitaires (en tant qu'on peut disposer sur le champ de bataille même d'un certain nombre de ces voitures), et de voitures spéciales fournies par l'intendance qui doit les garnir de paille. Les corps de troupes engagés doivent en outre donner aux détachements de troupes de santé les voitures de réquisition qu'ils auront emmenées.

Les voitures doivent, après avoir transporté les blessés, parmi lesquels tous ceux, qui sont en état de marcher ou de supporter un transport un peu plus long, sont évacués immédiatement sur la commandanture d'étapes la plus proche, cesser d'être employées sur le champ de bataille pour se tenir prêtes à exécuter les ordres de mouvement ou autres qu'on pourrait leur transmettre, et pouvoir rester ainsi ultérieurement à la disposition des divisions. Les voitures ne servent donc que temporairement et passagèrement au transport des blessés. Ce sont les lazarets de campagne, et les ambulances, qui ne suivent pas immédiatement les mouvements de l'armée, qui sont chargés de prodiguer aux blessés les soins que réclame leur état.

Un *lazaret de campagne* comprend en fait de personnel médical : 1 médecin en chef, 4 médecins, 1 pharmacien de campagne, 9 aides de lazarets et 12 infirmiers militaires, et traîne avec lui 3 voitures techniques à 4 chevaux, 1 voiture à bagages à 2 chevaux, et 2 voitures d'ambulance à 2 chevaux. Chaque lazaret de campagne est disposé de façon à recevoir 200 malades ou blessés et peut se diviser en 2 sections.

Le général commandant le corps d'armée règle l'emploi des lazarets de campagne et prononce leur adjonction temporaire aux divisions. Cet officier général ou, dans certains cas, les généraux de division ordonnent aux lazarets de campagne soit de s'approcher du champ de bataille, soit de s'installer sur un point. Les lazarets, une fois qu'ils sont installés, ne doivent plus que soigner les malades et les blessés qu'on leur amène, sans avoir désormais à s'occuper des mouvements de l'armée. En cas de mouvement rétrograde, les *voitures attelées et le personnel* ainsi que le matériel disponibles doivent se joindre au détachement de troupes de santé le plus proche.

Quand l'armée reste en place ou quand elle se porte en avant, le médecin en chef devra prendre des mesures de nature à remettre le lazaret, dans le plus bref délai possible, à la disposition de l'armée. Il doit donc chercher à diminuer le nombre des malades en traitement (en évacuant sur des lazarets établis plus en arrière tous les malades et blessés en état de supporter le transport) et à renouveler son personnel et son matériel, à l'aide du personnel et du matériel frais que lui fourniront les commandantures d'étapes. Si l'on ne réussit pas par là à rendre disponible le lazaret en entier, on devra au moins arriver à ce résultat pour une section. Lorsque le personnel a été relevé, le lazaret devient un *lazaret fixe de guerre* et passe alors dans les attributions du service des étapes. Le lazaret mobile rejoint alors son corps d'armée dans le plus bref délai possible.

Les *trains de bagages* des états-majors et des troupes sont composés de la manière suivante :

Etat-major du quartier général de corps d'armée.

1	voiture	à 4	chevaux	du général commandant le corps.
1	id.	à 2	id.	id. id.
1	id.	à 4	id.	pour le chef d'état-major.
1	id.	à 2	id.	pour l'officier du génie.
1	id.	à 2	id.	voiture de bagages d'escadron.

5 voitures.

Services attachés au quartier général.

Intendance.	1	voiture	à 2	chevaux	de l'intendant de campagne.
	1	id.	à 2	id.	du conseiller d'intendance.
	1	id.	à 4	id.	pour les archives.
Trésorerie de guerre.	3	id.	à 4	id.	du Trésor.
Bureau principal de vivres de campagne.	1	id.	à 2	id.	pour les archives.
Bureau de boulangerie de campagne.	1	id.	à 2	id.	pour les archives.
Médecin général du corps.	1	id.	à 2	id.	
Auditeur du corps.	1	id.	à 2	id.	
Bureau de poste de campagne.	3	id.	à 2	id.	voitures de poste aux lettres.
	1	id.	à 2	id.	voiture de matériel.

14 voitures.

Etat-major d'une division d'infanterie.

1 voiture à 4 chevaux du général de division.

Services d'une division d'infanterie.

Intendance.	1	voiture	à 2	chevaux	du chef de l'intendance divisionnaire.
	1	id.	à 2	id.	pour les archives.
Bureau de vivres de campagne.	1	id.	à 2	id.	pour les archives.
Auditeur de division.	1	id.	à 2	id.	
2 aumôniers de division.	2	id.	à 2	id.	
Bureau de poste de campagne.	2	id.	à 2	id.	de poste aux lettres.
	1	id.	à 2	id.	de matériel.

9 voitures.

Etat-major d'une brigade d'infanterie.

1 voiture à 2 chevaux pour le brigadier.

Etat-major du commandant de l'artillerie.

1 voiture à 2 chevaux pour le commandant de la brigade.

Services du commandant de l'artillerie.

Intendance.	1 voiture	à 2 chevaux		pour le chef de l'intendance.	
	1 id.	à 2	id.	pour les archives.	
Bureau de vivres de campagne.	1 id.	à 2	id.	pour les archives.	
Auditeur de division.	1 id.	à 2	id.		
Aumônier de division.	1 id.	à 2	id.		
Bureau de poste de campagne.	2 id.	à 2	id.	de poste aux lettres.	
	1 id.	à 2	id.	de matériel.	

8 voitures

Etat-mojor d'un régiment d'infanterie.

1 voiture à 2 chevaux pour l'état-major.

Un bataillon d'infanterie.

1 voiture à 6 chevaux pour les cartouches.
1 id. à 4 id. pour les bagages du bataillon.
4 id. à 2 id. pour les bagages des compagnies.
1 id. à 2 id. de médicaments.
2 id. à 2 id. de cantiniers.

9 voitures.

Un bataillon de chasseurs.

1 voiture à 2 chevaux pour l'état-major.
1 id. à 2 id. de médicaments.
8 id. à 2 id. pour les bagages des compagnies.
2 id. à 2 id. de cantiniers,

12 voitures.

Un régiment de cavalerie.

1 voiture à 4 chevaux pour l'état-major.
4 id. à 2 id. pour les bagages des escadrons.
1 id. à 2 id. de médicaments.
2 id. à 2 id. de cantiniers.

8 voitures.

Etat-major d'un régiment d'artillerie de campagne.

1 voiture à 2 chevaux pour le commandant du régiment.

Etat-major d'une abtheilung.

1 voiture à 2 chevaux pour les bagages.
2 id. à 2 id. de cantiniers.
___
3 voitures.

Une batterie montée ou à cheval (plus les 6 pièces attelées
de 6 chevaux).

8 voitures à 6 chevaux de munitions.
3 id. à 6 id. de vivres.
1 id. à 6 id. pour la forge de campagne.
___
12 voitures.

Etat-major d'une abtheilung *d'une colonne de munitions.*

1 voiture à 2 chevaux pour le commandant de l'*abtheilung.*
1 id. à 2 id. de cantinier.
___
2 voitures.

Une colonne de munitions d'artillerie (plus 20 voitures de munitions
à 6 chevaux).

1 voiture à 6 chevaux (*vorrathwagen*).
1 forge de campagne à 6 chevaux.
3 affûts de rechange avec avant-train à 6 chevaux.
1 voiture à 2 chevaux pour les bagages.
___
6 voitures.

Une colonne de munitions d'infanterie (plus 21 voitures à 6 chevaux
de cartouches).

1 voiture à 6 chevaux (*vorrathwagen*).
1 forge de campagne à 6 chevaux.
1 voiture à 2 chevaux pour les bagages.
___
3 voitures.

Une compagnie de pionniers.

1 voiture à 4 chevaux d'outils et d'instruments.
1 id. à 4 id. de poudre.
1 id. à 2 id. pour les bagages.
1 id. à 2 id. de cantinier.
___
4 voitures.

Un équipage de ponts divisionnaires (plus 8 haquets à 6 chevaux et
13 voitures à 4 chevaux d'outils et d'agrès).

1 voiture à 6 chevaux d'agrès.
1 chariot à 4 chevaux à ridelles.
1 voiture à 2 chevaux pour les bagages.
___
3 voitures.

*Etat-major d'un bataillon du **train**.*

1 voiture à 2 chevaux pour l'état-major.
4 id. à 2 id. de cantinier.
___
5 voitures.

Equipage de ponts de corps d'armée (plus 28 haquets à 6 chevaux).

2 voitures à 6 chevaux d'agrès.
2 chariots à 4 id. à ridelles.
1 voiture à 2 id. pour les bagages.
___
5 voitures.

Une colonne de subsistances (plus 30 voitures de vivres
à 4 chevaux).

1 voiture de réserve à 4 chevaux.
1 forge de campagne à 6 chevaux.
___
2 voitures.

Une colonne de voiture du parc (plus 80 voitures [*planwagen*)]
à 2 chevaux).

2 voitures à 2 chevaux de bagages d'escadron.

Une colonne de boulangerie de campagne.

2 voitures à 4 chevaux d'outils de boulangerie.

Dépôt de chevaux.

2 voitures à 2 chevaux de bagages d'escadrons.

Un détachement de troupes de santé (plus 10 voitures d'ambulance
et techniques à 2 chevaux).

2 voitures à 2 chevaux de bagages.
1 id. à 2 id. de cantinier.
___
3 voitures.

Un lazaret de campagne (plus 3 voitures techniques à 4 chevaux
et 2 voitures d'ambulance à 2 chevaux).

1 voiture de bagages à 2 chevaux.

---

c. — La division indépendante.

1. La division de cavalerie.

L'ordre de bataille prévoit la création de divisions
de cavalerie. Nous avons, dès le début du premier

chapitre, indiqué quelle était la meilleure composition à donner à ces divisions.

Jusqu'à présent on n'a déterminé, par voie de **règlement,** que les services qu'on attachera à ces divisions et que nous avons déjà énumérés dans ce chapitre.

Il serait superfiu et même nuisible d'attacher, d'une manière permanente, à la division de cavalerie, des colonnes et des trains qui ne sont pas doués de la mobilité voulue pour pouvoir suivre partout la cavalerie et lui rendre les services désirables. De plus, le rôle particulier, qui échoit à la division de cavalerie, exclut, par sa nature même, toute raison d'être de l'adjonction des différents trains à cette division. Si la division est envoyée en avant pour s'acquitter du service de reconnaissance, elle se trouvera, du moins pour ce qui se rapporte à sa subsistance, dans une situation plus favorable que les troupes qui viennent derrière elle.

Il est rare aussi que la division ait alors à livrer des combats qui lui causent des pertes sensibles, et les médecins des régiments suffiront, par suite, pour assurer le service de santé.

Les divisions de cavalerie n'éprouvent de grosses pertes que dans les batailles décisives, et alors elles ont recours aux grandes ambulances de corps d'armée, tout comme elles puisent aux trains de subsistances de ces corps, lorsque, pendant le temps qui précède ces grandes affaires, elles se trouvent en contact intime avec les autres troupes. Il y a lieu seulement, pour assurer le remplacement du nombre peu considérable des munitions de poche que la division de cavalerie emporte avec elle, et dont elle peut parfois, en raison même de son service spécial, avoir à faire une consommation assez forte, de lui donner, **pour** éviter qu'elle vienne à en manquer, deux voitures de cartouches qui contiennent en tout 30,720 cartouches de carabine. Quand la division se composera de 4 régiments de grosse cavalerie et de 2 régiments de cavalerie légère, on aura, de la sorte, un approvisionnement supplémentaire de 15 cartouches par cavalier.

Le règlement exige que ces deux voitures de cartouches soient attachées d'une manière permanente à l'artillerie de la division.

2. La division d'infanterie renforcée.

C'est en raison du but particulier en vue duquel on détache pour un certain temps une division d'infanterie chargée d'opérer isolément, ou en raison du but pour lequel on l'a organisée, qu'on lui adjoint une force plus considérable de cavalerie, d'artillerie, un nombre plus grand de colonnes et de trains. Quand une semblable division devra, comme les autres grandes unités, agir dans un sens conforme au but des opérations générales de l'armée, il sera bon de la renforcer d'une *abtheilung* d'artillerie (c'est-à-dire de la partie de l'artillerie de corps qui lui revient) et de moitié des colonnes, trains et administrations d'un corps d'armée sur pied de guerre. Quant à l'effectif de la cavalerie qu'il sera bon de lui attacher, il variera, en raison, tant de la mission spéciale donnée à cette division, que de la distance qui la séparera du gros de l'armée et de la nature du terrain sur lequel elle est appelée à opérer. En pays de montagne, par exemple, elle aura besoin de moins de cavalerie qu'en plaine.

De même aussi quand le rôle qu'elle aura à jouer sera limité, elle aura besoin d'une force moins considérable en fait d'armes spéciales et de trains. Une division, par exemple, qui doit s'établir sur une position occupée par l'ennemi et couvrir les lignes d'étape, qui partent de cette position et la traversent, n'aura que bien rarement besoin d'une *abtheilung*, forte de plus de

4 batteries. Dans un cas semblable, il s'agira, en général, d'une sorte de service de garnison qui divise la masse de l'infanterie et de la cavalerie, et il faudra faire sillonner le pays par de petites colonnes qui n'ont besoin d'emmener avec elles que peu ou point d'artillerie.

Il n'est pas non plus nécessaire de renforcer très-sensiblement ses trains et ses colonnes, parce que les troupes peuvent alors subvenir à leurs besoins à l'aide du service des étapes.

Les divisions, qui doivent investir des forteresses ennemies, pourront s'acquitter, en général, de leur tâche rien qu'avec leur effectif normal d'artillerie et grâce à l'adjonction de quelques cavaliers. Le caractère sédentaire de leur mission rend également superflu le renforcement de leurs trains. Mais il faudra qu'elles soient richement pourvues en colonnes de munitions, en détachements de troupes de santé, en personnel et en matériel destinés à la création de lazarets. Si l'investissement devient un siége en règle, il faudra alors leur adjoindre de l'artillerie à pied et des pionniers, dont les effectifs varieront en raison de l'importance de la place.

Ces exemples suffiront pour faire voir combien la composition de la division indépendante variera suivant les cas. Mais, comme les missions qu'on peut avoir à confier à une division de cette espèce, pendant le cours d'un campagne, sont des plus multiples, il sera bon de la mettre, dès le principe, en état de pouvoir opérer jusqu'à un certain point pour son propre compte, en adjoignant aux deux brigades d'infanterie environ un régiment de cavalerie, une *abtheilung* d'artillerie, une compagnie de pionniers, un détachement de troupes de santé et quelques colonnes de munitions. On réservera pour des missions spéciales des renforts plus considérables.

d. — Formations spéciales.

Pour être à même de parer à toutes les éventualités qui, bien que ne rentrant pas dans le cadre ordinaire de la constitution du corps d'armée, ont cependant un lien intime avec le but général des opérations ou doivent permettre d'obtenir certains résultats, il est aussi certaines formations spéciales qu'il est indispensable de mentionner ici.

C'est à cette catégorie qu'appartiennent les télégraphes de campagne, le parc de munitions de campagne, les formations des étapes, les chemins de fer de campagne et les parcs de siége. Ces derniers, qui se subdivisent en parc d'artillerie et du génie, sont constitués chaque fois en raison des besoins, bien que cependant leur composition soit dans son ensemble réglée à l'avance par des principes déterminés.

Leur caractère purement technique rend leur description d'autant plus inutile, que l'officier d'état-major sera rarement appelé, sans avoir été mis préalablement au courant par un officier des armes spéciales, à prendre des mesures relatives à la constitution et au rôle de ces parcs. Ce qui pourrait le plus vraisemblablement lui arriver, ce serait d'avoir à régler leur transport par chemin de fer; et dans ce cas il existe des dispositions spéciales auxquelles il n'aura qu'à se conformer.

Le *parc de munitions de campagne* se compose de 8 colonnes, qui sont, selon les besoins, mises à la disposition et placées sous les ordres des généraux en chef d'armée ou des généraux commandant l'artillerie de ces armées. Ces colonnes sont organisées surtout de façon à pouvoir transporter leurs munitions par les voies ferrées, mais elles possèdent néanmoins un nombre de voitures attelées suffisant pour faire arriver les munitions de la station où s'arrête le chemin de fer jusqu'aux points plus avantageusement situés pour servir au ravitaillement des colonnes de munitions des corps et pour établir de la sorte des dépôts intermédiaires de munitions.

Le parc de munitions de campagne est ravitaillé lui-même à l'aide de 3 *dépôts principaux de munitions* que, selon les besoins et d'après la situation géographique du théâtre de la guerre, on mobilise dans 3 places fortes du pays et qu'on y laisse le plus longtemps possible. Ces dépôts dépendent de l'inspecteur général des étapes et des chemins de fer.

C'est de cet inspecteur général, que relèvent pour *le service des étapes* autant d'*inspections d'étapes* qu'il y a d'armées ou de corps d'armée opérant isolément. On attribue, selon les besoins, aux inspections d'étapes des troupes et des commandantures d'étapes. On trouve, en fait de *formations spéciales d'étapes*, dans chaque inspection une colonne de boulangerie de réserve, un dépôt de lazaret de réserve, une commission de transport des malades, un directeur des télégraphes des étapes, avec un personnel de télégraphistes et une colonne du train, un dépôt de chevaux, de voitures de poste et autant de directeurs de lazarets de campagne, de sections de personnel de lazaret d'étapes, de colonnes de voitures du parc des étapes, et de sections de gendarmerie de campagne qu'il y a de corps d'armée dans l'armée à laquelle correspond cette inspection.

Pour *le service des chemins de fer*, on place sous les ordres de l'inspecteur général du service des étapes et des chemins de fer, un *chef du service des chemins de fer de campagne*, qui dirige l'ensemble du service militaire des chemins de fer sur le théâtre de la guerre et qui règle l'emploi à faire, à cet effet, des lignes de l'intérieur du pays. On met pour cela à sa disposition, **des directions militaires de chemins de fer, la section**

des chemins de fer du grand état-major que l'on constitue en remplacement du grand état-major qu'on a mobilisé, des commandantures de lignes et de gare enfin les
différentes formations issues du régiment des chemins
de fer (1). Ces dernières se composent de compagnies
d'ouvriers et de compagnies d'exploitation.

Nous nous réservons de donner ultérieurement, en
tant que cela sera nécessaire, plus de détails sur l'emploi des différentes formations auxquelles donnent lieu
les services de remplacement des munitions, des étapes
et des chemins de fer. Nous ne nous occuperons plus,
ici, que de l'organisation de la *télégraphie de campagne*.

Sans comprendre dans ce chiffre la Bavière, on a
prévu la formation de 7 *abtheilungen de télégraphes de
campagne* et de 5 *abtheilungen de réserve de télégraphes
de campagne*.

Les 7 premières marchent avec les corps qui opèrent
et doivent, au fur et à mesure des mouvements de l'armée, relier les quartiers généraux d'armée et les corps
qui opèrent à part avec le grand quartier général,
ou bien différents corps ou différentes armées, soit
entre eux, soit avec le réseau télégraphique existant
dans le pays. Les voitures qui transportent le matériel,
les appareils, etc., peuvent se mouvoir rapidement,
même *hors* des routes. On peut ainsi faire, toujours et
partout, usage de ces voitures et des télégraphes. Les
abtheilungen de réserve de télégraphes de campagne,
avec leurs voitures plus lourdement chargées et plus
richement pourvues en fait de matériel et d'appareils
suivent, sur les routes, les voitures plus légères et plus
mobiles des *abtheilungen* des télégraphes de campagne,

---

(1) Le bataillon des chemins de fer est, depuis la publication du
1er volume, devenu un régiment à 2 bataillons.

pour leur fournir le matériel et le personnel qui pourraient venir à leur manquer et parfois même afin de
remplir leur rôle. Elles remplacent le matériel utilisé
par les *abtheilungen* des télégraphes de campagne qui
travaillent en première ligne. Pour cela, ou elles démo-
lissent les sections des lignes situées en arrière, ou
bien elles peuvent, selon les cas, être employées tout
comme les *abtheilungen* de campagne et se relayer avec
elles. Elles peuvent, en outre, reconstruire de grandes
sections de lignes télégraphiques détruites par l'ennemi.

En règle générale, le grand quartier général possède une *abtheilung* de télégraphes de campagne et une
de réserve, chaque armée en possède une ou deux de
campagne et une de réserve.

La *direction des télégraphes des étapes* attachée à chacune des armées est chargée de relier les lignes télégraphiques de l'état avec l'armée d'opérations et d'assurer
le fonctionnement des stations placées en arrière de
cette armée, et dont on ne saurait se priver pour la
transmission des dépêches venant des lignes télégraphiques de campagne. Les télégraphes des étapes fournissent également aux *abtheilungen* de télégraphes de
campagne et de réserve le matériel de construction,
les outils et les appareils, etc., etc., dont elles viennent
à manquer.

Le *chef de la télégraphie militaire*, attaché au grand
quartier général, règle tout le service télégraphique sur
le théâtre de la guerre. Il relève, pour tout ce qui a
trait à la télégraphie de campagne, directement du chef
d'état-major général de l'armée, et se tient pour la télégraphie des étapes en relations constantes avec l'inspecteur général du service des étapes. Il n'intervient
dans le service des *abtheilungen* de télégraphes attachées
aux différentes armées que par l'intermédiaire des généraux commandant ces armées; mais il dispose directement

des *abtheilungen* de télégraphes attachées au grand quartier général. Il est en relations constantes avec la direction générale des télégraphes, afin qu'il ne se produise à aucun moment d'interruption entre les télégraphes de campagne et d'étapes et le réseau télégraphique de l'Etat.

Une *abtheilung de télégraphes de campagne* se compose d'un détachement de télégraphistes et d'une colonne du train. Le détachement de télégraphistes comprend 3 officiers du génie, 7 employés supérieurs des télégraphes de l'Etat, 90 pionniers (sous-officiers et soldats) et 4 maîtres ouvriers des télégraphes.

La colonne du train se compose de 6 voitures d'outils à 6 chevaux, de 5 voitures-station et de transport des employés à 2 chevaux, et de 2 chariots à ridelle à 4 chevaux.

Ces voitures sont chargées de 22 1/2 kilomètres de fil d'archal blanc, 11 1/4 kilomètres de fil isolé, 1,200 mètres de fil léger d'acier, 315 mètres de câble pour les lignes sous-marines, enfin de 10 appareils Morse et de 660 poteaux.

Il faut construire une ligne aérienne avec des fils blancs, de 20 à 30 minutes par kilomètre.

La composition d'une *abtheilung* de réserve est absolument identique. Le détachement de télégraphistes a cependant 12 employés supérieurs des télégraphes de l'Etat et 8 maîtres ouvriers télégraphistes. La colonne du train comprend 8 voitures d'outils à 6 chevaux, 7 voitures à 2 chevaux pour le transport des employés et une voiture à ridelle à 4 chevaux. Ces voitures contiennent 33 3/4 kilomètres de fil d'archal blanc, 15 kilomètres de fil isolé, 75 kilomètres de fil léger d'acier, 315 mètres de câble pour les lignes sous-marines, 14 appareils Morse et 1296 poteaux.

Une *direction de télégraphes d'étapes* dispose de 33 employés supérieurs des télégraphes de l'Etat, 10 maîtres ouvriers, 30 ouvriers des télégraphes, 32 appareils Morse, 90 kilomètres de matériel et d'instruments pour 3 colonnes de construction. Le personnel et le matériel sont fournis, en raison même des besoins, par les télégraphes de l'Etat.

B. — L'armée de garnison.

L'armée de garnison comprend toute la partie de l'armée qui, au moment de la mobilisation, reste dans le pays. Elle comprend les grands pouvoirs administratifs, les commandements et les pouvoirs administratifs qui remplacent ceux qu'on mobilise, les troupes de remplacement, les troupes de garnison et les troupes de landsturm.

Une description détaillée des formations diverses dont se compose cette armée, répond d'autant moins au but de ce livre que, si l'on en excepte l'état-major général de remplacement qui est chargé de continuer à diriger les affaires du grand état-major, et les quelques gouvernements généraux qu'on créera alors et qui embrasseront le territoire de plusieurs corps d'armée, l'on n'affectera pas d'officiers d'état-major à cette armée.

La répartition spéciale et l'emploi de cette armée, le rôle actif qu'elle pourra être appelée à jouer ultérieurement, dépendent d'ailleurs tellement des circonstances mêmes et ont un tel caractère d'organisation pour ainsi dire spontanée, qu'on n'en saurait rien dire à l'avance. La constitution première de l'armée d'occupation est d'ailleurs entièrement déterminée par les prescriptions données en temps de paix et se rattache dans son ensemble à la subdivision du territoire de l'empire en districts de corps d'armée et de brigade. L'administration militaire conserve également dans ses parties essentielles l'organisation qu'elle avait en temps de paix, de telle sorte que des commandements et des pouvoirs administratifs de remplacement viennent se substituer pour la direction des affaires à ceux qu'on mobilise avec les troupes.

On n'a donc, sous ce rapport, qu'à se référer à ce que nous avons dit au chapitre III du 1er volume.

III. — Service de bureau en temps de guerre.

A. — *Dispositions générales. Sûreté de la transmission des ordres.*

Le service de bureau en temps de guerre est réduit au strict nécessaire et se concentre dans les bureaux des grands états-majors.

Le service de bureau constitue en effet une charge terriblement lourde pour les troupes qui couchent souvent à la belle étoile. Aussi ne leur demande-t-on, en somme, qu'à tenir la comptabilité des prestations en nature et en argent, à faire les bons pour les munitions qu'on leur distribue, etc., à établir les feuillets matricules, les états de mutations des hommes envoyés aux lazarets ou versés dans les troupes de remplacement, enfin à fournir des relations de combat avec les annexes voulues (états de perte, consommation de munitions). La transmission des ordres ayant trait aux opérations militaires se fait en général verbalement, après que les troupes, déjà concentrées dans un espace assez resserré, ont pris la formation préparatoire de combat. Il n'est fait exception à ce principe qu'alors que les circonstances permettent d'occuper des cantonnements étendus et de répartir les troupes, pour les loger, sur des espaces plus vastes. Les grands états-majors seuls, abstraction faite de tout autre service de bureau, ont à rédiger des ordres écrits. Ce n'est que dans des cas extrêmement rares que les troupes qui sont placées dans leurs attributions se trouvent assez rapprochées les unes des autres pour que l'on puisse donner verbalement les ordres relatifs aux opérations. C'est là le cas qui pourra se présenter pour une brigade, quand elle aura réussi à s'installer sur un seul point, dans une seule localité ; la division sera déjà obligée d'envoyer ses ordres par écrit, d'adopter par suite un procédé qui exige plus de précision et d'exactitude que la transmission verbale, mais qui présente, par suite, l'avantage de donner à ces instructions une forme plus nette. Il va de soi que, pendant le combat, le général de division donnera verbalement ses ordres ou les fera transmettre verbalement par ses officiers. Mais les officiers généraux investis de grands commandements et dont les troupes couvrent une plus grande étendue de terrain même pendant le combat, seront la plupart du temps obligés de donner leurs ordres par écrit. Il est d'ailleurs plus facile d'apercevoir et de corriger rapidement un malentendu, qui peut aisément résulter d'un ordre donné verbalement, sur le terrain peu étendu où combat une division, que sur le vaste champ de bataille sur lequel opère soit un corps d'armée, soit une armée. Plus l'unité sera considérable, plus il faudra se mettre en garde contre les malentendus, et c'est ce qu'on parvient à faire en transmettant les ordres par écrit.

Si nous remarquons encore que tout le service de bureau, qui résulte en temps de paix de la progression annuelle de l'instruction des troupes, du développement constant et général donné à l'organisation de l'armée, de l'exactitude rigoureuse qu'on exige pour toutes les formalités administratives, etc., ne concerne en rien ni l'armée mise sur le pied de guerre, ni les chefs placés à sa tête, mais incombe entièrement aux troupes de remplacement et aux autorités militaires qu'on a constituées pour remplacer celles qu'on a mobilisées, nous ne tarderons pas à reconnaître que le service de bureau, même des grands états-majors, est en somme fort restreint. Mais, en revanche, la guerre engage dans une voie nouvelle le service de bureau. Il faudra alors se consacrer aux *opérations*, c'est-à-dire, s'adonner à un service qui réclame la plus grande attention et dont noùs allons nous occuper ici tout particulièrement.

L'importance et la valeur de ce service n'ont pas besoin d'être démontrées. Des lacunes laissées dans les ordres qu'on expédie, l'obscurité du style, des erreurs, une fausse interprétation donnée à la rédaction de ces ordres par des gens étrangers au métier d'état-major, peuvent amener des conséquences terribles, fatales. Ajoutons encore qu'on doit toujours chercher à éviter toute perte de temps et que souvent même la voie qui servira à la transmission de ces ordres sera peu sûre. Il faudra donc s'occuper tout d'abord d'assurer la *sûreté de la transmission des ordres*, puis de les dérober à la connaissance de tous ceux que ces ordres ne concernent pas.

On n'arrivera à réaliser la dernière de ces conditions qu'à l'aide de la discrétion la plus absolue. La discrétion et la confiance sont donc des qualités que doivent nécessairement posséder les personnes chargées de rédiger et d'expédier les ordres d'opérations.

Il faudra donc, dans un quartier général d'armée, où l'on ne manque jamais d'officiers pour établir un nombre suffisant d'exemplaires d'ordres d'opérations complétement identiques, ne jamais employer à des travaux de ce genre des personnes occupant un rang inférieur. Quand on se servira de la presse métallographique, ce sera un officier qui devra écrire l'original de l'ordre avec de l'encre à autographier ; ce sera encore un officier qui devra surveiller la manipulation de la plaque, le tirage du nombre voulu d'exemplaires, et faire effacer sous ses yeux, une fois le travail terminé, tout ce qui est écrit sur la plaque.

Des ordres moins importants peuvent être écrits et copiés par des secrétaires.

On doit tenir, en outre, ce qu'on appelle le *journal secret des opérations*, dans lequel on mentionne tous les télégrammes, renseignements, rapports, cadres, etc., qu'on reçoit ou qu'on expédie. La mention d'arrivée ou de sortie doit contenir, outre la date, l'heure et la minute de cette arrivée ou de cette sortie, et faire connaître, de plus, quelle est la personne qui a transmis le renseignement, etc., ou bien à laquelle on a remis l'ordre qu'on était chargé de transmettre. Quand il s'agit de télégrammes, il suffit d'indiquer l'*abtheilung* des télégraphes de campagne, pourvu toutefois qu'une de ces *abtheilungen* soit installée sur les lieux mêmes. La tenue du journal secret des opérations, qui sert en même temps de première base au travail historique officiel, incombe à un officier, tant à cause de l'importance même de ce service qu'à cause du secret qu'il faut garder en tant de cas. C'est encore cet officier qui est chargé de décider quelles sont, parmi les dépêches reçues et parmi les minutes des pièces expédiées, celles qu'on doit garder et placer dans les *archives de guerre*. Jusqu'à ce que cet officier se soit prononcé à cet égard, les pièces doivent être conservées dans des portefeuilles fermés.

Malgré toutes les précautions qu'on prend à ce propos, il arrivera cependant que parfois on oubliera dans le bureau une note, etc., dont la teneur permettra même à des gens que cette note ne concerne pas, de se faire une idée des intentions et des projets qu'on nourrit. Par suite, et pour empêcher toute soustraction des pièces cachetées, il faudra faire *surveiller d'une manière spéciale le bureau* (1) par un poste de garde ou par des ordonnances de la garde d'état-major qui interdi-

---

(1) Il est bon que le bureau n'ait qu'une seule entrée.

sent l'entrée à toute personne inconnue, et doivent en cas de besoin conduire ces étrangers à *l'officier du jour* (1).

Le service de cet officier dure 12 heures, et on relève les officiers à 6 heures du matin et à 6 heures du soir. Cet officier du jour doit se tenir constamment dans le bureau même ou près du bureau; il dépouille toutes les pièces qui arrivent pendant la nuit, et juge si, à cause de l'importance des faits qu'elles contiennent, il faut réveiller le chef de *l'abtheilung* que ces dépêches concernent, ou le chef d'état-major. Dans le doute, il doit réveiller ces officiers et assurer l'exécution des mesures qu'on lui prescrit de prendre.

Si l'on pare de la sorte à tout retard, à toute irrégularité lors de la réception des dépêches, on veille aussi, d'autre part, à ce que l'expédition des dépêches se fasse rapidement et sûrement.

La *confection et la rédaction* des pièces dans le bureau ne présentent que peu de difficultés par cela même que l'on disposera toujours d'un nombre suffisant d'officiers, pour peu que l'on ait songé à loger d'une manière rationnelle les différents officiers de l'état-major, qu'on leur ait ordonné de prendre leurs repas en commun, qu'on les réunisse plusieurs fois par jour à des heures déterminées, aux heures où l'on reçoit d'ordinaire les ordres, les pièces et les communications importantes. Enfin le commandant en chef ou le général commandant le corps d'armée ne devra pas s'absenter du quartier général en même temps que le chef d'état-major, afin qu'il y ait toujours sur les lieux une personne bien

---

(1) Des hommes appartenant aux divers corps de troupes, et qui ont perdu leurs corps, viennent souvent se présenter aux bureaux des grands états-majors afin de pouvoir rejoindre. L'*officier du jour* doit donc avoir à sa disposition un tableau qui lui permettra de donner des ordres pour diriger ces hommes sur leurs corps.

au courant des opérations projetées et de la situation des choses.

. Ce qui est à vrai dire bien autrement difficile, c'est d'*assurer la transmission* d'une dépêche jusqu'à destination. Les moyens dont on dispose à cet effet, sont, en tant qu'il s'agit de grandes distances, les télégraphes, les chemins de fer et les lignes de relais ; quand on a à transmettre des dépêches à des distances moins considérables, la transmission se fait, même lorsqu'il s'agit de plusieurs exemplaires, à l'aide d'officiers d'ordonnances, d'ordonnances et de *feld-jäger*. Ces derniers, chargés spécialement de ce service, peuvent aussi avoir parfois à porter des dépêches au loin.

La poste de campagne ne sert en général que pour l'expédition des pièces moins importantes et moins urgentes.

Le *télégraphe* opère rapidement et sûrement, tant qu'il n'y a pas d'interruption dans le service de la ligne. Ces interruptions peuvent se produire soit par le fait de l'ennemi, soit par suite de perturbations atmosphériques. Mais les employés des télégraphes ne tardent pas à en reconnaître l'existence, et l'on peut alors adopter presque immédiatement un autre mode de transmission. On peut, sans parler même de la surveillance de la ligne, se garantir contre le danger qui résulte du fait que l'ennemi réussirait à détourner les dépêches de leur destination, en se servant de chiffres. On se servira encore des chiffres, quand on aura à transmettre des ordres qu'on tient à garder secrets, ainsi que dans tous les cas où, la transmission se faisant par ordonnances, il existera, entre les lieux de départ et de réception, des points exposés aux coups de main de l'ennemi. Dans ce dernier cas, on fera bien de demander, par une note placée à la fin de la dépêche, à la personne à laquelle la dépêche est destinée, de donner par télégraphe avis immédiat de sa réception. Il est bon de remarquer aussi, à ce propos, qu'il faut toujours un certain temps pour chiffrer et déchiffrer une dépêche. Enfin, on a encore trouvé le moyen de remédier aux mutilations éventuelles que peut subir une dépêche en demandant au destinataire de la télégraphier littéralement, après réception, à la personne qui l'a expédiée. Ce seront d'ailleurs les circonstances qui détermineront s'il y a lieu d'avoir recours à toutes ces mesures de précaution ou bien encore celles d'entre elles qu'il sera bon d'appliquer.

On expédie un courrier *par chemin de fer*, quand on veut expédier des pièces volumineuses, surtout des instructions, qui, si l'on voulait les télégraphier, absorberaient la ligne pendant trop longtemps. On peut encore se servir des chemins de fer, quand le télégraphe qui longe les lignes ferrées ne fonctionne pas. Même lorsqu'une ligne de chemin de fer ne sera pas encore ouverte, ou lorsque l'exploitation en sera momentanément interrompue, on pourra, quand on aura un ordre important et urgent à transmettre, essayer de le faire parvenir à destination en expédiant un officier monté sur une locomotive.

Quand on n'a à sa disposition ni télégraphes, ni chemins de fer, on a recours aux *lignes de relais*. Il est donc sage, quand les opérations prennent une tournure telle, qu'il est impossible d'établir assez rapidement des communications télégraphiques, de constituer des lignes de relais qui suivent la marche des quartiers généraux qu'elles sont chargées de relier entre eux. Une semblable ligne de relais se compose d'une série de détachements de cavalerie qui, forts chacun d'environ 1 sous-officier et 6 cavaliers, sont établis à une distance de 4 à 5 kilomètres les uns des autres. De 20 en 20 kilomètres on placera 1 officier qui place, instruit et surveille les postes de relais. L'allure, à laquelle on devra porter les dépêches est indiquée sur l'enveloppe de la manière suivante : une croix voudra dire que l'on devra faire la moitié du chemin au pas et l'autre moitié au trot (le kilomètre en moyenne en 6 minutes) ; 2 croix, que l'on marchera au trot tout le temps (le kilomètre en moyenne en 4 minutes) ; 3 croix, que l'on marchera aussi vite que le cheval sera capable de le faire. Chaque station de relai tiendra un petit journal qui fera connaître le nom des cavaliers d'ordonnance arrivant ou partant, le nombre des pièces à expédier, les heures d'arrivée et de départ. Parfois aussi, il arrivera qu'on demandera le reçu d'une dépêche transmise par une ligne de relais, etc.

Dans chacune des stations intermédiaires d'une ligne de relais, on devra toujours tenir 2 chevaux tout sellés, afin qu'on puisse à chaque instant faire partir immédiatement un cavalier d'ordonnance dans chacune des deux directions. Ces cavaliers ont leur paquetage complet, emportent la ration de leur cheval et sont prévenus que la moindre infraction aux ordres qu'on leur donne, leur vaudra une punition sévère.

Quand il s'agit de distances moins considérables, ou lorsqu'il n'existe pas de ligne de relais, on transmettra les dépêches à l'aide de *cavaliers qu'on expédiera rien que pour cela*. C'est en raison de l'importance de l'ordre, etc., de la difficulté qu'on aura à trouver la route la meilleure et la plus courte, du danger qu'il y a de tomber dans un poste ennemi, enfin de la distance elle-même, qu'on se décidera à faire partir soit de simples ordonnances d'état-major, soit des *feld-jäger* ou des officiers, et à faire escorter ces derniers par des ordonnances ou même par des détachements de cavalerie. Enfin, quand les difficultés seront sérieuses, quand les dangers deviendront réels, on fera bien de rédiger et d'expédier à la fois les ordres en double et même en triple expédition. Il sera bon aussi, lorsqu'on aura lieu de craindre que la dépêche ne vienne à tomber dans les mains de l'ennemi, de se servir du chiffre (1). En général, il sera inutile de tenir dans les grands quartiers généraux des chevaux tout sellés ; il suffira d'avoir toujours à sa disposition une partie des cavaliers d'ordonnance. Le temps nécessaire pour rédiger la dépêche permet en effet au cavalier de seller et de brider son cheval tout à son aise. On pourra donc ne désigner le cavalier qui doit porter la dépêche qu'au moment où l'on va avoir besoin de lui. On lui indiquera l'allure à laquelle il doit marcher à l'aide des signes mêmes que nous avons indiqués pour les lignes de relais. Il me semble inutile de démontrer que, des officiers bien montés, accompagnés d'ordonnances montés sur des chevaux de choix, sont seuls en état de faire parvenir à destination une dépêche urgente.

Il est bon de rappeler ici que, pendant la campagne de 1870-71, les *feld-jäger* ont rendu des services signalés, en portant des dépêches à de grandes distances et dans les circonstances les plus difficiles, alors que les communications par chemin de fer faisaient complétement défaut ou étaient encore très-incomplètes. Grâce à leur prévoyance et à leur décision, ils réussirent à trouver leur chemin en plein pays ennemi et à arriver à destination sans escorte, en voyageant en voiture de poste de campagne attelée de chevaux de réquisition qu'ils changeaient de distance en distance. Ce n'est pas parce que l'on a parlé déjà à plusieurs reprises

____

(1) Nous ne nous occupons pas ici des moyens divers et tous plus ou moins aléatoires qu'on emploie pour correspondre avec une forteresse investie par l'ennemi.

de modifier l'organisation de ce corps, qu'il y a lieu de passer sous silence les services importants qu'il doit rendre en cas de guerre.

Si tout ce que nous venons de dire a pu donner une idée des parties essentielles du service de bureau dans un grand quartier général, il est indispensable de faire remarquer que les attributions moins vastes, par exemple, d'un quartier général de division ne nécessitent et ne permettent même pas la stricte application des principes que nous venons d'exposer. En laissant de côté les divisions de cavalerie qui disposent de moyens considérables pour assurer le service des renseignements et d'ordonnances, il faut reconnaître que la difficulté, que présente la transmission sûre et rapide des ordres, diminue sensiblement en raison même des espaces peu considérables, qu'occupent dans le sein d'une armée des divisions d'infanterie ou même des corps. Il y a donc, par suite, lieu de modifier les principes qui régissent ce service. Disons encore que, comme, dans cette espèce, on ne trouve souvent que dans les renseignements qui parviennent assez tard dans la journée, les données fondamentales qui serviront à la confection des ordres d'opérations pour la journée du lendemain, ce n'est que le soir assez tard que l'on pourra expédier les ordres, même aux principaux chefs investis de grands commandements. Il s'ensuivrait que les bureaux des chefs en sous-ordre devraient travailler fort avant dans la nuit. Pour parer aux inconvénients qui résulteraient à la longue d'un pareil ordre de choses, il sera bon, toutes les fois qu'on le pourra, d'organiser, soit au quartier général de corps d'armée, soit au quartier général de division, le départ des ordres de manière à ce que, sans troubler le repos des chefs en sous-ordres pendant la nuit, ces ordres leur parviennent en temps utile de bon matin.

B. — *Dispositions et ordres de la division.*

De même qu'il existe des différences dans les **formes extérieures** du service de bureau des différents **commandements,** de même aussi il existe des différences sensibles entre les travaux écrits que ces bureaux ont à fournir pendant le cours des opérations. Il est cependant certaines conditions auxquelles doivent satisfaire tous les travaux émanant en temps de guerre des bureaux des différents quartiers généraux. La forme que l'on adopte pour communiquer aux troupes les intentions et les projets du général en chef, a, en raison même de la gravité des événements, une importance plus considérable en temps de guerre qu'en temps de paix. Il faut avant tout rechercher alors la clarté et la précision, et les expressions doivent, par suite, être choisies avec un soin tout particulier. Plus la position du chef est élevée, plus les ordres qu'il donnera seront généraux, sans pouvoir être pour cela moins précis. Seule la place accordée aux détails croît à mesure qu'on descend les degrés de l'échelle hiérarchique.

C'est là un fait qui est caractérisé surtout dans les ordres journaliers d'opérations, que nous avons l'habitude de désigner sous le nom de *dispositions,* quand ils émanent d'un général d'armée ou de corps d'armée; sous celui d'*ordres de la division* ou *de la brigade,* quand ils émanent d'un divisionnaire ou d'un brigadier.

Une disposition doit indiquer les grands traits de la situation et prescrire, dans leur ensemble, les mesures qui en résultent, sans cependant déterminer le mode particulier d'exécution. C'est là ce que l'on devra trouver dans les ordres que rendront nécessaires de semblables dispositions. Il en résulte que c'est, des officiers investis de grands commandements, des commandants **d'armée et de corps d'armée,** qu'émanent les dispositions, tandis qu'au contraire et à cause de la situation faite à une division dans le sein même de l'armée, il sera nécessaire et indispensable de diriger cette division à l'aide d'ordres bien précis. En revanche, le commandant d'une division indépendante, d'une division détachée pourra adresser aux chefs placés sous ses ordres, et dont les troupes seront souvent réparties sur des points assez éloignés les uns des autres, des dispositions, parfois même ne les lier que par de simples indications (*Direktiven*). Car dans l'*ordre* on s'occupe non-seulement du nombre des troupes, mais encore des circonstances, par cela même que l'*ordre* suppose que l'exécution a lieu sous les yeux mêmes de celui qui l'a rédigé, tandis que la *disposition* embrasse un cadre plus vaste, donne une latitude plus grande aux chefs en sous-ordre et a, par suite, besoin d'être complétée par des ordres. Les principales conditions que doivent remplir les dispositions et les ordres sont les suivantes :

1° *Etre clairs*. On arrive principalement à ce résultat en classant méthodiquement les faits qui conduisent graduellement le lecteur sans encombre et sans interruption jusqu'aux conclusions finales. Il faut que le style soit clair, les phrases courtes, les expressions usuelles. On écrira les noms en lettres latines et très-clairement. Quand, ce qui se présente fréquemment, des localités assez rapprochées les unes des autres portent le même nom, on désignera celle des localités dont il est question par des indications bien précises. Après avoir écrit les heures en chiffres, on aura soin de les écrire en toutes lettres, par exemple : à 9 (neuf) heures du matin. Enfin, pour ce qui est des expressions à droite, à gauche, en avant, en arrière, etc., etc., on fera bien de se conformer aux principes que nous avons posés dans le premier volume;

2° *Être précis,* par rapport à la situation et au caractère de la personne chargée de l'exécution. Il faudra en outre distinguer l'ordre strict, l'ordre qui laisse à celui qui l'exécute le choix des moyens, enfin la forme qui donne à la personne chargée de l'exécution de l'ordre, une latitude pleine et entière quant aux moyens à employer, par exemple : la division enlève avec la 1re brigade le village, pendant que la 2e brigade reste en réserve ; ou la division prend le village ; ou la division cherche à s'emparer du village. Souvent et par suite même des circonstances il est impossible d'être bien précis dans la rédaction de l'ordre, mais le manque de précision ne doit jamais provenir de la crainte d'une responsabilité : car le subordonné a le droit, autant que faire se peut, de connaître les intentions de son chef. On doit, en revanche, éviter de motiver les mesures que l'on prend, alors même qu'on fait d'une situation, qui pourrait permettre à la rigueur de motiver les mesures que l'on prend, un exposé destiné à orienter les chefs en sous-ordres.

3° *Être complets.* C'est-à-dire que ces ordres doivent faire ressortir surtout le rôle attribué à chacune des unités dont se compose le corps d'armée, etc., et révéler l'existence de corps qui, détachés pour des missions spéciales, reçoivent alors des instructions particulières. C'est seulement ainsi que les différents chefs, auxquels on adresse des dispositions, posséderont les éléments dont ils ont besoin pour rédiger les ordres qu'ils ont à envoyer, pour prendre les mesures d'initiative que réclame l'exécution des opérations prescrites. Le fait même, que toutes les dispositions adressées aux différents chefs sont rédigées d'une façon uniforme, est jusqu'à un certain point une garantie contre les oublis et les lacunes qu'elles pourraient présenter. Cela n'empêche pas de mettre, dans des cas d'urgence, les différentes parties d'un corps d'armée en mouvement par des ordres spéciaux et grâce à des explications verbales, et d'adresser ensuite la disposition détaillée au commandant de corps. On réussira surtout à trouver le ton qu'il importe de donner sous ce rapport aux dispositions, en cherchant à se mettre au lieu et place des personnes auxquelles elles sont destinées. On ne devra rien omettre de ce que ces personnes ont besoin de savoir, mais en revanche on devra en exclure tous les détails qui entravent l'initiative et la liberté d'action des chefs en sous-ordres.

4° *Etre concis.* La disposition ne doit contenir aucun mot qui puisse être rayé sans rendre le reste absolument inintelligible.

Pour ce qui est de la forme extérieure des dispositions, etc., on a l'habitude d'indiquer à gauche et en haut de la feuille le titre de l'autorité qui l'expédie, ainsi que celui de l'autorité dont elle relève, à droite et également en haut de la feuille le lieu (1), la date et l'heure de la rédaction. On inscrit encore en tête du texte : Disposition pour le (jour de l'exécution projetée), et enfin, au-dessous du texte, la signature (2). L'adresse intérieure fait mention de l'heure du départ.

On ne saurait donner d'autre modèle de disposition ; car la rédaction d'une disposition est une œuvre d'intelligence et de jugement, œuvre dans laquelle on doit tenir compte des aspects multiples à l'infini que peuvent présenter les cas particuliers dans lesquels on se

---

(1) Pour les commandements d'armée et de corps d'armée, on désigne la localité en la faisant précéder des mots : *grand quartier général (hauptquartier)* ; pour les commandements de division ou de brigade, par ceux de : *quartier général (stabsquartier)*.

(2) Les dispositions peuvent être signées par le chef d'état-major, avec la mention suivante : « Par ordre du général commandant en chef ». (*Von seiten des oberkommandos (general kommandos).*

trouve. Il est bon cependant d'indiquer certains points dont il faudra tenir compte toutes les fois qu'on aura à rédiger des dispositions de marche ou de combat.

Ce sont les *dispositions de marche* qui se reproduisent le plus souvent pendant le cours des opérations. Ces dispositions traitent des marches combinées des différents corps de troupes dans le voisinage de l'ennemi, en les envisageant par rapport à la possibilité d'une rencontre avec lui. Ces dispositions doivent contenir le but et l'objet de la marche; le nombre et la composition des colonnes de marche avec indication des officiers qui dirigent ces colonnes, toutes les fois que la désignation de ces chefs ne résulte pas immédiatement de l'*ordre de bataille;* les points de rassemblement des différentes colonnes (1); l'heure du départ du point de rassemblement ou l'heure de l'arrivée au point final de la marche (2); l'indication des chemins que doivent suivre les différentes colonnes; les mesures de sûreté, (avant-gardes générales ou particulières des colonnes, détachements de protection des flancs, détachements de liaison); des dispositions générales pour le cas d'une rencontre avec l'ennemi, différentes prescriptions relatives aux bagages, aux trains et aux colonnes, l'indication du point où se tiendra le général en chef, ou le général qui a envoyé la *disposition*, parfois aussi, la désignation des positions que les troupes devront occuper après avoir achevé la marche.

---

(1) Il est parfois mal à propos de désigner des points de croisement de route comme points de rassemblement, parce que, lorsque deux localités sont reliées par plus d'une route, il peut s'élever des doutes sur celui des chemins qu'on a voulu désigner. Dans ce cas, il faut alors déterminer la route par le nom d'une localité.

(2) En pays ennemi surtout, lorsque les chefs en sous-ordres ne sont pas pourvus d'un nombre suffisant de cartes, il sera utile d'indiquer seulement l'heure du départ et non celle de l'arrivée.

Une disposition de marche ne repose pas forcément
sur la probabilité d'une rencontre avec l'ennemi, mais
doit cependant tenir compte de cette éventualité : l'expérience a démontré, en effet, que beaucoup de combats sont d'abord de simples rencontres, et que par
suite on s'est alors déployé en passant directement de
la formation de marche à celle de combat.

Quand on sera sûr de ne pas rencontrer l'ennemi
pendant une journée de marche, on n'aura à donner aux
troupes que les ordres de mouvements nécessaires pour
assurer un changement de position ou de cantonnements. Il n'y aura donc pas lieu de rédiger dans ce cas
une disposition de marche qui tienne compte des considérations tactiques. Ces ordres de marche ne doivent
tendre alors qu'à ce que les mouvements s'exécutent
sans que de gros corps de troupes se croisent entre
eux.

Les *dispositions de combat* supposent la connaissance
de la position, de la force et des intentions de l'ennemi. Aussi est-il rare qu'on rédige des dispositions de
combat proprement dites. Elles n'ont guère lieu d'être
établies, que lorsqu'on est resté pendant un certain
temps en face de l'ennemi, ou bien lorsqu'on occupe
soi-même une position défensive que l'ennemi attaquera
selon toutes probabilités. Pendant le cours proprement dit des opérations, les dispositions qui aboutissent au combat, affectent plutôt le caractère de dispositions de marche, c'est-à-dire, que les troupes sont
mises en marche dans la direction dans laquelle on
suppose trouver l'ennemi, mais on ne prend pas alors
de prescriptions relatives à l'éventualité d'une rencontre.

Si l'on a eu auparavant l'occasion de reconnaître su-
perficiellement l'ennemi, ou si la situation générale
permet de préjuger de la conduite et des intentions
probables de l'adversaire, on pourra alors assurément

prescrire certains mouvements qui engagent ou **préparent** le combat dans le sens qu'on désire. Quant **à la direction** même du combat, elle est assurée à l'aide des **ordres** qu'on donnera pendant le combat. Certaines dispositions de combat ont été, on le sait bien, rédigées seulement *postérieurement* au combat, c'est-à-dire que les différents ordres qu'on a donnés verbalement ou par écrit au commencement de l'affaire, n'ont été rassemblés et coordonnés ensemble pour former un seul tout qu'après l'issue du combat.

Les dispositions de combat qu'on établit avant un engagement, doivent contenir : des données sur la position ou sur les intentions de l'ennemi, sur le but principal du combat qu'on se propose de livrer, avec des indications générales sur les moyens qui paraissent de nature à permettre d'atteindre le but qu'on a en vue ; la désignation et la répartition des différentes colonnes destinées à l'attaque, ou des corps chargés de la défense de certains points ; le nom des commandants mis à la tête des groupes divers qui résultent de la répartition particulière des troupes ; la destination spéciale de chacune des colonnes ou de chacun des groupes, en indiquant même parfois les différents points du terrain qui seront, soit l'objectif de l'attaque, soit le point d'appui de la défense, si, quand et où plusieurs colonnes, auxquelles on avait attribué dans le principe une mission à part, doivent se réunir pour se donner la main et produire ainsi un certain effet ; l'indication de l'officier général qui prendra le commandement en chef de ces colonnes ; la position qu'occuperont les réserves ; le point sur lequel se tiendra l'officier général qui a rédigé la disposition.

Alors même que l'on rédigera des dispositions de combat en vue d'un but déterminé, on devra, dans les **prescriptions** qu'on donnera, se garder de dépasser **la** limite des probabilités résultant de l'état général des choses. Tout le reste rentre dans les attributions de l'officier qui est chargé de la direction du combat. Ce qui est complétement illogique, c'est de chercher à adapter les prescriptions de la disposition aux différents cas qui peuvent se produire. L'expérience prouve qu'il se produit alors en général un cas qu'on n'a pas prévu dans les déductions auxquelles on s'est livré, cas en présence duquel les différents chefs se trouvent liés par les instructions et perdent alors leur liberté d'action, leur initiative, cette initiative à laquelle on doit faire, surtout pendant le combat, une part si large. C'est d'ailleurs à cela que tend tout notre système d'instruction, et c'est conformément à ces principes qu'on doit rédiger les dispositions de combat.

On a souvent soulevé la question de savoir s'il serait opportun de prendre, dans les dispositions de combat, certaines mesures relatives à la retraite dans le cas de l'issue malheureuse d'une affaire. On s'est prononcé contre une solution affirmative pour certaines raisons, que je qualifierai d'esthétiques et qu'on aurait tort de rejeter. Il s'agit encore de savoir si, au moment où l'on se décide à accepter un combat décisif, il serait utile ou même nécessaire de prendre des mesures pour la retraite. On doit faire à cette question une réponse négative. On ne se décide en effet à battre en retraite que lorsqu'on a reconnu l'impossibilité, où l'on se trouve, de continuer de combattre. Mais il est permis à bon droit de se demander, si l'on aura toujours encore à ce moment la possibilité de se retirer dans la direction qu'on aurait choisie, car il faut admettre que l'ennemi victorieux ne négligera pas d'agir dans ce sens dans la plupart des cas, et que le vaincu sera généralement forcé de se retirer dans une direction autre que celle qu'il avait choisie. L'ordre donné au commencement de combat, et par lequel on prescrivait, en cas de retraite, de se replier sur un certain point autre que celui sur lequel on est obligé de se retirer, n'a donc aucune valeur pratique. Si l'ennemi ne poursuit pas, chaque corps de troupe se retirera alors sur le point d'où il vient. Les points sur lesquels sont établis les trains, etc., points qui sont connus des chefs en sous-ordres, indiquent tout naturellement à ces officiers celles des lignes de communications qu'on a le plus grand intérêt à conserver ou à atteindre. Si donc il n'y a pas lieu de mettre dans la disposition de combat des prescriptions relatives à la direction à prendre en cas de retraite, le commandement doit cependant se garder de négliger les études qui ont rapport à cette éventualité, afin d'être prêt en cas d'échec à prendre immédiatement des mesures rationnelles. Ces ordres résultent d'ailleurs de la situation même dans laquelle on se trouvera vers la fin du combat, et ce n'est que fort rarement qu'ils pourront se relier avec les idées émises et contenues dans les dispositions.

Il s'agit alors surtout d'échapper à l'ennemi et de rédiger une nouvelle disposition de marche en s'occupant tout particulièrement de la mission qui incombe à l'arrière-garde.

Il nous reste encore à parler de celles des prescriptions relatives aux bagages, aux trains et aux colonnes, qui doivent trouver place dans une disposition de combat. Il est bon que la disposition renseigne les chefs en sous-ordres sur les emplacements généraux attribués à ces formations ; il est nécessaire d'indiquer en outre d'une manière particulière les points sur lesquels seront placés, par exemple, quelques colonnes de munitions et quelques lazarets, qui doivent subvenir aux besoins des troupes pendant le combat. Les commandants des trains et des colonnes reçoivent des instructions particulières, qui contiennent certaines indications sur les mesures générales prises par la disposition.

Comme on a déterminé d'une manière générale la partie des bagages que les troupes emmènent avec elles au combat, les instructions spéciales, relatives à la position que devront occuper, aux mouvements que devront faire, les bagages qu'on laisse en arrière, seront rédigées par les chefs en sous-ordres, qui doivent veiller à ce que ces mouvements ne gênent en rien les mouvements des troupes.

En général, on ne transmettra pas littéralement et en y ajoutant des annexes, les ordres qui émanent des grands quartiers généraux. Chacun des officiers généraux, auxquels on adresse de semblables dispositions, en extrait, pour le placer dans le dispositif qu'il établit à son tour, tout ce qui lui paraît devoir intéresser les chefs des corps placés sous ses ordres.

On doit joindre aux dispositions une répartition des troupes (qui sera placée d'une manière apparente et sous forme de tableau à la gauche du texte) toutes les fois qu'on fera subir des modifications à l'*ordre de bataille*. Des ordres de marche pour une division contiennent souvent une description graphique de l'ordre de marche, c'est-à-dire, de l'ordre dans lequel marcheront les troupes dont se compose le gros. Pour l'avant-garde et pour toute espèce de détachements, c'est le commandant de cette avant-garde ou de ce détachement qui prend ces dispositions.

Dès qu'on aura expédié les dispositions, on devra en faire connaître soigneusement le contenu à tous les officiers de l'état-major, et même aux officiers détachés à cet état-major ; c'est alors seulement qu'ils seront en mesure de remplir convenablement les missions, dont ils peuvent être chargés pendant le cours de l'exécution de ces mesures, de transmettre des ordres, de répondre aux questions que les chefs en sous-ordres pourront avoir à leur poser.

L'intendant et le médecin en chef doivent également être mis au courant du sens général de ces dispositions, on leur donne ainsi le moyen de proposer certaines mesures relatives à la mise en sûreté des approvisionnements, à la direction des établissements sanitaires.

c. — Instructions.

On adresse des instructions aux chefs qui, à cause des distances mêmes où ils se trouvent, ne peuvent recevoir journellement des ordres émanant des officiers généraux placés immédiatement au-dessus d'eux. Grâce à ces instructions, ces officiers peuvent alors, pour un laps de temps plus ou moins long, prescrire à leurs troupes des mouvements conformes aux intentions du commandant en chef.

Une instruction est bien moins précise qu'une disposition, elle ne contient pas de prescriptions bien déterminées, elle expose bien plutôt les intentions du commandement et souvent on sera obligé d'envisager différentes éventualités. Quand la physionomie des choses se sera modifiée du tout au tout, il sera indispensable de rédiger une nouvelle instruction.

La teneur de ces instructions qui embrassent un certain laps de temps, généralement toute une série d'opérations, doit être gardée aussi secrète que possible.

Il est encore une autre espèce d'instructions que l'on rédige comme annexes aux dispositions : elles contiennent des renseignements sur le terrain, les troupes ennemies, etc. Ces dernières instructions doivent être répandues le plus possible dans les troupes.

D. — *Journaux de guerre et tableaux, comptes rendus d'opérations.*

Tous les quartiers généraux, tous les corps de troupes, jusqu'au bataillon d'infanterie (ou de chasseurs), au régiment de cavalerie, à la batterie, à la compagnie d'artillerie à pied et de pionniers, aux compagnies ou escadrons qu'on détache et qui opèrent à part pendant un certain temps, aux colonnes de munitions et du train, etc., aux formations des chemins de fer et des télégraphes de campagne, tiennent depuis le jour de leur mobilisation ou de leur départ un journal de guerre (1). On veut de la sorte fixer et conserver la trace des événements importants et remarquables en ce qu'ils concernent les corps de troupes, etc., ou les individus, rassembler toutes les expériences faites relativement à l'organisation, à l'armement, à l'équipement, aux subsistances, etc., etc., décrire les opérations militaires par rapport à chacun des corps de troupes.

On parvient de la sorte à avoir un aperçu des événements de chaque jour tant par rapport aux marches, aux combats, qu'au service de sûreté ou à toute autre mission spéciale, à connaître dans la suite les séjours aux bivouacs et dans les cantonnements, les conditions climatériques, etc., etc. On doit y joindre une copie de toutes les relations de combat et autres, les listes de pertes en officiers, hommes et chevaux qu'on dresse après chaque affaire.

L'original de ce journal reste entre les mains des corps lorsqu'on fait repasser les troupes sur le pied de paix. Une copie certifiée conforme de ce journal et de

---

(1) Voir les dispositions prises par le ministère de la guerre prussien le 17 juillet 1870.

— 124 —

toutes ses annexes est envoyée au ministère de la guerre qui conserve les observations relatives à l'organisation et qu'on a placées dans une annexe à part, tandis qu'il transmet au contraire le journal et toutes les annexes relatives aux combats, au grand état-major général chargé de déposer ensuite ces pièces aux archives de la guerre. On voit de suite quelle importance a, tant pour les individus que pour les corps et pour la rédaction de l'histoire de la guerre, la tenue détaillée et consciencieuse d'un semblable journal.

Dans les grands états-majors, ce sera un officier d'état-major chargé en outre de la confection des tableaux d'opérations, qui tiendra ce journal.

Le modèle suivant contient les matières relatives à un corps d'armée.

TABLEAU DES OPÉRATIONS DU Ve CORPS D'ARMÉE

pour le   juillet 18   .

CORPS de troupes, etc.	11	12	13	14
Quartier général.	A	E	J	
N^e div. d'infanterie	A	E		Bataille à L
N^e div. d'infanterie.	B	F	Bivouac entre J et K	
Artillerie de corps.	C	G		
Train.	D	H	H	Portés à K dans l'après-midi.
Détachements. . .	R	F		
	Détachement du colonel O.	Le détachement rentre à la N^e div. d'infanterie.		

On ne fait figurer sous la rubrique détachements que ceux des corps détachés auxquels le commandant en chef a donné une mission spéciale et déterminée.

Dans le cas où l'on attacherait temporairement au

corps d'armée une division de cavalerie, le tableau comprendrait pour cette division une colonne horizontale de plus.

E. — *Relations de combat et listes de pertes.*

On comprend, sous le nom de relations de combat, les rapports qui, rendant compte de la part prise à une affaire par les grandes unités tactiques et les différents corps de troupes, doivent être adressés, dans le délai le *plus bref possible* après l'issue de cet engagement, à leur chef hiérarchique immédiat. Les relations ne doivent pas être confondues avec les rapports sommaires, qu'on doit établir *dès* qu'une affaire a pris fin, et qui ne font qu'indiquer à grands traits le résultat en indiquant les mesures qu'on aura prises, soit pour protéger la retraite, soit pour assurer la poursuite. La relation de combat suppose qu'on possède déjà un certain ensemble de rapports de détails, et des données assez étendues sur tous les épisodes de combat. Mais, en aucun cas, on ne devra se procurer ces renseignements détaillés au prix d'un retard et aux dépens de l'importance qu'on attache avec tant de raison à la reproduction immédiate des impressions qu'on a ressenties. Chaque officier général, chaque corps de troupes doit donc, sans attendre l'arrivée des rapports établis par les officiers et les corps placés sous ses ordres, expédier la relation qu'il est tenu de fournir. Plus la position, qu'occupera l'officier qui fournit cette relation, sera élevée, moins la première relation qu'il établira, devra contenir de détails ; il serait d'ailleurs puéril de redouter une pénurie sous ce rapport ; les corps de troupes, on le sait bien, en bondent toujours leurs rapports. Ce n'est que plus tard et quand les chefs hiérarchiques demanderont des rapports complémentaires, qu'on cherchera à expliquer les contradictions qui se trouvent toujours dans ces différents rapports. On a d'ailleurs l'habitude d'établir, avant même qu'on en demande l'envoi, des rapports de ce genre, lorsqu'on a reconnu l'existence d'erreurs de cette sorte, ou lorsqu'on a pour cela des raisons toutes particulières. Il arrive aussi parfois que l'on redemande ces rapports, pour les modifier, aux chefs auxquels on les a adressés. C'est là un genre de demande auquel on ne devrait jamais faire droit, parce que, malgré toutes les inexactitudes que peut renfermer une relation écrite immédiatement après le combat, elle n'en a pas moins toujours une valeur incomparable en ce qu'elle est l'expression réelle et sincère des premières impressions ressenties par l'officier qui l'a faite. C'est aux personnes, qu'on charge *plus tard* d'écrire l'histoire de la campagne, qu'incombe la tâche souvent si ingrate de faire ressortir, la vérité ou du moins ce qui s'en rapproche le plus, de la masse des relations et des rapports complémentaires qu'on a reçus. Ici, au contraire, il faut tout d'abord que les commandants de corps d'armée et d'armée reçoivent immédiatement communication des faits qui doivent influer sur la marche ultérieure des opérations. Les relations de combat, établies par un officier placé à la tête d'une grosse unité tactique, doivent donc indiquer : les circonstances dans lesquelles s'est livré le combat, l'heure à laquelle il a commencé, les renseignements relatifs au champ de bataille et qu'on peut considérer comme nécessaires ; la force, la position et le mode de déploiement de nos troupes et des troupes ennemies, les dispositions et les ordres donnés verbalement ; les phases principales et décisives du combat, ses alternatives et ses vicissitudes ; l'issue du combat, son résultat ; la position et les mouvements de nos troupes et des troupes ennemies après le combat, les projets que l'on se propose de mettre à exécution aussitôt après le combat ou les jours suivants, les avantages qu'on a obtenus ou qu'on se propose d'obtenir sur l'ennemi, les troupes ennemies qui ont pris part au combat et les noms de leurs chefs.

Il va de soi que les données, que nous venons d'énoncer, comportent plus ou moins de détails, selon que les corps engagés ont agi isolément ou concurremment avec d'autres corps ou sur l'ordre direct du commandant en chef.

On doit annexer à la relation des données aussi complètes, aussi détaillées que possible sur les pertes, que le corps a éprouvées en officiers, hommes, chevaux et matériel, sur les trophées qu'il a remportés, sur les prisonniers qu'il a faits, etc., etc. On peut aussi mentionner dans ces relations, les faits d'armes remarquables accomplis par des individus ou par des corps de troupes. En outre, ces relations doivent servir plus tard pour les propositions de récompenses.

Pour les listes de pertes (qu'on ne peut dresser avec le détail ci-dessous, que quelques jours après le combat), on se sert avec avantage du modèle suivant.

LISTE DES PERTES DU Ve CORPS D'ARMÉE

pour le   ^e   du mois de   18   .

ÉTATS-MAJORS et CORPS DE TROUPES.	TUÉS.			BLESSÉS.			DISPARUS.			TOTAL.			OBSERVATIONS.
	Officiers.	Hommes.	Chevaux.	Officiers.	Hommes.	Chevaux.	Officiers.	Hommes.	Chevaux.	Officiers.	Hommes.	Chevaux.	
Dans l'ordre prescrit par *l'ordre de bataille*.													

On doit ajouter comme observations :

1º Sont restés à leurs corps en fait de blessés légèrement :

Officiers :   Hommes :   Chevaux :

2º Parmi les disparus, sont présumés tués :

Officiers :   Hommes :

3º Pertes en bouches à feu, voitures de munitions, etc., etc.

On y joindra une liste nominative des officiers portés sur l'état de pertes.

F. — *Rapports journaliers et rapports d'opérations.*

Des divisions détachées, ou des détachements d'un effectif considérable, qui ne sont liés pour l'exécution de leurs mouvements que par les instructions données à leurs chefs, et qu'on ne dirige pas par suite par des dispositions journalières, établissent des *rapports journaliers*.

Le rapport journalier doit contenir : une relation des événements de la veille, et par suite dans certains cas, une relation de combat, la réunion de toutes les nouvelles qu'on s'est procurées sur le compte de l'ennemi, l'exposition des mesures prescrites pour le lendemain et les jours suivants, avec indication précise des points sur lesquels on se propose d'établir le quartier général et les moyens les plus aptes à assurer le maintien des correspondances télégraphiques ou postales.

Ces rapports, tout naturellement, ne dispensent nullement les officiers qui commandent ces corps, de l'envoi immédiat de dépêches succinctes qui contiendront la substance des faits qu'on relatera dans le rapport journalier. Ces dépêches sont parfois même indispensables dans l'intérêt même des troupes détachées.

Les corps d'armée ou les armées détachées s'efforce-
ront également d'assurer le maintien des communications, les premiers avec le quartier général d'armée, les
secondes avec le grand quartier général. Les commandants de ces corps d'armée ou de ces armées ne sont
pas alors, à cause même de l'importance et de l'étendue
de la mission que ces troupes ont à remplir, tenus de
fournir un rapport journalier, mais doivent seulement
de temps à autre envoyer des *rapports d'opérations* dans
lesquels ils relateront les événements qui se sont suc-
cédé pendant ce temps. Ces rapports mêmes peuvent,
naturellement avec l'autorisation préalable des différents chefs, être remplacés par la correspondance qui
s'établit entre les chefs d'état-major.

G. — *Ordres du jour et proclamations.*

Les *ordres du jour* embrassent tout ce qui n'a pas
une relation directe avec la continuation des opérations, ils remplacent les ordres généraux de la garnison
et sont eux aussi généralement faits par l'adjudanture.

Dans tous les cas qui ont trait au maintien des troupes
en état de combattre, tels que, par exemple, les questions de remplacement d'hommes, de chevaux, de matériel, d'armes et de munitions, la distribution de rations
extraordinaires, la fixation du service de garde et d'ordonnances pendant des haltes d'une certaine durée, etc.,
l'état-major devra participer à la confection de ces
ordres qu'on ne rédigera que sur l'ordre du chef d'état-
major.

Les *proclamations* ont un caractère tout particulier.
Avant tout, elles ne doivent jamais devenir fréquentes,
dégénérer en fait habituel; elles perdraient ainsi toute
leur valeur. Nous nous garderons bien de vouloir,
comme dans d'autres armées, voir dans la proclamation

considérée en elle-même, un fait qui ait par lui-même une importance capitale ; nous continuerons au contraire, comme par le passé, à agir avec vigueur et sans retard et à parler le moins possible. Il est cependant des cas où une proclamation sera utile, parfois même indispensable, pour agir soit sur l'esprit de la population du théâtre de la guerre, soit sur celui des troupes,

Le ton, qu'on emploiera, variera naturellement en raison des personnes auxquelles on s'adresse. Pour ce qui est de la population du théâtre de la guerre, on devra d'une façon concise, mais claire, lui indiquer les conditions auxquelles elle devra satisfaire pour pouvoir espérer de s'épargner des mesures de rigueur. Les proclamations doivent en même temps édicter contre ceux qui se rendraient coupables d'infractions, des peines sévères qu'on appliquera alors rigoureusement.

Les proclamations adressées aux troupes contiennent en général l'expression de la gratitude et de la reconnaissance du chef pour les services rendus. Les expressions échappées au cœur du général, expressions dans le choix desquelles on doit se tenir également en garde et contre la froideur qui résulte de la rigidité compassée que quelques officiers considèrent comme une conséquence inséparable de la haute autorité qu'ils exercent, et contre une emphase qui ne saurait convenir au caractère allemand, touchent le cœur du soldat et lui font oublier les *souffrances et les privations* qu'il vient d'avoir à endurer. On commettrait une grave erreur en essayant de reproduire des proclamations qui, lancées par d'autres chefs et en d'autres temps, ont produit un immense effet. On ne peut espérer en effet que les troupes prennent cette reproduction pour un original. Et enfin, elles émanent alors non pas du cœur, mais de la mémoire.

Enfin, ce qui agit sur les troupes et surtout sur chacun

des individus bien autrement qu'une proclamation qu'on lit simultanément à tous les corps, c'est une parole bien sentie et prononcée au moment opportun. Mais il est bon de reconnaître qu'il n'est pas donné à chacun de pouvoir prononcer à propos un mot à effet.

IV. — MARCHES.

A. — *Concentration des troupes à l'aide des marches, des chemins de fer ou des bateaux à vapeur.*

1. Marches et quartiers de marche.

Le *déploiement stratégique* d'une armée, c'est-à-dire la concentration des troupes prêtes à entrer en campagne dans le voisinage du terrain choisi pour servir de théâtre de la guerre, s'effectue de nos jours principalement à l'aide des voies ferrées. Les corps de troupes sont transportés successivement par les différentes lignes de fer qui aboutissent à proximité du rayon de concentration. De ce fait, que tous les corps de troupes, etc., ne peuvent achever en même temps leur mobilisation, il résulte que l'on fait commencer le mouvement de concentration par les troupes qui sont prêtes les premières. Le commencement du mouvement de concentration s'exécute par suite encore pendant la période de mobilisation. D'ailleurs, pour commencer les grands transports de troupes, il ne faut pas seulement que les troupes mobilisées les premières soient prêtes à partir, mais il faut encore que l'on ait à sa disposition une quantité suffisante du matériel roulant des chemins de fer qui sert, au moment de la mobilisation, au transport des hommes rappelés à l'activité, des chevaux nécessaires pour porter les effectifs sur le pied de guerre, et du matériel de guerre de toute espèce. On pourra disposer d'autant plus tôt de ce matériel, que l'on aura apporté, pour tout ce qui a trait à l'exploitation militaire des chemins de fer, de soin et de méthode à la préparation de l'appel à l'activité des hommes et des chevaux, et moins on aura,

d'autre part, de mouvements à faire exécuter au matériel de guerre, au moment de la mobilisation.

Mais quand bien même on aurait pris toutes ces mesures de la manière la plus complète, la plus idéale,
quand bien même on parviendrait à faire coïncider avec
la marche rapide de la mobilisation le commencement
des grands transports des troupes que l'on concentre, il
faudra toujours faire marcher à pied une partie des
troupes. C'est là, du reste, un fait qui ne constitue un
désavantage que lorsque la marche à pied d'une partie
des troupes retarde la concentration du tout. Car il
faut bien reconnaître que l'emploi des chemins de fer
pour le déploiement stratégique de l'armée ne présente
d'avantages que par suite de la rapidité avec laquelle
il est possible de l'exécuter. Quant aux avantages
mêmes inhérents aux marches, seul moyen de concentration employé jadis, qui préparaient admirablement
les troupes aux opérations ultérieures malgré la diminution que ces marches faisaient subir aux effectifs,
on ne saurait les considérer comme égalés, parce que,
grâce aux transports effectués à l'aide des voies ferrées,
les troupes arrivent dans le rayon de concentration
avec leurs effectifs presque entièrement au complet. Il
sera donc toujours bon de se servir des marches toutes
les fois qu'elles ne devront amener ni retards, ni pertes
de temps. Elles seront en outre indispensables pour
celles des troupes qui achèvent leur mobilisation sur un
point autre que le point d'embarquement, ou bien encore pour celles qui doivent débarquer sur un point
autre que la destination définitive qui leur est affectée
dans le rayon de concentration, enfin pour les grandes
unités qui, occupant en temps de paix des localités à
proximité du rayon de concentration, peuvent l'atteindre en marchant pendant le temps nécessaire pour
concentrer le reste de l'armée.

Si nous considérons tout d'abord cette partie du mouvement qui consiste à *amener les troupes de leurs garnisons jusqu'à la frontière*, nous verrons qu'il sera bon d'attribuer à chaque corps une partie du rayon de concentration située à l'aile dont il doit faire partie, et qui se trouve sur la route qu'il a à suivre pour arriver ; on évite ainsi des croisements dans la marche des troupes transportées par voie de fer et qui doivent ensuite se rendre à pied dans leurs cantonnements. La fixation de la longueur des étapes journalières, abstraction faite des considérations relatives aux ressources en logement et en subsistances, dépend du temps que l'on peut accorder à chaque corps pour arriver à destination. Il serait d'ailleurs peu raisonnable, et c'est même une mesure qu'on ne doit prendre que dans des cas d'absolue nécessité, de fixer les étapes à moins de 22 1/2 kilomètres, en accordant toujours, il est vrai, aux troupes 1 jour de repos sur 4 ou 5 (1). On devra, par suite, s'arranger de manière que les premières étapes soient proportionnellement plus courtes. C'est là une manière de faire que nous avons déjà recommandée, quand, dans le premier volume, nous avons parlé des marches que doivent faire les troupes qui se rendent aux manœuvres ; mais ici, il y a en outre un intérêt des plus considérables à habituer les hommes à porter leur paquetage complet de campagne et surtout leurs nouveaux effets d'équipement, enfin les ustensiles divers dont ils sont pourvus. Une courte marche ne saurait avoir de conséquences funestes, et procure aux chefs le temps et la tranquillité nécessaires pour

---

(1) Il ne saurait être question ici du repos des dimanche et jours de fête, que l'on trouve recommandé dans les prescriptions relatives aux marches en temps de paix.

porter remède, grâce à des inspections minutieuses, aux quelques imperfections qui peuvent résulter de la précipitation avec laquelle s'effectue la mobilisation.

Il est cependant certains corps de troupes qui, dès le jour de leur mise en route, devront faire de longues marches, par cela même qu'il importe souvent d'occuper de suite, avec de l'infanterie et de l'artillerie, quelques points importants sur la frontière, les têtes des voies ferrées et des lignes de transport, ou de renforcer rapidement la garnison d'une place forte de la frontière, ou de pousser en avant quelques régiments de cavalerie disponibles pour le service d'observation et de sûreté. Les véritables marches forcées, que les troupes devront faire au début de la concentration, sont souvent compensées par le repos plus long dont peuvent profiter, pendant la période d'exécution des grands transports, les troupes qu'on a portées en avant les premières.

Les *marches jusqu'aux points d'embarquement* sont généralement courtes, et le développement pris dans toute l'Allemagne par le réseau des voies ferrées est tel, qu'on peut facilement d'un point quelconque de l'empire, faire arriver les troupes jusqu'à l'une de ces lignes; enfin, la plus grande partie des troupes occupe en temps de paix des garnisons desservies par un chemin de fer. Ces dernières troupes n'ont donc pas à exécuter des marches pour atteindre une ligne de chemin de fer; parce que, alors même que cette garnison ne se trouve pas sur le parcours d'une des grandes lignes, elle est desservie par une ligne latérale aboutissant à l'une des principales voies ferrées. On ne rencontrera donc guère de difficultés quand il s'agira de prescrire des mouvements de ce genre. Quand il faudra faire partir rapidement et à des intervalles rapprochés d'un même point d'embarquement un certain nombre de corps de troupes ; quand, pour loger les troupes, il faudra avoir recours aux ressources qu'offrent les environs, il suffira de veiller à ce que celles des troupes qui doivent s'embarquer aux heures les moins favorables, c'est-à-dire pendant la nuit, et avant le lever du soleil, soient cantonnées *aussi près que possible* et, autant que faire se pourra, dans la localité même.

Le *débarquement des troupes* dans le rayon de concentration ou près de ce rayon présente plus de difficultés. La répartition des troupes doit reposer alors sur l'*ordre de bataille*. Malheureusement les transports par voie de fer ne peuvent pas toujours satisfaire à ces exigences ; il faut en effet tenir compte, à propos de ces transports, de l'époque à laquelle les troupes auront terminé leurs préparatifs de départ, de la nature même du matériel des chemins de fer, qui ne se prête pas toujours à transporter des troupes de toutes armes, etc., de toutes ces considérations qui ont une influence directe sur l'ordre suivi dans les transports. De plus, les troupes arrivent souvent séparées seulement par des intervalles fort courts sur les points de débarquement qui leur sont assignés et doivent, dans la crainte d'une agglomération toujours nuisible, se mettre immédiatement en mouvement, sans pouvoir par cela même atteindre en *une seule* marche le point qui leur est attribué comme cantonnement définitif. Il faut, par suite, établir des quartiers intermédiaires, que les troupes ne sauraient occuper pendant trop longtemps, par cela même qu'ils sont peu après destinés à servir à d'autres corps. Il y a donc là un mouvement de va-et-vient d'autant plus difficile à régler, que les cantonnements sont plus resserrés, l'occupation plus dense, et qu'il faut en outre prendre des mesures pour faire vivre tout le monde. Il faut encore tenir compte des heures d'arrivée des différents corps. Il est bon, en effet, que les corps qui arrivent vers la fin de la journée, le soir, ou même dans la nuit, n'aient pas de longues marches à faire et puissent être cantonnés aux environs.

Lorsqu'ils ont eu à supporter un transport d'une certaine durée, les fantassins arrivent généralement à destination avec les pieds enflés, et s'ils ont encore une marche assez longue à faire aussitôt après leur débarquement, on peut être sûr que les chaussures neuves blesseront aux pieds une foule d'hommes. Mais, alors même que l'on aura tout examiné et réglé pour le mieux, il ne faudra pas oublier que le moindre accroc dans le service des trains, occasionne à tous les trains suivants un retard de plusieurs heures et désorganise si complétement tout le tableau, que les troupes, qui arriveront alors assez avant dans la nuit, auront de longues marches de nuit à faire, tandis que les corps qui débarqueront au jour, se trouveront tout rendus dans leurs quartiers.

Or, comme dans un cas semblable, il est malaisé et presque impossible de changer sur l'heure la répartition des quartiers de marche, c'est en général sur un officier d'état-major qui ne peut rien à ce contre-temps, et qui aura passé plusieurs jours à tout disposer pour le mieux, que retombera tout le poids des récriminations et de la mauvaise humeur de chacun. Quoi qu'il en soit, l'officier d'état-major ne doit pas se laisser décourager.

Les indications qui précèdent suffiront pour se faire une idée des difficultés que présente l'établissement de quartiers de marche destinés aux troupes qui débarquent et de la nature du travail qui incombe à l'état-major. Dans des cas exceptionnels, il pourra même arriver qu'on ait à faire bivouaquer des troupes.

Nous traiterons d'ailleurs dans le Ve chapitre, avec plus de détails, la question des cantonnements pendant cette période des opérations.

2. Rendement des chemins de fer et des bateaux à vapeur.

Dans le premier volume de cet ouvrage, nous avons fait ressortir les faits qui caractérisent le rendement d'une ligne considérée isolément. Quand on concentre au contraire une armée, il s'agit d'utiliser toutes les ressources du réseau *entier*, et cela dans une direction déterminée. Si, alors qu'on fait exécuter des marches à de grands corps de troupes qui doivent atteindre le plus vite possible soit le même point, soit des points fort rapprochés les uns des autres, le nombre seul des routes, dont on pourra se servir simultanément, a une importance capitale, la rapidité et la sûreté de l'exécution d'un grand transport par voies de fer dépendront avant tout du nombre et de la valeur des différentes lignes qu'on utilisera. C'est sous ce rapport qu'il faut donc considérer le réseau des chemins de fer dans chaque cas concret, et il est évident que ce réseau pourra rendre de plus grands services, selon que l'on choisira certains points de débarquement, selon que les transports devront s'effectuer dans certaines directions.

La détermination de ces points de débarquement dépend donc à un degré égal de la configuration même du réseau et de considérations d'autre nature. Il faut encore tenir compte des aptitudes des différentes parties des lignes, dont toutes les sections ne sauraient être capables d'un égal rendement. Tant qu'on n'aura à remédier qu'à une pénurie de personnel et de matériel, on parviendra aisément à obvier à ces inconvénients et à augmenter le rendement de ces parties de la ligne. Mais, en général, on se trouve en présence de difficultés techniques résultant de la nature même de la voie, de difficultés qu'on ne saurait vaincre en peu de temps, et qui diminuent sensiblement le rendement. C'est de ces difficultés qu'il importe de tenir compte alors qu'on détermine le choix des grandes lignes de transport. Outre ces lignes, on devra disposer encore de lignes latérales qui s'embranchent sur la ligne principale ou relient les grandes lignes entre elles.

De tout ce qui précède, il résulte qu'on ne saurait déterminer d'une manière abstraite le rendement d'une ligne. On ne saurait en effet déterminer ce rendement que pour chacun des différents cas qu'on examine, en considérant alors, et la frontière sur laquelle va s'opérer la concentration, et les différents points dans le voisinage desquels s'effectuera cette concentration.

Le rendement, dans un cas concret, s'exprime alors par le nombre des lignes de chemins de fer aboutissant au rayon de concentration ou dans le voisinage de ce rayon, et par le nombre des trains qui peuvent circuler chaque jour sur ces lignes. En divisant alors par la somme de ces trains la somme de trains nécessaires pour effectuer le transport de l'armée entière, on obtient une donnée définitive, essentielle, celle du temps qu'il faut, à partir du moment du départ du premier train, pour concentrer l'armée.

Ce sera à l'état-major qu'il appartiendra d'étudier en temps de paix la valeur du réseau des chemins de fer, au point de vue de la concentration sur les différentes frontières, et de comparer surtout cette valeur avec celle des réseaux des différents États voisins.

Toute infériorité marquée sous ce rapport peut aisément faire perdre l'immense avantage qui résulte de l'initiative, et parfois même obliger à se déployer à une plus grande distance de la frontière, afin de ne pas être attaqué par l'ennemi pendant que l'on est encore en train d'exécuter des transports.

Quand on aura reconnu *à l'avance* l'existence d'une infériorité de ce genre, on pourra souvent y parer en achevant par exemple le réseau aux frais de l'Etat. On arrive encore à augmenter dans une certaine mesure le rendement du réseau, en remettant l'administration d'une grande ligne de transports entre les mains d'*une seule* personne qui en règle alors d'une manière uniforme la construction, l'armement et l'exploitation.

Bien que l'on ne disposât alors d'aucun de ces avantages, le commandement en chef de l'armée allemande n'en a pas moins réussi, au commencement de la guerre de 1870, à transporter jusqu'au 3 août au soir, sur les 6 grandes lignes de l'Allemagne du Nord, en 11 jours :

> 356,000 hommes,
> 87,200 chevaux,
> 8,446 voitures et bouches à feu (en ne comprenant dans ces chiffres presque exclusivement que des combattants),

et à jeter jusqu'au 9 août, en 15 échelons (sur une ligne en 18, sur une autre en 5 échelons seulement),

> 16,000 officiers,
> 440,000 hommes,
> 135,000 chevaux,
> 14,000 bouches à feu et voitures, à l'aide de 1,205 trains (115,000 essieux),

sur la frontière occidentale.

Il est donc permis de croire que nous ferons aussi bien à l'avenir.

Pour fixer le *rendement des bateaux à vapeur*, il suffira de considérer uniquement ces bateaux et les stations d'embarquement et de débarquement. La voie, qui joue un si grand rôle pour les transports par chemins de fer, est remplacée ici par la mer, les *haff*, les lacs, les fleuves. Ces derniers cours d'eau ne possèdent le degré voulu de navigabilité que dans des circonstances exceptionnellement favorables, et c'est en cela même que résident les difficultés qui restreignent l'emploi des voies fluviales. De plus, le matériel de transport sur les fleuves (les bateaux à vapeur) est incomparablement moins abondant que sur les chemins de fer, et cette pénurie de ressources, tout comme l'absence, du moins au point de vue militaire, de communications suffisantes entre les différents fleuves, ne permettent de considérer, au moment de la concentration de l'armée, les transports par bateaux à vapeur que comme un moyen secondaire.

Parfois cependant on pourra avoir à s'en servir, et c'est pour cela que nous donnerons les quelques indications suivantes : Remarquons tout d'abord que les bateaux à vapeur des fleuves ne sont généralement pas organisés de façon à se prêter au transport d'une certaine quantité de chevaux, et qu'ils ne peuvent guère servir qu'à l'infanterie et au matériel de l'armée. La cavalerie, l'artillerie et les trains devront donc marcher par les routes de terre ou par les voies de fer.

Pour le transport de l'infanterie par bateaux à vapeur, il suffira de connaître le poids que peut supporter chacun de ces bâtiments. C'est là d'ailleurs une donnée qu'on peut connaître et qui est généralement déterminée à l'avance, mais on aurait tort de s'en tenir à la capacité ordinaire du navire qui sert à des voyages de plaisir, parce que si le navire marche, il est vrai, avec une vitesse moindre quand il exécute des transports, il est bon de ne pas oublier que le soldat, avec tout son paquetage de campagne, aura besoin de plus de place que le particulier qui va faire une partie de plaisir le dimanche.

Aussi, tenant compte de ces considérations, pensons-nous que les bateaux à vapeur des fleuves peuvent contenir :

Sur le cours inférieur et moyen du Rhin. . .	600	hommes.
(Les petits bateaux à vapeur et les remor-		
queurs).	300	»
Sur le cours inférieur du Rhin, en amont de		
Mayence.	400	»
Sur le Mein et la Moselle. . . . . . . environ	400	»
Sur l'Ems.	150	»
Sur le Weser.	300	»
Sur la haute Elbe	350	»
Sur la basse Elbe	500	»
Sur la Trave.	200	»
Sur l'Oder, en aval de Francfort	400	»
Sur la Vistule, en aval de Thorn	250	»
Enfin les bateaux des *Haffe*.	400	»

Il faudra naturellement, quand on aura à se servir des bateaux à vapeur, que l'on fixe d'une manière spéciale la capacité de chacun de ces bâtiments (1).

Les bateaux à vapeur peuvent en outre rendre d'autres services comme remorqueurs. Comparables à la locomotive pour les transports par voie de fer, ils servent à effectuer, en remorquant des bateaux qu'ils traînent à leur suite, de grands transports d'objets de toutes sortes destinés à l'armée ou aux forteresses situées sur leur cours.

3. **Organisation de grands transports par chemins de fer. — Tableaux de transport et de marche. — Disposition de parcours.**

Le soin de régler l'ensemble des grands transports que nécessite la concentration de l'armée incombe au chef du service des chemins de fer de campagne. En présence du développement que le réseau des chemins de fer a atteint actuellement, il est impossible que la direction immédiate, ainsi que la solution de mille ques-

---

(1) Lors de la concentration de l'armée en 1870, les vapeurs du Rhin servirent au transport des malades et furent employés comme bateaux-lazarets.

tions de détail, soit confiée au pouvoir central. Il
faut donc que le réseau soit divisé en un certain nombre de directions (districts) d'exploitation des lignes
qui, servant d'agents intermédiaires, devront permettre
de tirer parti des ressources que possèdent les différentes compagnies. Il n'existe pas en Allemagne d'une
manière permanente de grandes divisions d'exploitation de lignes, ou du moins elles n'ont rien à voir avec
les transports militaires.

Quand on voudra exécuter de grands transports de
troupes, il faudra avant tout déterminer les limites de
ces districts d'exploitation en tenant compte, autant que
faire se pourra, de la situation réciproque des grandes
lignes de transport appelées à fonctionner pour leur
propre compte.

La direction de l'exploitation, dans de semblables
districts, a le droit de disposer du personnel et du matériel; l'aménagement des grandes lignes principales de
transports et des voies latérales qui viennent s'y relier,
est confié à une *commandanture de lignes* placée sous les
ordres directs du chef du service des chemins de fer de
campagne.

Nous avons dit précédemment qu'il est impossible de
diviser les districts d'exploitation de manière à ce qu'ils
satisfassent tous également aux besoins et aux exigences qui résultent d'une concentration à faire sur
telle ou telle frontière. La configuration du réseau et
même la plupart des points d'où partent les transports
(garnisons ou lieux de formation des corps de troupes)
constituent, il est vrai, au moment du besoin, une
base fixe et constante ; mais ce qui varie, ce sont les
points sur lesquels doivent se terminer les transports.
Certaines considérations politiques, qui permettent de
prévoir les événements ultérieurs, exercent à vrai dire,
elles aussi, leur influence sur les mesures préparatoires

qu'il convient de prendre en temps de paix, par suite,
sur la constitution des districts. Quoi qu'il en soit, il
n'en est pas moins impossible d'arriver à une constitution des districts telle qu'elle soit également bonne
dans chacun des différents cas qui peuvent se présenter; mais cette division devra répondre aux éventualités les plus probables et les plus imminentes; elle
devra permettre de satisfaire même à d'autres besoins,
afin de pouvoir durer plus longtemps que les conditions éminemment variables et changeantes qui lui
servent de bases. C'est surtout par rapport aux transports militaires, pour lesquels la sécurité absolue est
une condition essentielle, qu'il est utile, indispensable
de disposer de facteurs habitués à ce service et accoutu-
més à ce genre d'affaires. C'est encore là une des considérations dont on devra tenir compte quand on procédera à la détermination des grandes lignes de transport. Nous avons insisté à plusieurs reprises, même
dans le premier volume de cet ouvrage, sur ce fait que
le rendement de chacune des voies ferrées est essentiellement différent.

Même en temps de paix, on tend de plus en plus à
établir de grandes artères capables d'un rendement
considérable et possédant autant que possible une valeur égale. On obtient ainsi sur ces lignes une exploitation égale habituelle qui oblige à considérer ces lignes
comme les artères principales des grands transports
de troupes. Plus on aura donc, dans l'espèce qui nous
occupe, de lignes de ce genre, indépendantes les unes
des autres, mieux cela vaudra. Si ces différentes lignes
se touchent, se croisent, ou se fondent l'une dans l'autre, il y aura à craindre qu'une perturbation, venant à
se produire sur un point quelconque, n'affecte pas rien
qu'*une seule* ligne, mais se fasse encore sentir d'une
manière des plus graves sur *les autres*. Et cependant il

sera parfois impossible d'éviter, que les différents districts, qu'on aura établis, ne se touchent dans une partie de leur parcours et n'exercent par suite une influence les uns sur les autres. Les ordres, qui deviennent alors nécessaires dans des cas semblables, émanent du pouvoir central, c'est-à-dire du chef du service des chemins de fer de campagne.

Ce personnage devra, après que le chef d'état-major général lui aura fait connaître ses idées sur la concentration de l'armée, préparer et établir une *disposition générale des transports* qui devra tenir compte de : l'*ordre de bataille* de l'armée d'opérations et de la répartition de l'armée de garnison, des décisions prises par le chef d'état-major général de l'armée et relatives aux districts de rassemblement des armées ou des corps, des points de débarquement qui en sont la conséquence, des lignes de marche, des points de rassemblement pour les formations dépendant du service des étapes, des stations de rassemblement, des stations de passage, des têtes de lignes d'étapes (1), des horaires de marche des trains et de la répartition des lignes, de l'intercalation de trains supplémentaires dans ces services, etc., enfin des tableaux des temps de mobilisation des corps d'armée.

Dans la masse des transports que nécessite la concentration, il en est certains que, pour assurer la sécurité des transports ultérieurs, on devra exécuter avant les autres ; c'est ainsi, par exemple, que les trains dont on n'a besoin que pour commencer les opérations, ne doivent être expédiés que vers la fin de la période des transports. On devra donc, en ne considérant uniquement que les transports par voie ferrée, procéder pour la masse de l'armée qui exécute son mouvement soit

---

(1) Pour les stations de rassemblement, les stations de passage, les têtes de lignes d'étapes, voir chapitre VII.

par les routes de terre, soit par les lignes de fer, à un triage dans lequel on aura à tenir compte et des dispositions que l'*ordre de bataille* contient à l'égard des différents corps de troupes, et de la nécessité de mettre le plus rapidement possible toute l'armée en mesure de commencer les opérations.

Tout ce que nous venons de dire permettra de se faire une idée des conditions multiples auxquelles doivent satisfaire les travaux qui incombent au pouvoir central. Ces travaux servent de base à la *répartition ultérieure des transports* entre les différents districts d'exploitation, c'est-à-dire entre les grandes artères principales. Les travaux de détail qu'il s'agira d'exécuter ensuite, et qui s'expriment alors par rapport à l'usage que les troupes auront à faire des voies ferrées, par les *tableaux de transport et de marche* (*fahrt und marsch tableaux*) et par les *dispositions de parcours* (*fahrt dispositionen*), incombent aux commandantures de lignes, bien que l'*abtheilung* des chemins de fer du grand état-major doive les préparer en vue de certains cas déterminés qui permettent ainsi de procurer aux officiers qui en font partie l'occasion de se livrer sous ce rapport à certaines études, à certains exercices.

Les données sur lesquelles reposent les travaux de détail qu'on devra exécuter pour chaque ligne ou pour chaque district d'exploitation sont les suivantes :

1° Les corps de troupe et transports de toute espèce qui se serviront de cette ligne ;

2° Les garnisons ou points d'embarquement de ces corps ou de ces transports ;

3° Les points de débarquement ;

4° Les besoins en essieux ;

5° Le rendement possible dont sont capables ces lignes.

1° On aura donc tout d'abord, en tant qu'on n'aura pas reçu d'instructions spéciales établissant que certains corps de troupes devront être transportés en premier, à fixer l'ordre dans lequel s'effectueront les transports des états-majors, des corps de troupes et des formations diverses. Il est de principe, sous ce rapport, que les combattants précèdent les colonnes et les trains qui leur appartiennent, que dans le corps d'armée on donnera le pas à la division, dans la division à la brigade, et ainsi de suite, qui peut être prête la première ; que la cavalerie divisionnaire partira autant que possible avant ou du moins avec la tête de l'infanterie ; l'artillerie divisionnaire avec la première brigade ou du moins avec le centre de l'infanterie de la division ; les pionniers et l'équipage de ponts de la division, dès qu'on pourra les intercaler derrière un régiment d'infanterie; les détachements de troupes de santé avec l'état-major de la division ou à la queue de l'infanterie (dans ce dernier cas avec quelques lazarets). Un des états-majors de brigade partira avec le premier bataillon de la division, l'autre après l'état-major de la division, c'est à-dire encore avec la brigade de tête. L'artillerie de corps devra, autant que possible, être expédiée entre les deux divisions. Le quartier général du corps, avec ses services, part avec ou immédiatement après la première division. Quant à ce qui est des trains et des colonnes, on doit expédier : la colonne de boulangerie de campagne, aussitôt que possible; le premier échelon des trains et une *abtheilung* des colonnes de munitions avec la queue de la deuxième division et, immédiatement après elle, l'état-major du bataillon du train et les colonnes de subsistances du deuxième échelon derrière ce premier échelon; puis viennent les lazarets de campagne, la deuxième *abtheilung* des colonnes de munitions, l'équipage de ponts du corps, le dépôt de chevaux, enfin les colonnes de voitures du parc. On devra cependant s'écarter de ces principes afin qu'un train ou une partie d'un train disponible ne reste pas vide, ou bien lorsque les embarquements et les débarquements s'exécutent à des intervalles par trop rapprochés dans des stations mal aménagées à cet égard, ou bien encore lorsque, grâce à des modifications peu importantes, il devient possible de maintenir sur les lignes latérales une exploitation réglementaire, habituelle, si bien que journellement ou périodiquement on parvienne à expédier de la sorte un certain nombre de trains sur une ligne, un certain nombre de trains sur d'autres.

Dans l'ensemble du transport de chaque corps d'armée on devra, en outre, faire figurer 4 trains de vivres qui sont destinés à assurer complétement l'existence des troupes dans le rayon de concentration. Un train chargé à 250,000 kilog. contient, en ne comptant par corps d'armée que 37,000 rations et 10,000 rations de fourrages, en ne calculant les premières qu'à 1 1/2 kilog. (pains, légumes, viande, sel et café) et les deuxièmes qu'à 5 1/2 kilog. (avoine), plus que les rations suffisant à l'existence pendant 2 jours des troupes de ce corps, en y comprenant même de temps à autre les besoins des divisions de cavalerie. On doit disposer des trains de ce genre de manière qu'ils ne se suivent pas de trop près, quand ils doivent être déchargés dans les mêmes stations.

2° et 3° L'embarquement et le débarquement des troupes et surtout des trains prennent un certain laps de temps, qui, dans certaines circonstances locales peu favorables, peut s'accroître au point de rendre la gare complétement indisponible, ou du moins au point de permettre de s'en servir seulement à de grands intervalles. Mais alors même qu'on aurait pris les mesures les meilleures et les plus sages, il faut admettre que le nombre des trains, qui sillonnent journellement chacune des grandes artères, est tellement considérable, qu'il serait imprudent de vouloir opérer l'embarquement et le débarquement dans les mêmes gares. Pour ce qui est de l'embarquement, les conditions mêmes dans lesquelles se trouvent les troupes, permettent de l'effectuer dans différentes gares. Mais le débarquement doit s'opérer dans un rayon forcément resserré, et il faudra donc établir dans ce rayon un nombre de points de débarquement tel que les trains, qui arrivent à ces stations, n'y parviennent qu'à un intervalle de plusieurs heures. En calculant de la sorte, on arriverait en général à faire plus qu'il ne faudrait; mais on peut alors, en revanche, remédier aux perturbations qui viendraient à se produire dans la marche des trains.

4° Pour ce qui est de la longueur de chacun des trains, il sera bon de ne pas dépasser autant que faire se pourra le chiffre de 110 essieux, de ne jamais dépasser celui de 120 et de chercher à s'en tenir à celui de 100 ou d'un peu moins de 100. En comptant que l'on peut transporter par essieu 10 officiers ou fonctionnaires, ou 16 hommes, ou 3 chevaux et 1 homme, ou une demi-bouche à feu ou une demi-voiture à 4 roues, ou un tiers de haquet, il sera facile d'obtenir le nombre d'essieux nécessaires pour transporter les différents corps de troupes, etc., et d'arriver à composer les trains de manière à morceler le moins possible les unités constituées.

5° Le rendement possible des lignes s'exprime par le nombre des trains qui peuvent les sillonner en 24 heures. Le rendement devra pour chacun des cas être établi d'une manière particulière, et la disposition générale des transports contient d'ailleurs souvent toutes les données désirables sous ce rapport.

Le *tableau de transport et de marche* (voir le modèle ci-contre) qu'on doit établir pour chaque corps d'armée ou pour chaque division indépendante, en tenant compte des principes que nous venons d'exposer, mérite les quelques explications suivantes :

1º La durée du parcours entier est figurée par un trait horizontal en couleur, trait qui est même de couleurs différentes quand un corps d'armée se servira de différentes lignes. Si, par exemple, un corps de troupes voyage depuis le 22 à midi jusqu'au 24 au soir, le trait horizontal partira, dans la colonne horizontale affectée à ce corps, du milieu de la colonne verticale 22 et viendra se terminer à l'extrémité de la colonne verticale 24. On porte en noir sur ce trait la mention de la *station de débarquement;*

2º Quand le *point d'embarquement* ne sera pas le même que le point de mobilisation, on inscrira ce point d'embarquement au-dessus du commencement du trait horizontal dont nous venons de parler, dans la colonne du jour où le corps de troupes arrive à ce point d'embarquement, généralement dans la colonne du jour qui précède le jour du départ; c'est-à-dire, dans le cas de l'exemple précédent, dans la colonne 21. Si exceptionnellement les troupes doivent encore faire une marche le jour même de leur embarquement, on indiquera alors le point d'embarquement dans la colonne du jour du départ (autant que possible au-dessus du commencement du trait);

3º Le mouvement jusqu'à l'embarquement s'exprime à l'aide des signes et des principes en usage pour les tableaux de marche. Il en est de même pour les marches que les troupes devront faire après leur débarquement. C'est le commandant de corps d'armée qui réglera les marches et qui fixera d'une manière spéciale les étapes de chaque jour de marche. Néanmoins les autorités chargées du service des chemins de fer désignent pourtant dans les tableaux de marche et de transport,

qu'elles sont chargées de dresser, les jours de marche
par la lettre **M**, les jours de repos par la lettre **R**.

TABLEAU DE TRANSPORT ET DE MARCHE DU N° CORPS D'ARMÉE
pour la concentration à O.

NUMÉROS.	CORPS DE TROUPES.	MOBILISÉ et prêt à marcher		LE N° JOUR DE LA MOBILISATION.					OBSERVATIONS.
		à	le N° jour de la mobilisation.	20	21	22	23	24	
1	Quartier général du corps d'armée avec ses services.	A.	19						
2	Etat-major de la N° division d'infanterie avec ses services.	A.	19			O.			
3	Etat-major de la N° brigade d'infanterie.	A.	19			O.			
4	Etat-major de la N° brigade d'infanterie.	A.	19			O.			
5	Régiment d'infanterie n° — Etat-major et 1er bataillon.	A.	16			P.			
6	2e bataillon.	B.	17	M.	F.		P.		
7	bataillon de fusiliers.	C.	17	M.	F.			P.	
»									
»									
17	Régiment de dragons n°	D.	16	P.		O.			
18	N° abtheilung du régiment d'artillerie de campagne n°	E.	18	M.	G.			O.	

Les *dispositions de parcours* (voir le modèle ci-joint)
permettent de connaître, avec l'aide du tableau de
transport et de marche, l'heure du départ de chaque
corps de troupes, le moment de son arrivée aux différents points de halte avec l'indication de ceux de ces

points où les troupes trouvent à manger (café ou dîner), et enfin le jour et l'heure de l'arrivée au point de débarquement. Toutes les mesures relatives au transport, même celles relatives aux subsistances des troupes, sont prises par les autorités des chemins de fer. Les troupes sont obligées d'obtempérer à toute injonction de ces autorités.

DISPOSITION DE TRANSPORT

Pour le transport sur la ligne. . . . . . . du. . . . . . . au. . . . . . .
Siége de la commandanture de ligne. . . . .
Station de rafraîchissement . . . .

NUMÉ-ROS.		DÉSIGNATION des CORPS DE TROUPES.	EFFECTIFS.			VOITU-RES		Besoins en essieux.	DÉPART DU			STATIONS DE RAFRAICHISSEMENT.									ARRIVÉE A			OBSERVATIONS.
Parcours.	Train.		Officiers.	Hommes.	Chevaux.	à 2 roues.	à 4 roues.		Point d'embarquement.	Date.	Heure.	Lieu.	Date.	Heure.	Lieu.	Date.	Heure.	Lieu.	Date.	Heure.	Destination.	Date.	Heure.	
1	2	3	4	5	6	7	8	9	10	11	12	13	14	15	16	17	18	19	20	21	22	23	24	25

B. — *Marches de guerre.*

Quand on exécute des *marches de guerre*, c'est-à-dire des marches pendant lesquelles on peut rencontrer l'ennemi, on devra avant toute chose se préoccuper d'avoir les troupes prêtes à combattre. On fixe presque toujours l'heure de l'arrivée à destination et par suite on exerce, du moins par rapport à certaines parties du gros corps de troupes, une influence nuisible sur la détermination de l'heure du départ. Il arrivera aussi fréquemment que le but (troupes ennemies) sera non-seulement indéterminé et qu'il faudra le rechercher pendant la marche, mais qu'il sera de plus mobile. Ce qui contribue encore à augmenter la difficulté que présente la rédaction des ordres, c'est que l'on est en général obligé de restreindre l'emploi du réseau routier, par cela même qu'avec les gros effectifs des armées modernes, dès que les deux armées ennemies arrivent à établir le contact entre elles, il devient indispensable de faire marcher des troupes nombreuses dans un espace resserré et sur un petit nombre de routes. Il arrivera même qu'une trop grande agglomération de troupes rendra la *marche* impossible, c'est-à-dire ne permettra plus de parcourir en ordre des étapes de marches moyennes en se servant des routes dont on dispose; on ne pourra plus alors *se mouvoir*, c'est- à-dire changer de place, d'une manière d'ailleurs fort incommode pour les troupes et qu'on ne peut employer que pour parcourir des distances insignifiantes, qu'en se servant du terrain situé en dehors des routes. Il faut donc alors que les troupes puissent être concentrées en temps utile (pour le combat) et puissent aussi se séparer à propos (pour la marche, le logement et les subsistances), et c'est l'application judicieuse de ces principes bien connus qui caractérise par-dessus tout la valeur du commandement.

Les actes qui se reproduisent le plus souvent pour l'armée d'opération, ce sont les marches, et ce sont ces marches que l'état-major est chargé de prescrire et de régler. Malgré leur complication apparente et bien qu'il faille tenir compte d'intérêts opposés (par exemple ménager les troupes et les tenir prêtes à combattre), c'est cependant là une tâche assez simple pour peu qu'on ne perde jamais de vue les relations entre le temps et l'espace et les différentes considérations tactiques et stratégiques du moment.

A cause de ces dernières considérations, il sera parfois indispensable d'imposer pendant quelques jours de grandes fatigues aux troupes, par exemple, lors d'une poursuite ou lorsqu'il s'agit d'atteindre avant l'ennemi un point important (nœud de routes ou de chemin de fer, défilé dans les montagnes, passage de rivière). Dans d'autres cas, au contraire, on pourra et on devra alors ménager les troupes.

La situation tactique est caractérisée surtout par le degré plus ou moins grand de préparation au combat dans lequel on tiendra les troupes, par la nature même des mesures de sûreté qu'on prendra, souvent aussi par les choix de routes qui échappent aux vues et à la portée des armes de l'ennemi et dont on ne se serait pas servi sans cela. Cette situation tactique influe encore sur la formation des avant-gardes, etc., etc., sur la composition particulière des colonnes de marches, sur l'heure de départ, et cela d'une manière souvent peu commode pour les troupes. Parfois même on ne pourra éviter de faire des marches de nuit, qu'on ne devra prescrire, à cause des graves inconvénients qu'elles présentent, qu'après mûre réflexion et qui devront n'être employées que comme moyens extrêmes.

D'autre part, il peut encore se faire qu'on ait à exécuter, en temps de guerre et sur le théâtre même des opérations, des marches qui seront régies, pour une partie des troupes, par les principes mêmes en usage en temps de paix. Il est alors de règle de ne jamais faire marcher, pendant qu'on parcourt des distances assez longues, l'artillerie complétement séparée des autres armes.

Les considérations d'espace et de temps doivent être l'objet d'études des plus approfondies. On doit connaître l'espace que couvre une colonne sur une seule route et le temps qu'il lui faut pour parcourir une certaine distance. Il faudra, en outre, tenir compte de considérations spéciales quand il s'agira du passage d'un défilé. Des erreurs commises dans l'application de ces différents facteurs ont les conséquences les plus graves ; sans parler même des autres inconvénients de toute espèce qui en résultent, on fatiguera inutilement et sans aucun motif les troupes en les faisant partir de trop bonne heure, en leur faisant faire des haltes forcées ou trop fréquentes. Quant à la cause même de cette erreur, elle provient de ce que, animé du désir d'avoir toutes ses troupes sous la main et de leur faire atteindre de bonne heure le terme final de la marche, on rassemble simultanément sur e même point de rendez-vous une trop grosse masse de troupes auxquelles on fait suivre ensuite la même route.

Souvent aussi l'état même des choses ne permettra pas d'envisager assez clairement la situation tactique et stratégique pour que l'on puisse prendre les mesures les meilleures au moment où l'on donnera les ordres. Il peut se faire aussi, du moins dans les marches en avant, que l'on ne connaisse pas toujours suffisamment le degré de viabilité des chemins, bien qu'il soit facile de s'en rendre compte avec l'aide d'une bonne carte et en tenant compte du temps qu'il a fait pendant les jours précédents. On ne sait pas non plus le temps qu'il fera au jour fixé pour l'exécution de cette marche. Sous ce rapport les erreurs sont donc aussi possibles qu'inévitables. Mais, en revanche, on commettra une faute et une faute impardonnable quand on prendra des mesures dont il était facile de prévoir l'inutilité et qui, si elles avaient été quelque peu étudiées, auraient été de suite reconnues comme d'une exécution impossible. Ces mesures reposent en général sur de fausses idées que l'on se fait de la longueur des colonnes de marche et de leur vitesse de marche.

Une mauvaise discipline de marche des troupes fera, d'autre part, échouer les dispositions les meilleures et les plus sages. Sous ce rapport encore on devra éviter les marches de nuit, parce qu'il est bien difficile de maintenir dans les ténèbres une discipline satisfaisante. On peut, en outre, commettre alors aisément dans le choix des chemins des erreurs dont on ne s'aperçoit que trop tard.

1. Composition et force des colonnes de marche.

La composition et la force des différentes colonnes de marche dépendent tout d'abord de la force du corps dont elles font partie, du nombre et de l'état des chemins dont on peut se servir. *On marche, en s'étendant autant qu'il est possible de le faire, en raison de la situation générale.* Quand on aura lieu de croire qu'on *pourra* avoir à combattre pendant la marche, ce sera le degré plus ou moins grand de probabilité que présentera la réalisation de cette éventualité qui influera sur les mesures à prendre.

Mais *le besoin de fractionnement* se manifeste d'une manière absolue, surtout dans le sens de la longueur, par les mesures de sûreté qu'il importe de prendre, par le caractère particulier des différentes armes, par la nécessité d'établir des intervalles, surtout enfin par la considération de la longueur maxima d'une colonne pour une journée de marche. Par suite, lorsque ce maximum sera dépassé par rapport à une section déterminée de la route, il faudra procéder à une division dans le sens de la profondeur en échelons de jour, ou dans le sens de la largeur en colonnes parallèles. Ces dernières servent aussi souvent à assurer en même temps l'exécution des mesures de sûreté et satisfont aux différentes exigences tactiques en rendant possibles des attaques enveloppantes, etc. Quand de *grosses masses de troupes* marcheront sur *une seule* route, les dernières unités arriveront en ligne ou à destination bien plus tard que si les troupes avaient suivi des routes différentes. On est donc alors dans ce cas, et bien que la colonne ait une continuité ininterrompue, bien moins concentré pour combattre que dans l'autre espèce. Grâce à une division rationnelle, on pourra donc, et se déployer plus vite pour combattre, et loger et faire vivre plus facilement les troupes.

Si, sous ces deux derniers rapports, il est difficile de déterminer les limites du fractionnement des troupes, il est bon cependant d'insister sur le fait suivant : à savoir, qu'une division trop multiple dans le sens de la largeur nuira à la rapidité du déploiement pour le combat, toutes les fois que les intervalles qui existent entre les différentes têtes de colonne, deviendront sensiblement supérieurs à la profondeur de tout le corps de troupe supposé marchant en *une seule* colonne.

Une division, par exemple, dont les combattants, marchant sur une seule route, couvrent une profondeur de 7 à 8 kilomètres, a besoin, pour se déployer complétement sur la tête, d'environ 2 heures, en admettant que l'espace nécessaire pour le déploiement en avant de la tête soit au plus de 2 kilomètres.

Si cette division marche à égale hauteur sur deux routes séparées par une distance de 2 kilomètres, il faudra moitié moins de temps pour effectuer le déploiement sur la tête. Cet avantage diminue dès que les deux têtes de colonnes sont séparées par des espaces plus considérables, et disparaît entièrement dès que ces espaces sont supérieurs à la moitié de la profondeur de marche de la division, parce que si l'on doit, pour combattre, se déployer sur l'une de ces deux têtes de colonne, la colonne la plus éloignée aura à faire une marche de flanc, qui lui prendra à peu près autant de temps qu'il lui en aurait fallu pour se déployer, si elle avait marché derrière cette colonne sur la même route. Quoi qu'il en soit, des marches de ce genre peuvent, même dans ce cas, présenter des avantages considérables, surtout quand il s'agit d'ouvrir des défilés, de déboucher des montagnes, etc., etc.

La question devient plus grave, quand les intervalles entre les têtes de colonnes s'accroissent plus encore, ou quand un plus grand nombre de colonnes se répartissent sur des espaces plus vastes encore. Le danger, que l'une de ces colonnes puisse être attaquée et battue par un ennemi supérieur en nombre, est d'autant plus sérieux que l'on ne saurait compter, à de semblables distances, sur l'unité et la promptitude de la direction, seul et unique moyen de salut en pareil cas, et que chaque colonne, considérée isolément, à moins de trouver des points d'appui d'une espèce toute particulière dans le terrain, ne possédera pas la force nécessaire pour se maintenir jusqu'à l'arrivée des renforts et des secours. Les avantages qui résultent de la marche sur plusieurs colonnes sont donc circonscrits par des limites assez étroites, surtout lorsque les routes que suivent les colonnes sont séparées par des terrains coupés ou complétement impraticables.

Toutes ces considérations n'ont de valeur littérale que lorsqu'il s'agit de faire des marches en avant et en retraite. Mais elles ont encore une importance, différente il est vrai, quand il s'agit d'exécuter des marches de flanc.

La condition essentielle dont il importe de tenir compte dans tous les cas, c'est la longueur d'une colonne de marche pour un jour de marche sur une seule route. Elle dépend de la profondeur des différents corps de troupes, de leur vitesse de marche, de la moyenne des distances qu'on peut parcourir en un jour de marche. En prenant pour chiffre moyen une étape de 22 kilomètres 1/2, il reste à se demander quelle est la masse de troupe qui, dans la formation ordinaire de marche, couvre sur une route une superficie de 22 kilomètres 1/2.

Le chef qui, pendant le laps de temps nécessaire pour parcourir cette distance, attribuera à cette partie de la route qui correspond au mouvement de la colonne, plus de troupes qu'il ne le faut sans avoir recours à certaines mesures, par exemple, telles que l'augmentation du front de la colonne de marche ou la diminution des profondeurs de marche, commettra une faute grave.

a. — Les profondeurs de marche.

Les profondeurs normales de marche des troupes allemandes avec leur équipement complet de campagne se trouvent portées au tableau suivant : Ces calculs ont été faits sur les données suivantes : longueur d'un cheval dans le rang, 2,4 mètres, partout ailleurs, 3,2 mètres ; d'une voiture à 2 chevaux, 8 à 9 mètres ; d'une voiture à 4 chevaux, 12 à 13 mètres ; d'une voiture à

6 chevaux, 16 à 17 mètres (les haquets sont encore un
peu plus longs). On compte comme intervalles : par
voiture, 3 mètres; par compagnie et pour le deuxième
échelon des voitures d'une batterie, 8 mètres; par bataillon, escadron, batterie ou colonne, 16 mètres; par
régiment d'infanterie ou de cavalerie, *abtheilung* d'artillerie ou de colonne, 32 mètres; par brigade d'infanterie ou de cavalerie, 64 mètres; par division, 240 mètres.
L'infanterie est supposée marcher en sections de route
sur 3 rangs à 4 files, la cavalerie par 3, l'artillerie
et les voitures par 1, les officiers montés et les fonctionnaires des grands états-majors et des administrations, les chevaux de main et de réserve par deux.

Quand on fera de longues marches, quand les routes
seront mauvaises et le temps défavorable, ces profondeurs normales de marche s'allongeront beaucoup,
même quand la discipline de marche sera excellente.
Ces profondeurs normales s'allongent surtout énormément quand on a à passer un défilé, parce qu'on
doit marcher alors sur un front moindre. (Voir ce qui
a été dit à ce sujet dans le premier volume).

L'infanterie passera sur un pont de bateaux en sections de route à 4 files ou par files en rompant le
pas, la cavalerie par deux, les hommes tenant leurs
chevaux par la figure, l'artillerie par pièce ou par voiture de munitions avec un intervalle de 8 mètres entre
chaque pièce ou voiture. Les bataillons laissent entre
eux 25 à 40 mètres d'intervalle, les escadrons et batteries 8 mètres, les régiments de cavalerie 25 à 40
mètres. Ces distances peuvent être encore augmentées
sur l'ordre de l'officier du génie qui remplit les fonctions de commandant du pont. Par suite, la profondeur
d'un gros corps de troupes, qui aura à passer un pont
de bateaux, s'allongera d'au moins 25 0/0. Cet allongement momentané se traduira finalement par une

perte de temps que la tête aura à subir si, pour que la colonne puisse continuer à marcher avec sa profondeur normale, on lui fait faire halte pour prendre un front plus large ou pour laisser serrer sur elle les troupes qui la suivent; ou bien encore la tête continuera à marcher sans s'occuper de l'allongement de la colonne, et ce sera alors par le retard qu'éprouvera la queue de la colonne que se trouvera exprimé le degré d'allongement de la colonne.

TABLEAU DES PROFONDEURS DE MARCHE.

	(a) Corps de troupe, y compris les chevaux de main, les voitures de médicaments (pour les batteries, le 1er échelon de leurs voitures; pour les compagnies de pionniers, toutes les voitures, à l'exception des voitures à bagages et des voitures de cantiniers) et les distances en arrière.	(b) Voitures de cartouches, qui suivent à la queue des brigades ou de l'avant-garde, etc.; 2e échelon des voitures des batteries.	(c) TOTAUX des COLONNES a et b.	(d) Voitures des troupes (2e échelon. — Voitures d'état-major, voitures à bagages, voitures de cantiniers), y compris les distances en arrière.	(e) TOTAUX des COLONNES a, b et d.	(f) Voitures d'administration, des trains et des colonnes, y compris les distances en arrière.	(g) TOTAUX des COLONNES a, b, d et f.	(h) OBSERVATIONS.
A. — CORPS DE TROUPES (Unités.								
INFANTERIE — Bataillon	282	20	302	83	385	—	385	
INFANTERIE — Régiment	892	60	952	261	1,213	—	1,213	
INFANTERIE — Brigade à 2 régiments	1,832	120	1,952	533	2,485	—	2,485	
INFANTERIE — Bataillon de chasseurs	282	45	327	78	405	—	405	
CAVALERIE — Escadron	162	—	162	11	173	—	173	
CAVALERIE — Régiment (à 4 escadrons)	686	—	686	83	769	—	769	
CAVALERIE — Brigade (à 2 régiments)	1,419	—	1,419	178	1,597	—	1,597	
CAVALERIE — Brigade (à 3 régiments)	2,105	—	2,105	261	2,366	—	2,366	
ARTILLERIE — Batterie de campagne	284	140	424	—	424	—	424	
ARTILLERIE — Abtheilung de campagne à 4 batteries	1,174	584	1,758	34	1,792	—	1,792	
ARTILLERIE — Abtheilung de campagne à 3 batteries	887	444	1,331	34	1,365	—	1,365	
ARTILLERIE — Batterie à cheval	304	140	444	—	444	—	444	
ARTILLERIE — Abtheilung à cheval à 3 batteries	950	444	1,394	34	1,428	—	1,428	
ARTILLERIE — Colonne de munitions d'infanterie	—	—	—	—	—	556	556	
ARTILLERIE — Colonne de munitions d'artillerie	—	—	—	—	—	574	574	
ARTILLERIE — Abtheilung de colonne	—	—	—	—	—	2,880	2,880	
PIONNIERS — Compagnie de pionniers	111	—	111	22	133	—	133	
PIONNIERS — Equipage de ponts divisionnaires	306	—	306	11	317	—	317	
PIONNIERS — Equipage de ponts du corps	—	—	—	—	—	782	782	
TRAINS ET SERVICES ADMINISTRATIFS — Détachement de troupes de santé	211	—	211	34	245	—	245	
TRAINS ET SERVICES ADMINISTRATIFS — Lazaret de campagne	—	—	—	—	—	126	126	
TRAINS ET SERVICES ADMINISTRATIFS — Colonne de vivres	—	—	—	—	—	567	567	
TRAINS ET SERVICES ADMINISTRATIFS — Colonne de voitures de parc	—	—	—	—	—	974	974	
TRAINS ET SERVICES ADMINISTRATIFS — Dépôt de chevaux	—	—	—	—	—	339	339	
TRAINS ET SERVICES ADMINISTRATIFS — Colonne de boulangerie de campagne	—	—	—	—	—	89	89	
B. — CORPS COMPOSÉS D'UNITÉS DIVERSES.								
DIVISION D'INFANTERIE — Etat-major et services	80	—	80	61	141	117	258	
DIVISION D'INFANTERIE — 2 brigades d'infanterie	3,664	240	3,904	1,066	4,970	—	4,970	
DIVISION D'INFANTERIE — 1 régiment de cavalerie	686	—	686	83	769	—	769	
DIVISION D'INFANTERIE — 1 abtheilung d'artillerie de campagne	1,174	584	1,758	34	1,792	—	1,792	
DIVISION D'INFANTERIE — 1 compagnie de pionniers	111	—	111	22	133	—	133	
DIVISION D'INFANTERIE — Equipage de ponts divisionnaires	306	—	306	11	317	—	317	
DIVISION D'INFANTERIE — Détachement de troupes de santé	211	—	211	34	245	—	245	
DIVISION D'INFANTERIE — Distance de division	240	—	240	—	240	—	240	
TOTAL pour la division d'infanterie	6,472	834	7,296	1,311	8,607	117	8,724	

	(a)	(b)	(c)	(d)	(e)	(f)	(g)	(h)
	Corps de troupes, y compris les chevaux de main, les voitures de médicaments (pour les batteries, le 1er échelon de leurs voitures; pour les compagnies de pionniers, toutes les voitures, à l'exception des voitures à bagages et des voitures de cantiniers) et les distances en arrière.	Voitures de cartouches, qui suivent à la queue des brigades ou de l'avant-garde, etc.; 2e échelon des voitures de batteries.	TOTAUX des COLONNES a et b.	Voitures des troupes (2e échelon. — Voitures d'état-major, voitures à bagages, voitures de cantiniers), y compris les distances en arrière.	TOTAUX des COLONNES a, b et d.	Voitures d'administration, des trains et des colonnes, y compris les distances en arrière.	TOTAUX des COLONNES a, b, d et f.	OBSERVATIONS.
DIVISION DE CAVALERIE (6 régiments). — Etat-major et services	77	—	77	50	127	72	199	
3 brigades à 2 régiments	4,258	—	4,258	533	4,791	—	4,791	
1 batterie à cheval	305	180	485	11	496	—	496	
Distance de division	240	—	240	—	240	—	240	
TOTAL de la division de cavalerie (6 régiments)	4,880	180	5,060	594	5,654	72	5,726	
ARTILLERIE DE CORPS (régiment). — Etat-major du régiment	24	—	24	11	35	—	35	
2 abtheilungen de campagne à 3 batteries chaque	1,774	888	2,662	68	2,730	—	2,730	
1 abtheilung à cheval à 3 batteries chaque	950	444	1,394	34	1,428	—	1,428	
1 détachement de troupes de santé	211	—	211	34	245	—	245	
Distance de brigade	64	—	64	—	64	—	64	
TOTAL de l'artillerie de corps	3,023	1,332	4,355	147	4,502	—	4,502	
QUARTIER GÉNÉRAL DE CORPS D'ARMÉE. — Etat-major	174	—	174	110	284	—	284	
Services	—	—	—	—	—	259	259	
Etat-major et services du quartier général de corps	174	—	174	110	284	259	543	
2 divisions d'infanterie	12,944	1,648	14,592	2,621	17,213	234	17,447	
1 bataillon de chasseurs	282	45	327	78	405	—	405	
1 compagnie de pionniers	111	—	111	22	133	—	133	
Commandement de l'artillerie	38	—	38	45	83	117	200	
Artillerie de corps	3,023	1,332	4,355	147	4,502	—	4,502	
TOTAL du corps d'armée, sans colonnes, trains et services administratifs	16,572	3,025	19,597	3,023	22,620	610	23,230	
Etat-major du bataillon du train	—	—	—	—	—	64	64	
2 abtheilungen de colonnes	—	—	—	—	—	5,760	5,760	
Equipage de ponts du corps	—	—	—	—	—	782	782	
Colonne de boulangerie de campagne	—	—	—	—	—	89	89	
Dépôt de chevaux	—	—	—	—	—	339	339	
5 colonnes de vivres	—	—	—	—	—	2,836	2,836	
5 colonnes de voitures de parc	—	—	—	—	—	4,856	4,856	
12 lazarets de campagne	—	—	—	—	—	1,517	1,517	
TOTAL du corps d'armée, avec colonnes, trains et services administratifs	16,572	3,025	19,597	3,023	22,620	16,850	39,470	

B. — *Vitesse de marche.*

A tout ce que nous avons dit dans le premier volume à l'égard de la vitesse de marche que les corps de troupes plus ou moins considérables peuvent donner sur des distances courtes ou longues, il nous suffira d'ajouter à propos de la moyenne des marches que nous avons fixée à 22 kilomètres 1/2, quelques indications tirées des expériences de la guerre, en s'attachant surtout à ce fait que : comme ce sont des considérations de toute nature, bien plutôt que celles relatives au maximum de vitesse de marche des troupes, qui influent sur le choix des routes, et qu'il faut prévoir encore une foule de circonstances défavorables, mais inévitables (il s'agit surtout là des conditions climatériques et atmosphériques), il sera indispensable de faire entrer en ligne de compte toutes ces circonstances aggravantes.

IL FAUDRA, pour parcourir 22 kilomètres 1/2, à	Quand les routes seront bonnes et les circonstances complétement favorables.	Quand les routes seront mauvaises.	Quand les routes seront mauvaises et les circonstances défavorables.	Quand les circonstances seront tout à fait défavorables.
1 bataillon d'infanterie ou 1 batterie de campagne.	5 heures.	8 heures.	10 heures.	12 heures.
1 régiment de cavalerie ou 1 batterie à cheval. . .	4 —	6 —	7 h. 1/2	9 —
1 colonne du train ou autre.	6 —	10 —	16 —	20 —
1 division d'infanterie. . .	6 —	9 —	11 —	14 —
1 division de cavalerie. . .	4 —	7 —	9 —	12 —
Enfin il faudra compter en plus, pour chaque division d'infanterie qui suivra.	1 —	2 —	3 —	4 —

Ces chiffres indiquent seulement le temps que la tête

de colonne met à parcourir ces distances. Quand une colonne de marche devra, après que la tête sera arrivée à destination, se déployer soit pour combattre, soit pour bivouaquer, il faudra ajouter à ces données, en l'exprimant en chiffres pour chacun des corps de troupes, la profondeur de marche des corps qui le précèdent dans la colonne, de telle sorte qu'on devra, quand il s'agira de la queue, ajouter au temps employé par la tête le temps que cette queue mettra à parcourir un espace égal à la profondeur de la colonne.

Il en résulte qu'un corps d'armée marchant sur *une seule* route et qui doit, après avoir parcouru 22 kilomètres 1/2, prendre sur un certain point la formation préparatoire de combat, emploiera pour se déployer, sans qu'il soit question ici des trains, etc., qu'il laissera en arrière et en ne s'occupant que de ses 2 divisions d'infanterie et de l'artillerie de corps qui couvrent environ 20 kilomètres, de 12 à 20 heures selon les circonstances. Il est vrai de dire que nous calculons ici sur le *maximum* de la marche que peuvent faire en un jour avec leurs effectifs au complet des troupes qui, marchant sur *une seule* route, doivent être menées immédiatement au combat, ou doivent se tenir prêtes à combattre.

Si, au contraire, il s'agit uniquement d'une marche en avant, après l'exécution de laquelle les unités inférieures s'arrêteront en échelons, en conservant entre elles des intervalles correspondant à la profondeur des colonnes de marche, afin de pouvoir continuer la marche le lendemain, la profondeur totale de la colonne de marche cessera, dans ce cas, d'avoir une valeur quelconque. Cette profondeur redeviendra alors seulement un facteur digne d'être pris en considération, quand, pour une raison quelconque, il faudra déployer la queue sur la tête de la colonne, ou quand il s'agira d'intercaler dans cette colonne ou d'adjoindre à cette colonne de nouveaux corps. C'est ce qui se présente, par exemple, lorsque plusieurs colonnes, qui marchaient chacune pour leur compte, ont toutes à passer par un défilé qu'il est impossible de tourner.

Dans ce cas on devra tenir compte de la longueur des colonnes, de leur vitesse de marche et calculer le temps que les différentes colonnes mettront de la tête à la quéue pour franchir ce défilé. On arrivera de la sorte à fixer utilement les heures d'arrivée des têtes des différentes colonnes qui auront à le franchir, ainsi que le chiffre maximum des troupes qui pourront en un jour dépasser un semblable défilé.

a. Ordre de marche des troupes qui combattent.

On entend ici par ordre de marche la place occupée par les corps dans la colonne de marche et la détermination des intervalles à laisser entre chacun d'eux, par suite, la répartition de ces corps dans cette colonne.

Ici, comme en tout ce qui a trait aux dispositions tactiques, on ne saurait donner de règle générale : car les mesures à prendre varient en raison des circonstances et dans chaque cas particulier. Il est cependant possible de poser certains principes dont l'application sera fréquente et dont on ne devra s'écarter que rarement.

Il faut remarquer tout d'abord que l'ordre de marche répond à l'ordre dans lequel on prévoit que les troupes auront à se déployer pour passer de la colonne de route à la formation de combat.

L'artillerie, qui engage les combats et qui a besoin d'agir pendant un certain temps pour produire son effet, doit donc, en règle générale, être placée *aussi en avant que possible* dans la colonne de marche. Sa nature même ne lui permet cependant pas de constituer la tête d'une semblable colonne, bien que, comme la cavalerie, ce soit en tête qu'elle marche le plus commodément.

Il faut en outre que toute troupe qui marche dans le voisinage de l'ennemi, et qui peut par conséquent le rencontrer, pourvoie à sa sûreté et se mette à l'abri d'une surprise. C'est pour cela aussi que l'on pousse en avant des avant-gardes, qu'on constitue des détachements de flanqueurs, qu'on détache du gros des troupes de petits corps qui, plus prêts à combattre, et se protégeant à leur tour en avant de leur front par l'envoi de petits groupes, donneront au gros le moyen de gagner du temps en cas d'attaque subite. Mais on arrivera surtout à se protéger contre ces attaques imprévues en recherchant constamment l'ennemi, en conservant le contact avec lui, en transmettant rapidement toutes les nouvelles relatives à ses mouvements, en formant un rideau derrière lequel on fera mouvoir ses propres troupes. Ce sont là des missions que la cavalerie est seule capable de remplir. Elle doit donc être poussée en avant et sur les flancs. C'est en vertu de ce principe que nous employons la cavalerie par masse, c'est-à-dire par division.

L'ordre de marche d'une division de cavalerie, comme nous l'avons indiqué déjà au commencement de ce volume, comportera en général la constitution au moins de 2 colonnes principales (les 2 brigades légères, plus une batterie à cheval par brigade). La brigade de grosse cavalerie avec la 3e batterie à cheval suivra l'une de ces brigades ou marchera sur une route centrale à 4 kilomètres en arrière. Le commandant de la division ne donne pas d'autres instructions sur l'ordre de marche, il se contente d'indiquer la tâche attribuée à chaque brigade et de régler les relations qui doivent exister constamment entre ces brigades. Toutes les autres dispositions doivent être prises par les brigadiers.

Il en est autrement, quand une division de cavalerie est chargée d'une mission spéciale, quand on lui attribue un rôle limité à un espace restreint et lorsqu'elle marche alors sur une seule route. L'une des brigades légères (avec une batterie ou même avec toute l'artillerie de la division) forme l'avant-garde. Les deux autres brigades, constituant le gros, suivent à 1 ou 2 kilomètres de la queue de l'avant-garde. Quand ce gros possédera de l'artillerie, elle sera placée alors derrière le premier régiment. Si l'on attache temporairement des troupes d'infanterie à la division de cavalerie, ces troupes resteront pendant toute la durée de la marche à la queue de la colonne.

Toutes les fois que, pour des raisons quelconques, la masse de cavalerie ne pourra s'acquitter du service de reconnaissance et de sûreté, on devra confier cette mission à la cavalerie attachée aux divisions d'infanterie qui se trouvent les plus rapprochées de l'ennemi. Mais comme cette cavalerie est relativement d'un effectif assez faible, qu'elle manque d'une artillerie à elle, il faudra lui donner en arrière un point d'appui, un soutien formé de troupes des autres armes, et constituer une *avant-garde* qui, placée sous les ordres d'un chef désigné à cet effet, comprendra la plus grande partie de la cavalerie divisionnaire. L'ordre de marche de cette avant-garde et des détachements de flanqueurs, qu'on pourra avoir à constituer, sera réglé par le chef de cette avant-garde. En général une division d'infanterie consacrera au service de reconnaissances et de sûreté, dont est chargée l'avant-garde :

Le régiment de cavalerie, moins un escadron au plus, qui restera avec le gros et les trains pour assurer le service d'ordonnances ;

Un régiment d'infanterie, auquel on adjoindra, si l'on juge à propos de renforcer quelque peu l'infanterie de l'avant-garde, le bataillon de chasseurs de la division ;

Une batterie ;

Une compagnie de pionniers, ou une partie de cette compagnie, parfois même l'équipage de ponts de la division ;

Un demi-détachement de troupes de santé.

Les autres troupes de la division, quand il n'est pas nécessaire d'en détacher encore une partie pour escorter les trains, etc., forment le gros, auquel on ne nomme pas en général de chef particulier. Le général de division détermine l'ordre de marche du gros et la distance qui séparera le gros de l'avant-garde. Cet intervalle devra être assez grand, pour que, dans le cas où l'avant-garde viendrait à être attaquée et repoussée par l'ennemi, le gros ait le temps de prendre la formation de combat.

Au premier abord, il semblerait que l'intervalle entre l'avant-garde et le gros dût être égal à la profondeur de marche de ce gros. Mais ce serait là une disposition par trop mécanique, reposant sur l'hypothèse d'une surprise de l'avant-garde, hypothèse qui n'est guère admissible, pour peu qu'on ait poussé la cavalerie suffisamment en avant. On doit donc se contenter d'un intervalle moindre, qui permettra d'ailleurs de pouvoir soutenir plus rapidement l'avant-garde. Le gros de la division marchera donc en général au plus à 2 kilomètres de l'avant-garde.

Voici, selon nous, le meilleur ordre de marche à donner au gros :

Le détachement de cavalerie ;

Le régiment d'infanterie qui fait brigade avec le régiment d'avant-garde.

L'artillerie divisionnaire, à moins qu'à cause de l'imminence d'un combat on ne l'ait fait marcher derrière le 1er bataillon de l'infanterie du gros ;

La 2e brigade d'infanterie ;

Les pionniers (s'il en reste) ;

Un demi-détachement de troupes de santé auquel on donne
les voitures, qu'en prévision du combat on a réquisitionnées
et garnies de foin pour le transport des blessés.

Quand on disposera de deux bonnes routes parallèles et assez rapprochées l'une de l'autre, la division
marchera sur deux colonnes, fortes chacune d'une
brigade. Ce seront alors les circonstances qui décideront, s'il y aura lieu de former une avant-garde *générale*,
ou si chaque colonne formera sa propre avant-garde,
ou bien s'il faudra adjoindre à chacune des colonnes
de la cavalerie, de l'artillerie, des pionniers et des détachements de troupes de santé. Chacune de ces colonnes a alors un chef qui prend les mesures qu'il juge
convenables pour l'ordre de marche. Le général de
division ne règle que les rapports des colonnes entre
elles (1).

Une division, qui ne se trouve pas dans le voisinage
immédiat de l'ennemi, par exemple, la deuxième des
divisions marchant sur une même route, n'aura besoin
de prendre que certaines mesures de sûreté ; elle en-
verra, par exemple, des détachements de flanqueurs
et l'ordre de marche tiendra alors plus largement
compte des aises et de la commodité des troupes.
Nous avons dit, dans le premier volume, que la cava-

---

(1) On aurait tort dans ce cas de vouloir relier les colonnes entre
elles. On fait alors en effet ou trop, ou trop peu. Il vaut mieux
prescrire à l'une des colonnes de rester en communication avec
l'autre (celle avec laquelle marche le général de division),

lerie et l'artillerie marchaient même au pas plus vite que l'infanterie. On pourra donc, en la couvrant par la cavalerie disponible, faire marcher l'artillerie en tête de la division qui n'a pas alors d'avant-garde et dont les troupes marchent conformément à l'*ordre de bataille*. L'artillerie et la cavalerie n'ont pas alors besoin de ralentir leur pas, peuvent marcher à leur aise jusqu'à ce qu'elles aient atteint la queue de la division qui les précède et faire halte en attendant l'arrivée de la tête de leur division. Ce procédé ne sera réellement avantageux que lorsqu'on aura prescrit de laisser un intervalle assez considérable entre deux divisions marchant sur la même route.

Quand on marchera avec la certitude d'avoir à livrer un combat, cet intervalle sera alors peu considérable; enfin l'artillerie de corps se trouvera, quand les deux divisions font partie d'un même corps d'armée, placée la plupart du temps entre elles, et la division, qui forme le deuxième échelon, doit alors adopter un ordre de marche qui facilite et favorise son déploiement au combat, déploiement qu'elle aura à effectuer en général latéralement à la première division. Par suite il faudra faire marcher en tête le régiment de cavalerie, puis viendront un régiment d'infanterie, l'*abtheilung* d'artillerie, l'autre régiment d'infanterie de la 1re brigade, le détachement de troupes de santé, la deuxième brigade. La place des pionniers et de l'équipage de ponts de la division varie en raison des circonstances. Si la division peut suivre deux routes, elle se divisera en se conformant à ce qui a été dit précédemment à ce sujet.

Un corps d'armée, marchant sur une seule route, dispose généralement une division en tête, l'artillerie de corps vient ensuite, puis la 2e division.

En raison même des circonstances, il arrivera que

l'avant-garde portée en avant par la division de tête suffira pour couvrir le corps d'armée, ou que tantôt au contraire le corps d'armée devra constituer une avant-garde spéciale. On devrait alors emprunter à cet effet à la division de tête :

> Le **régiment de cavalerie**,
> Une brigade d'infanterie,
> L'*abtheilung* d'artillerie (ou au moins la moitié de cette *abtheilung*),
> . Les pionniers,
> Le détachement de troupes de santé.

Le général commandant la division de tête prendra dans ce cas le commandement de l'avant-garde et en réglera l'ordre de marche. L'autre brigade de cette division est rattachée au gros et sera, en vertu de l'ordre de marche établi par le général commandant le corps d'armée, placée en tête de ce gros. L'intervalle à laisser entre l'avant-garde et le gros sera de 2 à 3 kilomètres. Le degré de probabilité, d'imminence et de gravité d'un combat déterminera le général en chef à placer l'artillerie de corps, soit entre les deux régiments de la brigade de tête du gros, soit derrière cette brigade. Puis viendra la 2ᵉ division. Le général commandant cette division déterminera l'ordre de marche de sa division en se conformant aux principes précédemment énoncés.

Quand le corps d'armée se portera en avant à l'aide de deux routes, on attribuera en général chacune de ces routes à chacune des divisions. Toutes les fois que des raisons basées sur son emploi pendant le combat ne s'y opposeront pas, l'artillerie de corps suivra la meilleure de ces routes. Le général en chef détermine alors la place qu'elle doit occuper dans l'ordre de **marche de la division. Pour tout le reste, ce sont les** généraux de division qui fixeront l'ordre de marche de leurs divisions en poussant chacun en avant une avant-garde, parce que, dans la marche en avant sur plusieurs routes, il n'est guère possible que le corps d'armée se constitue une avant-garde générale.

Si l'on a adjoint au corps d'armée une division de cavalerie, cette division, à moins qu'on n'ait à lui donner une autre mission, sera poussée aussi en avant que possible. Elle s'acquitte alors en même temps du service d'avant-garde dans le sens le plus vaste du mot. Cependant, même dans ce cas, tout comme dans celui où des corps de cavalerie indépendante se trouvent en avant des têtes des corps d'armée ou des divisions, on aurait tort de renoncer complétement au service de sûreté. Des patrouilles d'officiers appartenant à la cavalerie divisionnaire, qui assurent en même temps le maintien des communications avec les corps de cavalerie poussés au loin en avant, se rendent compte des ressources du pays, reconnaissent les chemins, etc., protégent directement les colonnes de marche composées de troupes de toutes armes contre les insultes et les surprises de petits partis ennemis. Les divisions, etc., qui marchent en tête, doivent en outre se diviser, se former, de manière à pouvoir, en cas de besoin, appuyer la cavalerie qu'on a poussée en avant. La situation même des opérations, et surtout la distance qui sépare ces troupes des corps de cavalerie les plus avancés, influeront forcément sur les limites dans lesquelles on aura à tenir compte de ce principe.

Bien que, dans tout ce qui précède, nous ne nous soyons occupés uniquement que de la marche en avant, les principes que nous avons exposés n'en sont pas moins applicables aux marches de flanc et en retraite, du moins en tout ce qui a trait aux dispositions à prendre par rapport à l'ennemi. Dans la marche en retraite, on attache à l'arrière-garde une force considérable d'artillerie, lorsque cette arrière-garde doit combattre pour gagner du temps, et l'on cherche à laisser entre les arrière-gardes et le gros les intervalles les plus grands possibles, mais ces intervalles n'ont pas besoin d'être supérieurs à la profondeur de marche du gros.

b. Ordres de marche des trains et bagages des troupes.

Les trains (nous donnons ici à ce mot son acception la plus vaste, et nous désignons par ce terme même les colonnes de munitions), ainsi que les bagages des troupes, augmentent sensiblement les difficultés que présente l'établissement des dispositifs de marche. Pour se convaincre de ce fait, il suffit de considérer que les unités de combat d'un corps d'armée (y compris les chevaux de main, les voitures d'ambulances et de munitions qui doivent, en vertu des règlements, suivre les troupes au combat) ont environ la même profondeur de marche que les trains, les colonnes de munitions et le grand bagage des troupes (qui ne les suivent pas au combat). Quand on opérera dans un pays très-frayé en s'étendant avec peu de troupes sur un espace assez vaste, on ne sera guère exposé à rencontrer des difficultés dans la confection du dispositif des marches. Il n'en sera pas de même quand, ce qui a lieu par exemple lors des concentrations qui précèdent les batailles, on sera obligé non-seulement de masser les troupes dans un espace assez étroit, mais encore de les grouper de manière à les déployer le plus rapidement possible au combat. On peut en effet faire marcher sur la même route un nombre double de troupes, quand ces troupes ne sont suivies que des bagages dont elles ont besoin pour combattre (petit bagage, *kleine bagage*). Il faut encore songer que, quand les troupes marchent au combat, elles sont suivies par quelques lazarets de campagne et quelques colonnes de munitions, et que souvent aussi il sera nécessaire de garder à proximité une partie du train des subsistances. On ne pourra employer pour la marche des unités de combat qu'une partie des routes existantes, et cela au moment même où l'on aurait besoin de tirer de l'ensemble du réseau routier le plus grand parti possible. Les préoccupations que causent les bagages et les trains, la nécessité de diriger ces impedimenta, si embarrassants à ce moment, sans couper et sans arrêter le mouvement des troupes, produisent alors une certaine sensation de malaise. On avait cru trouver le moyen le plus simple de surmonter cette difficulté en laissant tous ces impedimenta aussi en arrière que possible, tellement en arrière même, que les troupes étaient hors d'état de se ravitailler le lendemain en vivres et en munitions, et que les corps étaient privés de leurs voitures pendant des semaines entières.

Mais agir de la sorte, malgré les avantages de simplicité et de commodité que ce procédé paraît présenter au premier abord, c'est méconnaître la nécessité universellement reconnue et qui a conduit à pourvoir les grandes unités tactiques de trains de toutes sortes, les différents corps de troupes de certaines voitures d'administration (*Oekonomie-fahrzeug*).

Si l'on pouvait se priver de toutes ces choses, ou si l'absence de ces impedimenta ne devait pas occasionner, d'autre part, de graves inconvénients, il serait bon de ne pas les emporter, de ne pas les emmener en campagne. La solution, basée sur les expériences des guerres passées, que l'on doit donner à cette question, fait partie des travaux d'organisation du temps de paix ; c'est au commandement, au contraire, que revient la tâche d'en tirer le meilleur parti en temps de guerre. On ne peut néanmoins exiger de ce commandement que les troupes soient constamment en possession de toutes leurs voitures et que, pour parer à toute éventualité, même la plus improbable, de manque de munitions, toutes les dix colonnes de munitions du corps d'armée suivent immédiatement les troupes. Bien plus, les changements journaliers, continuels de l'état de choses rendront indispensables des ordres divers, variés, basés sur un compromis raisonnable entre les différents besoins auxquels on doit subvenir. Il est hors de doute que, dans cette lutte que se livrent des intérêts si divers, il faut alors avant tout s'occuper de maintenir les troupes en état de combattre. Mais, sous ce rapport, comme à bien d'autres points de vue, on aurait tort d'exagérer outre mesure le degré de préparation des troupes au combat, rien que pour être *toujours*, même quand ce n'est pas nécessaire, prêt à combattre. En agissant de la sorte, on ruine inutilement et prématurément ses propres troupes : elles sont en effet, momentanément seulement il est vrai, plus mobiles ; mais elles perdent bientôt et avec une rapidité inouïe ces aptitudes, ces qualités, qui ne peuvent se conserver longtemps que par cela même qu'on emmène les voitures. On aura donc réellement souci des intérêts des troupes, et c'est par là que se distinguent de bonnes dispositions de marche, quand on aura pris des mesures telles, que les troupes seront chaque soir en possession de leurs voitures et que les trains se tiendront assez à proximité des troupes, pour qu'elles puissent se servir des ressources qu'ils contiennent.

Quand on aura établi le contact avec l'ennemi, ou quand il s'agira de diminuer autant que possible, c'est ce qui arrive quand on va se déployer pour combattre, les profondeurs de marche de chacune des unités tactiques, on devra se séparer momentanément de tout ce qui n'est pas absolument nécessaire pour le combat. Les corps de troupes ne sont donc suivis directement que par leurs *chevaux de main* et leurs *voitures d'ambulance, les batteries,* par le *premier échelon des voitures de munitions, les pionniers,* par les *voitures des ponts, etc.* Les *voitures à cartouches* peuvent aussi suivre les corps auxquels elles appartiennent ; mais en général il vaudra mieux réunir ces voitures, comme le deuxième échelon des voitures des batteries, à la queue d'une grosse unité tactique (avant-garde, brigade, division) qu'elles suivront de très-près. Toutes les autres voitures d'état-major et des corps (le grand bagage, *grosse bagage*), placées dans le même ordre que les états-majors et les corps auxquels elles appartiennent, suivent à une certaine distance la queue de la colonne. Quand une seule route servira à plus d'une division, on intercale ses grands bagages, toutes les fois que les considérations tactiques le permettront, dans l'intervalle qui sépare la division des troupes qui la suivent. On n'aura de motifs pour laisser toutes les voitures à la queue de leurs corps, que quand on n'aura pas lieu de craindre d'avoir à livrer de combat et lorsque la division, etc., passant d'un rayon de cantonnement dans un autre, marche formée, rien que momentanément, en une seule colonne et n'a plus besoin de *s'exercer aux marches de guerre.* Si, au contraire, on doit, après avoir achevé la marche, prendre possession de bivouacs très-rapprochés les uns des autres, tout le grand bagage suit la colonne des troupes à petite distance.

Quand un combat paraîtra imminent, une partie *des colonnes de munitions* suivra d'assez près pour pouvoir, en cas de besoin, renouveler pendant l'action et sur certains points les munitions des troupes. C'est là d'ailleurs un cas qui ne se présente qu'exceptionnellement, et il suffira par suite, lorsqu'un corps d'armée dispose d'environ deux colonnes de munitions d'artillerie et d'une colonne de munitions d'infanterie, que ces colonnes suivent les troupes de combat de près, c'est-à-dire *qu'elles précèdent* le grand bagage des troupes, toutes les fois qu'un combat paraîtra imminent. Le grand bagage ne doit en effet se rapprocher des troupes que quand le combat a pris une tournure définitive. C'est également en vertu de ce principe, que quelques *lazarets de campagne* (en général 3 ou 4) suivent immédiatement les troupes de combat, et précèdent même les trois colonnes de munitions dont il vient d'être question.

Plus en arrière, mais assez près encore pour rejoindre les troupes dans la soirée ou au commencement de la nuit, viennent 2 *colonnes de munitions, 3 à 4 lazarets de campagne, 1 à 2 colonnes de vivres et de voitures du parc.*

On peut, malgré la répartition spéciale qui lui sera donnée, désigner le grand bagage, ainsi que les colonnes de munitions, les trains et les services administratifs dont nous venons de parler, sous le nom général de « *premier échelon des trains et colonnes* ». Ce premier échelon contient ce qu'il faut, même après de grands combats, pour subvenir pendant un jour aux besoins des troupes en personnel de santé, en fournitures pour les hôpitaux, en vivres, et pour remplacer les munitions consommées.

Les *colonnes de munitions, de vivres, les lazarets de campagne, les colonnes de pontons et le dépôt des chevaux,* dont dispose encore le corps d'armée, peuvent être considérés comme le « *deuxième échelon des trains et colonnes* ». Il suffit que ces colonnes, qui ne font pas d'ailleurs en général, à vrai dire, partie intégrante du corps d'armée; suivent les troupes à une petite journée de marche.

La division des deux échelons, comme toute répartition des troupes, est essentiellement variable. Une colonne qui se trouve, par exemple, vidée après avoir opéré le ravitaillement des munitions consommées, cesse d'appartenir au premier échelon, et est remplacée, pendant qu'elle se dirige sur le point où sont établies les colonnes du parc de munitions de campagne, par une colonne tirée du deuxième échelon, qui fait alors ce jour-là une marche double, à moins que ce mouvement ne s'exécute précisément pendant un jour où le premier échelon fait halte. On peut de même faire avancer, quand on en a besoin, la colonne de pontons et le dépôt des chevaux; et effectuer le remplacement, soit des lazarets de campagne qui cessent de faire partie du premier échelon en devenant des lazarets fixes; soit des colonnes de vivres qui ont été distribués aux troupes, etc., etc.

. La *colonne de boulangerie de campagne* sera rarement réunie en marche; une partie des hommes dont elle se compose (boulangers et bouchers) est attachée aux bureaux de vivres de campagne, surtout à celui de l'avant-garde ou de la division de tête. Le reste marche généralement avec le deuxième échelon, où il coopère au service des colonnes de vivres sur l'ordre du commandant du bataillon du train.

Il faut surtout, quand on marche sur une seule route, nommer un chef particulier à chacun des échelons dont il vient d'être question. Le commandant du bataillon du train paraît désigné tout naturellement pour exercer d'une manière permanente les fonctions de commandant du deuxième échelon. Le commandement du premier échelon sera, sur l'ordre du général commandant le corps d'armée, confié à un officier supérieur, ou, à défaut d'officier supérieur, au commandant de *l'abtheilung* des colonnes de munitions qui **marchent en** première ligne.

Le deuxième échelon devra, toutes les fois que l'on ne changera pas d'une manière soudaine la direction de la marche projetée, pouvoir arriver jusqu'au point qui lui est assigné par le dispositif de marche, et se tenir prêt à envoyer au premier échelon, quand on le lui demandera, certaines des parties dont il se compose. Quant à ce premier échelon, le dispositif lui assigne souvent des points sur lesquels les différents corps devront rester jusqu'à nouvel ordre. On choisit alors, tout comme dans le cas où il s'agit, au début d'une action, de laisser cet échelon momentanément en arrière, des points qui permettent de former le parc et de se diriger sans encombre dans toutes les directions, par suite et de préférence des points de croisée des routes entourés de terrains découverts et libres. Comme il faut toujours prévoir l'issue malheureuse d'un combat, on ne fait pas dépasser un défilé aux trains, etc., etc., à moins d'en avoir immédiatement besoin. On fait connaître alors aux troupes, toutes les fois que, comme cela se présente pour les colonnes de munitions, elles ont intérêt à le savoir, les points sur lesquels ces trains se tiennent tout prêts à marcher.

Il nous reste encore à parler de la question de *la protection des trains*. En détachant des forces à ce propos, on arrive non-seulement à affaiblir les troupes de combat, mais à détruire la cohésion des corps par cela même qu'il est impossible de donner comme escorte et comme garde, à chaque partie de ces trains, des bataillons ou des escadrons entiers. Par suite, comme l'armement donné aux hommes des colonnes et des trains leur permet de tenir tête à des partis ennemis, ce n'est que dans des cas tout à fait exceptionnels qu'il sera

nécessaire de constituer à ces trains une garde particulière. Ce qui, plus qu'une garde ou qu'une escorte particulière, contribuera à protéger réellement les convois,
ce seront des ordres de marche sages et rationnels,
une bonne organisation du service de sûreté, la discipline sévère et l'ordre parfait qu'on maintiendra pendant les marches, enfin les avantages qu'on remportera
sur l'ennemi.

Il faudra évidemment, quand on aura à battre en
retraite à travers un pays insurgé, donner une escorte
et une garde (l'infanterie sert alors de garde, pendant
qu'une force suffisante de cavalerie éclaire la route)
aux colonnes qui précèdent les troupes. On laisse alors
aux trains et aux colonnes une avance aussi grande
que possible. On fait arrêter près des points où se terminera la marche des troupes, les colonnes dont ces
troupes ont besoin, colonnes qui devront alors, après
avoir achevé leur mission, rejoindre leur échelon soit
en marchant de nuit, soit en doublant une étape.

2. Buts journaliers des marches et emploi du réseau routier.

C'est commettre une grave erreur que de partir, dans
la rédaction d'un ordre de marche, de l'idée que la
marche que l'on a à faire constitue un fait de guerre
isolé et doit par suite être considérée uniquement par
rapport à elle-même. Comme la situation, dans laquelle
on se trouve le soir après avoir achevé une marche,
influe forcément sur la nature et l'étendue de la marche que l'on prescrira de faire le lendemain, on ne
devra pas oublier que les ordres, qu'on donne pour le
lendemain, ne sont que les préliminaires, les prémices
de ceux qu'on donnera pour le surlendemain. On ne
saurait donc vivre au jour le jour sous ce rapport,
mais on doit, en tenant compte de la marche ultérieure
des événements, chercher à préparer la situation de la

manière qui paraît la plus favorable. C'est là une considération dont il importe de tenir compte lorsqu'il s'agit, et de fixer les *termes journaliers des marches*, et de régler *l'emploi du réseau routier*.

On doit alors peser les différentes considérations particulières tactiques et stratégiques qui, résultant de la situation militaire du moment, supposent parfois la nécessité d'atteindre dans un temps donné un certain point ou de s'établir sur une certaine position. En général, on ne pourra satisfaire à une semblable exigence qu'après *plusieurs jours de marche*, par cela même que toute opération *stratégique* embrasse des espaces assez vastes et dure par suite plus d'un jour. La détermination des termes *journaliers* des marches et le choix des routes à suivre dépendent alors, dès que l'on se trouve en contact immédiat avec l'ennemi, de considérations tactiques qui résultent de la situation du moment. Quand on ne sera pas en contact immédiat avec l'ennemi, ces considérations tactiques passent au second plan, et l'on doit alors se préoccuper surtout de ménager les forces des troupes. On doit alors, entre autres mesures à prendre, déterminer des étapes de marches moyennes, avec des points de haltes intermédiaires, se préoccuper du logement et des subsistances des troupes à la fin des marches, restreindre, autant que les circonstances le permettront, les exigences du service de sûreté, enfin prévoir les modifications que l'on peut avoir à faire subir à la direction de la marche du lendemain.

Quand il s'agira de déterminer le temps nécessaire pour parcourir une certaine distance, on ne devra pas, à moins d'urgence, aller au delà de 22 kilomètres et demi, c'est-à-dire au delà du chiffre moyen de la marche d'un jour. C'est même là au bout d'un certain temps, et quand on ne donne pas de jours de repos, un effort très-considérable, et qui ne devient même possible qu'à condition de donner, toutes les fois qu'on le pourra, aux différents corps de troupes certaines facilités de marche qui les soulagent sensiblement. C'est dans cette catégorie qu'il convient de ranger les marches en petites colonnes séparées ; il faut en effet imposer aux troupes des marches plus longues toutes les fois que l'on veut les réunir et les séparer. Il n'est pas nécessaire d'ailleurs que les gros corps de troupes soient constamment réunis et massés au début, pendant le cours et à la fin de la marche ; il sera préférable au contraire, tant qu'on ne sera pas dans le voisinage immédiat de l'ennemi de désigner à chacune des subdivisions des buts journaliers de marche différents les uns des autres, placés à peu près à même hauteur, faciles à relier entre eux, et de leur attribuer par suite *différentes lignes de marche*. Le mode d'application de ce principe variera surtout en raison du rapport qui existera entre l'effectif total du corps, les routes dont on dispose et le nombre des routes qui peuvent servir à toutes les armes (1). En tirant le plus grand parti possible du réseau des routes (c'est ainsi seulement que l'on pourra réussir à faire marcher toutes les troupes pendant les premières heures de la journée) (2), on agira dans l'intérêt de ces troupes et on augmentera sensiblement leurs qualités au point de vue des marches.

Quand on voudra diviser en étapes journalières la

---

(1) Voir à ce propos, comme à propos des routes de colonnes qui complètent le réseau routier, ce qui a été dit au chapitre VIII sur les reconnaissances des routes.

(2) Abstraction faite des cas où il s'agit d'arriver sur un certain point à heure fixe, les heures de départ sont fixées d'une manière variable, selon les saisons, la température et l'établissement des troupes. On quitte les bivouacs de meilleure heure que les cantonnements.

distance totale que les troupes doivent parcourir en plusieurs jours, on ne devra pas s'en tenir mécaniquement et servilement à l'étendue moyenne des marches journalières, à ce chiffre moyen qui résulterait uniquement du nombre de jours dont on dispose pour arriver à destination. On pourra au contraire faire succéder à une longue marche une journée où l'on ne fera que peu de chemin, lorsqu'une pareille manière de faire semblera avantageuse, comme par exemple, lorsqu'il s'agira de traverser rapidement une zone qui ne se prête guère aux opérations de guerre (grandes étendues de forêts, longs défilés, pays de montagne, etc.), d'atteindre une position défensive, d'arriver avant l'ennemi sur un point important, de se procurer et de s'assurer de meilleurs quartiers, des subsistances plus abondantes, etc., etc. L'existence ou l'absence d'eau en quantité suffisante a souvent été la seule cause d'étapes plus longues que les étapes ordinaires.

Parfois aussi on juge à propos de diviser en deux la marche de chaque jour. On doit appliquer cette mesure aux parties constitutives d'une grosse unité tactique, lorsque, par exemple, les deux routes, que suivaient deux colonnes, viennent à se réunir. L'une des colonnes doit alors attendre que l'autre ait passé. Au lieu de faire partir les troupes plus tard, il vaut mieux que la colonne qui doit marcher en queue parte à son heure habituelle, marche jusqu'au point de croisée des routes, y fasse halte, donne aux hommes le temps de manger un repas chaud, et se remette en mouvement pour arriver à destination lorsque la route est redevenue libre.

Quand on aura lieu de prévoir la possibilité d'un changement prochain dans la direction de marche, on devra chercher à placer les différents corps, etc., de manière à ce que, vu la nature des routes, on puisse se porter dans l'une ou l'autre des directions sans faire de grands détours, sans avoir à faire subir des modifications sérieuses à la répartition des troupes.

Quand on sera en contact immédiat avec l'ennemi, ce sera ce contact qui exercera une influence directe sur le choix des buts journaliers des marches, souvent parce qu'il sera nécessaire de décider s'il faudra chasser l'ennemi par la force d'une position qu'il occupe encore, bien que nous ayons désigné cette position ou même des points situés au delà comme buts de la marche. Il peut de même se faire qu'en marchant en retraite, nous soyons, ou obligés de nous retirer plus loin que nous ne l'avons projeté, ou forcés de combattre, si nous ne voulons pas céder plus de terrain à l'ennemi qui nous poursuit.

Aura-t-on, dans l'un comme dans l'autre cas, un combat à livrer, ou bien se laissera-t-on imposer par la volonté de l'ennemi le point où se terminera la marche, c'est là ce qui dépend uniquement des circonstances ; c'est là aussi ce que détermine souvent l'ordre du général en chef. Cet ordre, pour parer aux mesures vagues et incertaines que pourraient prescrire les chefs en sous-ordres, pour éviter les collisions qui pourraient se produire entre les différentes colonnes de marche, doit contenir, outre l'indication des points où se terminera la marche, la fixation des limites latérales de chacune des colonnes de marche, toutes les fois que le général en chef a établi lui-même cette division en colonnes, et les prescriptions relatives aux marches, aux haltes, au logement des troupes, et même aux subsistances, se tiennent alors tellement par la main, que l'on répartit dans ce cas, entre les différents corps de troupes et les colonnes de marche, non-seulement les routes, mais encore les localités situées sur le passage ou à proximité de ces routes.

On attribue à chacune de ces unités un rayon qui s'étendra autant que possible parallèlement à la direction principale de la marche, rayon dont le **corps** auquel il est attribué, disposera exclusivement pour ses marches, son logement, et même pour les réquisitions, et dans lequel il sera chargé d'assurer le service de sûreté, de maintenir l'ordre, etc. Ces rayons sont, tant qu'on fait la guerre en marchant, limités et fixés par le réseau routier; car la marche constitue alors (sans parler du combat auquel on ne fait arriver d'ailleurs le gros des troupes qu'à l'aide des routes) un fait de tous les jours, un acte qui à ce moment prime tout le reste.

Mais on aura généralement tort de prendre une route principale pour ligne de délimitation de deux rayons de marche, quand bien même on attribuerait l'usage exclusif de cette route à un seul des corps; toutes les petites communications latérales appartiennent en effet aux grandes routes de ce genre. Des lignes fluviales, des espaces boisés, des mouvements de terrain parallèles à la direction générale de la marche et en un mot tous les objets qui constituent par eux-mêmes des obstacles aux marches, sont plus propres à former les limites des grands rayons qui se trouvent dans la direction générale de la marche.

En faisant de ces lignes les limites des rayons, il arrivera bien rarement que l'on se prive de voies de communications qui auraient pu servir à la marche; les différents chefs doivent, en tenant compte des divisions établies par le commandement en chef, continuer à subdiviser ces rayons.

Ce qu'un seul chef, un général en chef, ne pourrait faire sous ce rapport et surtout l'impossibilité où il se trouverait de déterminer d'une manière absolue et détaillée, c'est-à-dire de régler, la marche simultanée vers des buts différents, des différentes colonnes séparées, en tirant complétement parti du réseau routier dont on dispose, on arrive à le faire en appliquant encore ici le principe de la division du travail, qui met en action toutes les forces du commandement et les fait coopérer isolément et séparément à la réalisation de l'idée commune inspirée par le général en chef.

Le commandant en chef intervient seulement par des ordres de détail, toutes les fois qu'on peut prévoir la possibilité d'une collision, qui, par exemple, peut se produire, quand un défilé est attribué à plusieurs colonnes, quand les directions de marche se croisent, etc.

On devra, dans le premier cas, fixer le moment de l'arrivée de la tête de chaque colonne à l'entrée du défilé. Ce principe, en vertu duquel on veut fixer pour chaque colonne le moment où sa queue devra avoir dépassé le défilé, devient inapplicable quand il s'agit d'une colonne qui marche en arrière, ou du moins n'est applicable qu'au prix de fatigues énormes, surhumaines, qu'on impose aux troupes, dès que la colonne de tête a éprouvé pour une cause quelconque un retard dans sa marche. Le moment où la queue de la première colonne devra avoir traversé le défilé est déterminé d'ailleurs par l'ordre même qui fixe le moment où la tête de la deuxième colonne doit commencer son mouvement. On doit, dans l'un comme dans l'autre cas, calculer exactement le temps qu'il faudra à chaque colonne pour défiler.

Il ne faut pas, parce que les *directions de marche se croisent*, que les *colonnes se croisent pendant les marches*. Il est bon de formuler ici ce principe, bien qu'il puisse sembler presque inutile de mettre en garde contre des fautes aussi graves qu'apparentes. Il est évident, en effet, que le temps que perd la colonne ou la partie de la colonne qui est forcée de s'arrêter, s'exprime par la profondeur de marche et la vitesse de marche de celle qui continue à marcher. Quand les deux colonnes doivent presser, hâter leur mouvement, un ordre, par suite duquel ces colonnes viendraient à se croiser en marche peut-être au moment où l'on se déploie pour combattre, constituerait une faute impardonnable. Toutes les autres considérations, qui semblent justifier un ordre semblable, doivent être laissées de côté et dans l'ombre dans de pareilles circonstances. Dans un moment critique, on pourrait avec autant de raison pousser en avant un corps qui se trouve fort en arrière dans une colonne de marche, et arrêter à cause de cela tout le reste des troupes, rien que parce qu'on préfère l'avoir plus près de soi.

On ne pourra cependant pas réussir à prévenir toujours la rencontre de deux colonnes en marche. Quand on livre une action décisive, surtout quand on se sert de réserves, il arrive souvent et facilement qu'à la fin du combat les troupes soient placées les unes à côté des autres dans un ordre bien différent de celui dans lequel elles marchaient précédemment. Comme on doit continuer le mouvement le lendemain, il s'agit de résoudre la question de savoir si on laissera les troupes, qu'on a portées en première ligne, dans l'ordre nouveau où elles se trouvent, et si par suite on devra en arrière faire croiser leurs colonnes, leurs trains, en un mot, leurs communications. Quand on se trouvera en présence d'une semblable question, on se décidera, généralement avec raison, à rétablir dans la colonne des troupes avancées l'ordre dans lequel elles se trouvaient dans le principe, opération qui ne saurait se faire sans que les directions de marche des différents corps se croisent sur certains points. Mais alors même les colonnes de troupes n'auront pas besoin de se croiser en marche; on devra au contraire chercher à fixer les heures de départ de chaque colonne de telle manière, qu'aucune des colonnes ne soit obligée de s'arrêter en route parce qu'elle est croisée par une autre. On arrive aussi parfois à parer en partie à cet inconvénient en fixant comme point de croisement un point rapproché du bivouac ou du lieu de *rassemblement* de l'une des colonnes. Cette colonne traverse alors en formation de rendez-vous, c'est-à-dire en dix fois moins de temps, la colonne de marche de l'autre troupe qui n'est plus obligée de s'arrêter que pendant peu de temps. Si l'on néglige, au contraire, ces considérations , les troupes auront à souffrir des longs arrêts qu'elles feront sur les routes; il se produira forcément des conflits fâcheux entre les chefs des colonnes, parce qu'aucun d'eux ne consentira volontiers à laisser l'autre colonne continuer tranquillement sa marche. Le commandant en chef doit donc régler avec le plus grand soin les croisements qu'on ne pourra pas éviter.

3. Mesures diverses et en particulier mesures de sûreté.

Nous avons déjà, en nous occupant de la force et de la composition des colonnes de marche, dit quelques mots des mesures de sûreté pendant la marche. Nous avons parlé du rôle de la cavalerie envoyée en avant, de la formation d'avant-gardes et de détachements de flanqueurs, etc. Ce seront d'ailleurs les différents chefs des corps qui devront entrer dans le détail de ces mesures de sûreté : on leur fera connaitre le but et l'objet de la marche, l'ordre de marche du gros, les renseignements qu'on s'est procurés sur l'ennemi, ou les craintes, les appréhensions qu'on a à ce propos. Malgré cela, il peut être utile de prescrire en outre l'envoi, sur certains points déterminés, de patrouilles d'officiers exécutant des reconnaissances, alors même que l'exécution du *service de sûreté* ne les rendrait pas indispensables. Parfois même on devra faire des reconnaissances sur des locomotives. Le commandant en chef devra en outre se garder de perdre de vue les conditions différentes qui régissent le service de sûreté pendant les marches et pendant les haltes. Cette question a même un côté essentiellement pratique, surtout à propos de la manière de relever les troupes employées au service de sûreté, qu'il faudra plutôt relever avant de commencer la marche, c'est-à-dire le matin, qu'après avoir terminé la marche, c'est-à-dire pendant l'après-midi ou le soir. En agissant autrement, on risquerait d'empêcher les troupes d'avant-garde qui pendant la marche auraient remarqué certains faits, certains mouvements chez l'ennemi, de continuer leurs observations, que la nuit interrompra naturellement plus tard. Enfin une marche *commence* souvent dans des conditions, toutes différentes de celles qui ont présidé à la marche de la veille. En présence d'une *situation nouvelle*, il n'y a aucun inconvénient à employer de nouveaux agents d'exécution.

Quand on marche en terrain inconnu, il sera souvent prudent, surtout quand on aura à traverser de grandes étendues de forêts, etc., dans lesquelles il est difficile de s'orienter, de se servir de *guides connaissant le pays*. Les cartes qu'on possède ne donnent pas toujours des chemins qui sillonnent les bois, une notion suffisamment claire pour qu'on puisse être sûr de ne jamais se tromper. Tant qu'on opérera dans son pays ou en pays ami, il sera facile de se procurer des guides et de se servir de ces individus : on trouvera même facilement des hommes à cheval qui rempliront ces fonctions. Mais on ne saurait compter sur un semblable concours en pays ennemi et souvent, même en employant la force et la violence, on ne parviendra pas à trouver des guides, par la seule raison qu'il n'en existe pas sur les lieux. De plus, il faudra s'assurer de la personne de ce guide, habitant d'un pays ennemi, pendant tout le temps qu'on aura besoin de lui, afin de le mettre dans l'impossibilité de vous induire volontairement en erreur. Il faudra donc, à cause des circonstances multiples qui pourraient faciliter sa fuite, faire marcher ce guide à pied, et les mains liées de préférence. On ne pourra donc pas donner de guides de ce genre à des corps de cavalerie qui se portent rapidement en avant. Si donc les corps de cavalerie les plus avancés doivent trouver leur route par eux-mêmes, ils pourront, en revanche, fournir aisément des guides aux colonnes qui les suivent, pourvu toutefois qu'on ait pris une fois pour toutes une mesure définitive et donné des ordres formels à cet égard.

Il importe peu assurément qu'une colonne de marche soit formée par la *droite* ou par la *gauche :* cette considération n'a en effet aucune influence ni sur les formations de combat, ni sur les déploiements de rendez-vous et au bivouac. Il en est autrement quand il s'agit de *rompre*, pour sortir d'un bivouac, pour quitter la formation de rendez-vous ou l'ordre préparatoire de combat. On devra alors, toutes les fois qu'on aura intérêt à éviter toute perte de temps, faire rompre par l'aile qui est la plus rapprochée de la direction qu'on va suivre.

Ce principe s'applique aussi bien aux grandes masses de troupes qu'à leurs subdivisions; il peut donc parfaitement arriver que, dans la colonne de marche d'une division, une brigade ait rompu par la gauche, et l'autre par la droite, pour peu qu'une pareille rupture présente des avantages tactiques. Gagner du temps est naturellement l'un des principaux avantages qu'on doit se proposer d'obtenir par de semblables ruptures.

Quand on n'aura aucun motif pour rompre plutôt par une aile que par l'autre, on fera bien d'alterner de temps à autre pour que ce ne soient pas toujours les mêmes troupes qui marchent en queue de la colonne. La marche, en effet, y est plus pénible et plus désagréable. Il est donc évident qu'il importe d'apporter une certaine variété dans les places occupées par les troupes. Mais là encore il faudra profiter d'une occasion favorable, parce que l'on risque sans cela de tomber dans d'autres désavantages. On aurait tort, par exemple, d'opérer ce changement après une marche. à la fin de laquelle les troupes ont bivouaqué ou sont cantonnées en échelons constitués par les différents corps et correspondant à la profondeur de la colonne. Si le lendemain, quand on continuera à marcher dans la même direction, on veut faire prendre la tête de la colonne aux troupes qui se trouvaient en queue, on exigera de ces troupes une marche tellement fatigante qu'il eût mieux valu pour elles les laisser en queue. Ces changements doivent s'effectuer de préférence quand les troupes occupent des bivouacs situés à même hauteur, quand après une action sérieuse on modifie la direction de la marche, etc., etc., en un mot quand il se présentera une circonstance qui en facilitera l'exécution.

4. Marches accélérées.

La moyenne des marches qu'une grande armée peut exécuter dans un certain laps de temps et sans faire de grandes haltes ne s'élève guère au-dessus de 15 kilomètres par jour et est même en général inférieure à ce chiffre, dans lequel on comprend quelques jours isolés de repos. On désigne par *marches accélérées* toutes les marches, plus longues que ces marches moyennes. Quand on ne disposera pas de ces ressources que, vu

la force numérique des armées actuelles, les chemins
de fer sont seuls en état de fournir aujourd'hui, les
marches accélérées ne pourront durer que peu de temps
et ne pourront être exécutées que par des corps isolés.

Des militaires instruits, poursuivis par l'idée, juste
en elle-même, d'augmenter les aptitudes des troupes
sous ce rapport, ont essayé jadis d'atteindre à ce but
à l'aide de formules déterminées, d'où ils prétendaient
tirer le rapport qui doit exister entre les marches dont
sont capables les hommes et les chevaux et le repos
dont ils ont besoin, et dont ils voulaient se servir pour
baser sur elles un calcul général. Aujourd'hui on a
cessé de marcher dans cette voie : on se dit maintenant que, dans chacun des cas particuliers, on doit
considérer, d'une part, s'il convient d'accélérer une
marche, c'est-à-dire, de faire une marche qui dépasse
la moyenne ordinaire, par suite voir jusqu'à quel
point la situation du moment oblige à forcer ces marches, et juger, d'autre part, si dans ce cas l'affaiblisse-
ment forcé qui en résultera pour les troupes est en
rapport direct avec le but qu'on se propose d'atteindre.
Quand on aura mûrement pesé toutes ces considérations, on pourra alors prescrire des marches forcées,
mais on devra les exécuter avec énergie, tout en cherchant à atténuer le plus possible les fatigues des hommes.
On arrive à ce dernier résultat en choisissant les meilleurs
chemins, en cherchant à procurer aux troupes de bons
quartiers, des vivres abondants, en faisant transporter
sur des voitures les bagages de l'infanterie. Mais quand
bien même on arriverait, sous ce rapport, à un résultat des plus avantageux, il est certaines limites que la
nature a imposées aux forces des hommes et des chevaux
et qu'on ne saurait dépasser sans mettre les troupes
dans un état tel, qu'il deviendrait impossible de les faire
combattre tant à cause de la diminution des forces par

suite de la disparition complète des éléments les plus faibles qu'à cause de l'affaissement absolu des éléments les plus robustes.

Nous allons chercher maintenant quel peut être le maximum de marche d'un jour, c'est-à-dire de 24 heures, à l'époque la plus favorable de l'année (printemps ou automne), quand le temps est beau, à un moment par conséquent où l'on peut commencer la marche dès le matin après avoir laissé aux troupes le repos de la nuit. Quand il ne s'agira que de *cavalerie* ou d'*artillerie à cheval*, on peut, si l'on part à 6 heures du matin, parcourir jusqu'à 11 heures 30 kilomètres. Une grande halte, qui durera jusqu'à 3 heures de l'après midi, permettra de faire la soupe, de donner l'avoine aux chevaux et de les faire boire. De 3 à 7 heures de l'après-midi, on pourra encore parcourir 20 kilomètres. Les troupes auront fait alors en 13 heures 50 kilomètres, et il faut considérer de plus que, quand on se trouve dans le voisinage de l'ennemi, certaines parties de ces troupes chargées du service de sûreté et de reconnaissance, auront eu à parcourir des distances plus considérables encore. C'est là une marche que l'on peut d'ailleurs sans inconvénient faire exécuter de *temps à autre* à une cavalerie bien entraînée. Ce sera uniquement, dans des cas d'urgence extrême, qu'après avoir donné à ces troupes un repos de 5 heures, on pourra les remettre en mouvement à minuit et leur faire reprendre la marche. Jusqu'à 6 heures du matin, cette cavalerie pourra parcourir encore 30 kilomètres et aura donc en *un jour* (c'est-à-dire en 24 heures) fait une étape de 80 kilomètres. Il va de soi que de même que selon les circonstances on pourra, en raison du temps dont on dispose à cet effet, régler autrement la marche, de même aussi il sera impossible de répéter fréquemment des marches aussi fortes : car la cavalerie qui a marché de minuit à 6 heures du matin après avoir parcouru la veille, de 6 heures du matin à 7 heures du soir, 50 kilomètres, ne pourra plus, avant de s'être reposée, d'avoir fait manger et boire ses chevaux, franchir encore 30 kilomètres en 5 heures. Ce qui constitue d'ailleurs un fait parfaitement acquis, c'est qu'on ne peut faire faire pendant plusieurs jours de grandes étapes aux troupes, qu'en leur assurant un repos complet et le plus long possible pendant la nuit.

L'infanterie peut, quand tout favorise sa marche, et en partant à 6 heures du matin, parcourir jusqu'à 10 heures 20 kilomètres. Elle a besoin alors d'une halte de 4 heures pour faire la soupe et peut, en marchant de 2 à 6 heures de l'après-midi, parcourir encore 15 kilomètres. Elle aura donc fait alors depuis le matin 35 kilomètres. En admettant qu'on la remette en marche à minuit et qu'on ne l'arrête qu'à 6 heures du matin, elle aura pu faire encore 15 kilomètres, ce qui constitue pour les 24 heures une marche de 50 kilomètres qu'elle serait dans l'impossibilité absolue de répéter à bref délai.

On aurait également tort de croire que, quand les jours sont plus longs, les troupes peuvent dépasser le minimum que nous venons d'établir : la grande chaleur éprouve en effet alors plus rudement les hommes comme les chevaux.

On devra donc considérer 50 kilomètres et 80 kilomètres comme l'étape la plus forte que l'infanterie d'une part et la cavalerie de l'autre pourront fournir exceptionnellement, et quand tout favorisera la marche, en 24 heures. Quand on voudra continuer la marche, il faudra au contraire laisser aux troupes plus de repos. En n'attribuant même à cette halte qu'une durée de 3 à 4 heures, on verra de suite qu'il eût mieux valu laisser reposer les troupes pendant la nuit et ne les faire partir que plus tard, c'est-à-dire vers 4 heures du matin. Les 9 ou 10 heures de repos, dont auront joui les troupes, leur permettront alors de marcher de 4 à 11 heures du matin, et l'on devra s'estimer heureux si les troupes peuvent alors franchir en 7 heures la distance qu'elles ont parcourue la veille en 4 à 5 heures. Quand on recommencera à marcher dans l'après-midi, on ne pourra obtenir des résultats analogues à ceux du premier jour qu'à condition de marcher plus long-temps, et il faudra par suite laisser les troupes se reposer toute la nuit jusqu'à 6 heures du matin, si l'on doit continuer à les faire marcher encore le 3e jour. On pourra donc prendre comme *maximum des marches de deux jours* pour l'infanterie 70 kil., pour les troupes à cheval 100 kil., distances auxquelles on peut encore ajouter les 15 kil. (pour l'infanterie) et les 30 kil. (pour les troupes à cheval) que l'on pourra faire jusqu'à 6 heures du matin dans la nuit du 2e au 3e jour, étant donné toutefois que les troupes s'arrêteront ensuite ; s'il en est autrement et quand les troupes auront eu une nuit de repos, elles ne pourront faire le 3e jour que 30 kil. (infanterie) ou 40 kil. (troupes à cheval), mais dans ce cas ces troupes seront de plus en état de marcher et de combattre le 4e jour.

Bien que l'on puisse trouver dans ce qui précède quelques données arbitraires que viennent modifier dans un sens défavorable les fatigues résultant des marches antérieures, l'insuffisance des logements et des subsistances, les rigueurs de la température et le mauvais état des chemins, on doit néanmoins admettre que les marches de nuit n'augmentent que provisoirement et momentanément le maximum que peuvent atteindre les marches et que, toutes les fois qu'on voudra pendant plusieurs jours imposer aux troupes les marches plus longues, dans l'intérêt même du résultat final, il faudra accorder à ces troupes un repos régulier de 8 à 10 heures. Le résultat est également moins satisfaisant, quand pour une raison quelconque on jugera bon, soit après une marche, soit pendant la grand'halte de midi, de faire occuper à toutes les troupes, dont se compose une grande unité qui marchait en colonnes de route, une position unique de rendez-vous, des bivouacs communs. Cette dernière considération n'a naturellement aucune action nuisible, aucune valeur, quand il s'agit d'unités moins considérables, ou quand une colonne plus forte s'est formée, pour faire halte et pour atteindre les buts journaliers de marche, en petits échelons correspondant aux profondeurs de marche de chacun de ces échelons. On arrivera même, pour les unités peu considérables, à augmenter encore pendant un ou plusieurs jours leurs aptitudes sous le rapport de la marche, en déchargeant l'infanterie du soin de préparer sa nourriture, par cela même qu'on lui donnera les subsistances de quartier, et en procurant ainsi aux hommes un repos plus complet. Mais on ne procédera de la sorte que quand des corps de troupe d'une force moyenne, que l'ennemi laisse tranquilles, peuvent s'étendre sur des espèces relativement considérables dont ils peuvent alors tirer plus complétement parti tant au point de vue de leur logement que de leurs subsistances, d'autant plus que, couverts par la cavalerie qui se trouve alors à une journée de marche en avant, l'intendance et l'état-major général pourront prendre toutes les mesures préparatoires convenables.

Des corps d'élite de cavalerie, de petits détachements d'infanterie transportés sur des voitures, peuvent en un ou deux jours parcourir des distances très-considérables; mais, en raison même de la faiblesse de leur effectif, la mission qu'on aura confiée à ces corps ne

saurait être que secondaire. Ces corps ne pourront **rester** longtemps séparés du gros du corps, qui **naturellement** marche plus lentement, à moins toutefois qu'ils ne soient constitués en colonnes volantes. Mais de telles colonnes ne peuvent rendre de services qu'à l'intérieur du pays, grâce à l'appui que leur prêtent les populations, et l'expérience a prouvé qu'elles avaient souvent besoin de prendre un jour entier de repos.

On devra également donner, au bout de quatre ou de cinq jours de marche au plus, à une grosse unité tactique à laquelle on aura imposé des marches accélérées, un jour complet de repos qui servira surtout à permettre de réparer le matériel endommagé par des marches forcées de ce genre.

On devra pendant ce temps examiner avec attention la chaussure des fantassins et les fers des chevaux. L'usure du matériel ne résulte pas alors que des *trois ou quatre jours de marche*, mais encore de la *distance parcourue pendant ce laps de temps*, distance qui égale alors celle qu'on franchit en général en 6 à 8 jours, quand on s'en tient aux marches ordinaires ; il faut encore remarquer, de plus, que les jours où l'on fait des étapes doubles, la fatigue et le manque de temps empêchent les hommes de donner au matériel les soins dont ils n'auraient pas manqué de s'acquitter après avoir fait une marche ordinaire.

Disons encore que des marches forcées ne sont possibles qu'avec des troupes parfaitement disciplinées. Toutes les fois que la discipline laissera à désirer, toutes les fois que la subordination aux ordres des chefs ne sera pas absolue, et n'aura pas pénétré dans le cœur et dans l'esprit des hommes, assez complétement pour que la volonté l'emporte toujours sur la chair, sans parler même ici des différentes éventualités défavorables qui peuvent se produire à l'improviste, on laissera la plus grande partie de son monde en route. On aurait, en pareil cas, mieux fait de ne pas vouloir atteindre un résultat aussi difficile.

5. Emploi des chemins de fer.

On doit se garder de s'exagérer la proportion dans laquelle les chemins de fer peuvent contribuer à transporter çà et là pendant les opérations de grosses masses de troupes. Il faut considérer tout d'abord qu'en temps de guerre on ne saurait supprimer complétement et d'une manière constante le service ordinaire des lignes, service dont dépend, du moins en partie, l'existence même de la population civile. L'administration militaire et le commandement ne peuvent souvent, après de longues discussions, parvenir qu'à obtenir une cession partielle de l'emploi de la ligne, cession en vertu de laquelle l'autorité militaire peut réquisitionner cette ligne à tout moment et en disposer alors a son gré. Mais si l'on considère que l'*administration de l'armée* absorbe d'une manière presque permanente la plus grande partie du matériel roulant disponible qui sert au transport des approvisionnements divers nécessaires à cette armée, on verra de suite que le *commandement* ne disposera que de bien peu de chose pour le transport de grosses masses de troupes.

Ce fait se présente surtout, lorsque les opérations offensives ont réussi, lorsqu'on occupe le pays ennemi, et qu'après les avoir réparées, on devra confier l'exploitation des voies ferrées de l'ennemi à un personnel et à un matériel qu'on fait venir de son propre pays. Quand on se retirera devant l'ennemi à l'intérieur de son pays, on refoulera en arrière, avant ou avec l'armée, le personnel et le matériel des lignes qu'on est obligé d'abandonner à l'ennemi et on les fait alors concourir au service des lignes de l'intérieur.

Mais tout transport de troupes qu'on n'avait pas prévu et qu'on règle seulement pendant les opérations, ne saurait s'effectuer dans des conditions aussi avantageuses que celles dans lesquelles s'était effectuée la concentration de l'armée au commencement des hostilités. En effet, le transport des troupes réparties dans les différentes garnisons s'effectuait alors sur le réseau entier des voies ferrées et à l'aide de tout le matériel d'exploitation qui amenait ces troupes, en suivant les principales artères, jusque sur le théâtre des opérations ; dans l'espèce qui nous occupe, au contraire, il s'agira d'effectuer le transport d'un point à un autre d'une grosse masse de troupes déjà massées et concentrées, sur un seule ou, dans le cas le plus favorable, sur plusieurs lignes ferrées, mais toujours à l'aide d'un matériel moins abondant. Quand l'effectif du corps de troupes ne sera pas par trop nombreux et quand la distance à parcourir sera considérable (c'est ce qui se présente par exemple lors du transport de troupes d'un théâtre de la guerre sur un autre), on gagnera évidemment beaucoup de temps en transportant les troupes à l'aide des voies ferrées. Mais il peut aussi se faire que, quand les distances seront moindres et les effectifs des corps plus considérables, le transport par voie ferrée ne fasse guère gagner de temps, mais qu'en revanche la perturbation de service, qui résulterait de ces transports, retarde sensiblement la concentration de tout l'ensemble des forces sur le nouveau théâtre des opérations. L'improvisation de ces transports de masses, sans parler même des troubles que l'action de l'ennemi peut y apporter, présente donc des difficultés de toute nature qui disparaissent dans une certaine mesure, quand, comme par exemple cela se présente pour la défense des côtes, on a pu préparer des transports de ce genre et lorsqu'on est sûr de pouvoir les exécuter sûrement et rapidement.

Ces transports, comme tous ceux qu'on peut avoir à faire au cours des opérations, s'effectuent en somme d'après les principes mêmes qu'on applique lors de la concentration de l'armée. Quand les lignes et les points de débarquement seront couverts, on pourra amener par les voies ferrées, jusque dans les environs mêmes d'un champ de bataille, les unités tactiques peu nombreuses qu'on fait arriver pour renforcer les troupes engagées.

6. Grands transports par mer.

Ce n'est pas rien qu'à cause du développement de la marine allemande, ce n'est pas rien que parce que nous pourrons par suite, dans une guerre à venir, *jeter des troupes sur les côtes ennemies*, que nous croyons devoir étudier ici les transports par mer. Mais la *défense des côtes* est liée intimement à ces questions en tant qu'il s'agit de l'embarquement, du transport et du débarquement de troupes ennemies. Bien que ces questions intéressent en première ligne la marine, il est bon cependant que l'officier d'état-major possède à ce sujet certaines notions générales.

Il s'agit d'abord *du choix et de l'aménagement des transports.* Quand la marine de guerre ne possédera pas de navires-transports, il faudra armer en transports certains navires de guerre, qu'on ne doit pas employer pour combattre, ainsi que des bateaux à vapeur de la marine marchande (1). Par suite même de

---

(1) On porte au chiffre de 120 à 130 hommes l'équipage des vapeurs de la marine marchande, en y embarquant les matelots de l'Etat.

leur construction, les vaisseaux de guerre ne peuvent transporter autant de troupes que les navires de la marine marchande. Ces derniers bâtiments (plus ils seront grands, mieux cela vaudra) serviront donc de préférence au transport des troupes. On affecte les plus grands au transport de l'infanterie, parce qu'on veut éviter le plus possible d'avoir à séparer des fractions constituées et parce que c'est aussi l'infanterie qu'on peut débarquer le plus rapidement. Les chevaux, dont on doit chercher à diminuer le nombre le plus possible quand il s'agit de transports maritimes, sont embarqués sur les bateaux de dimensions moyennes, tandis que l'on affecte plus particulièrement les plus petits navires, sur lesquels les chevaux seraient trop secoués, au transport du matériel.

Chacun de ces navires doit être aménagé d'une manière spéciale en vue de ces transports de troupes. Il faut en effet établir alors des ponts qui auront en général une hauteur de 2^m 1/5. Il faut y disposer des cabines, des écuries, des appareils de ventilation, augmenter le nombre des cuisines et des latrines, y installer des lazarets, etc., etc.

Le nombre d'*hommes, de chevaux, de bouches à feu, de voitures* que peut recevoir chaque navire dépend de ses dimensions, de sa grandeur, et de sa construction. On compte en général qu'avec une hauteur de pont de 2^m 1/5, il faut par homme 1,2 à 1,4 mètre carré ; par cheval, 4,8 à 5 mètres carrés.

Quand le pont aura une hauteur de 1^m 4/5, il faudra compter pour chaque bouche à feu sans avant-train 6 mètres carrés, pour chaque avant-train 3 mètres carrés.

Le nombre et l'étendue des ponts donnent, par suite, le total d'hommes, de chevaux et de bouches à feu que l'on peut transporter. Le tonnage d'un navire fournit d'ailleurs sous ce rapport des données approximatives, 1 tonne = 2 quintaux, 2 tonnes = 1 laste. On compte alors qu'un homme = 1/4 à 1/2 tonne, 1 cheval = 4 hommes, 1 grande voiture = 6 hommes, 1 batterie attelée = 800 hommes, 1 escadron = 800 hommes.

D'après ces données les grands transatlantiques allemands pourront donc, après avoir été aménagés en transports, recevoir outre leur équipage qui se compose de 120 à 130 hommes, 1 bataillon, ou une batterie, ou un escadron. Ces bâtiments ont 100 mètres environ de longueur, 12 mètres de largeur et 6 mètres de tirant d'eau. Les paquebots de dimension moyenne (longs de 70 à 80 mètres, larges de 9 à 11 mètres, tirant de 5 à 6 mètres) peuvent transporter les deux tiers d'un bataillon, etc., les plus petits vapeurs (sur lesquels on ne peut établir qu'un seul pont) ne peuvent contenir que le tiers d'un bataillon, etc., etc.

Quand on transportera un corps composé de troupes de différentes armes, on évitera autant que possible de diviser les fractions constituées par cela même qu'un morcellement de ce genre présenterait de graves inconvénients lors du débarquement et surtout dans le cas où, après avoir débarqué, on aurait à se servir immédiatement des troupes.

Les transports doivent être pourvus, en vue du débarquement, de certains moyens particuliers, parmi lesquels il faut ranger tout d'abord les embarcations et les chaloupes à vapeur. Les premières servent au débarquement de l'infanterie, les secondes remorquent, en outre, jusqu'aux jetées de débarquement qu'on doit établir dès qu'on a mis le pied sur la rive, les prames et radeaux qu'on fabriquera pour débarquer les chevaux, les pièces et le matériel. Ces travaux sont exécutés en général par l'équipage avec l'aide des pionniers s'il s'en trouve à bord.

Les grands paquebots de la marine marchande ont en général 8 embarcations, mais pas de chaloupe à vapeur. En aménageant le navire en transport, il faudra combler cette lacune et donner à chaque bâtiment 10 embarcations et 1 chaloupe à vapeur.

Les vaisseaux de guerre, qui escortent une semblable flotte de transport, mettront à la disposition de ces transports au moment du débarquement leurs embarcations et leurs chaloupes à vapeur.

Quant aux prames et aux radeaux, on les construira à bord et en route à l'aide du matériel embarqué sur le navire.

Une prame ou un radeau devra pouvoir recevoir une pièce de campagne au complet avec ses attelages et ses servants, ou 50 chevaux, ou 10 chevaux et 10 cavaliers quand la profondeur de l'eau ne sera que de 1/2 ou 1/3 mètre. Quand la profondeur sera plus considérable, il faudra allonger les jetées, dont les dimensions varient d'ailleurs en raison de la nature des côtes. C'est pour cette raison et pour d'autres encore qu'on doit, avant d'opérer un débarquement, faire la *reconnaissance des côtes*. Les canonnières, envoyées comme éclaireurs, doivent relever à quelle distance des côtes on trouve la ligne de profondeur de 4 brasses, ainsi que la distance de la côte des points où la profondeur devient moindre de 1^m 1/2. La première ligne détermine les points où devront jeter l'ancre et s'embosser les transports (dont le tirant moyen d'eau est de 3 brasses = 18 pieds = 5 à 6 mètres). Les jetées de débarquement doivent s'étendre jusqu'aux points où l'eau a une profondeur de 1^m 1/2, afin que les prames et radeaux puissent accoster plus facilement même quand la mer est houleuse. Il est évident que les opérations du débarquement seront plus rapides et plus faciles, plus les deux lignes, dont nous venons de parler, seront voisines de la côte.

Lorsqu'à la suite de la reconnaissance, on a déterminé le point de débarquement, les vapeurs-éclaireurs et quelques embarcations viennent marquer la ligne d'ancrage de la flotte (sur un ou deux rangs). Lorsque cette flotte s'est mise en ligne, les navires laissant entre eux un intervalle égal à trois fois leur longueur, et une distance de 2 encâblures entre les lignes (375 mètres), on commence les opérations du débarquement. Chaque embarcation contient en moyenne 30 fantassins. Un grand transport possédant 10 embarcations, peut donc débarquer en une fois à l'aide de ces 10 embarcations, et des 3 prames et radeaux remorqués par la chaloupe à vapeur, 450 hommes. Le temps nécessaire pour effectuer ce débarquement varie en raison de la distance qui sépare la côte des transports et en raison du temps. Par une belle mer et quand la distance de la côte est de 1,000 mètres, on peut admettre les chiffres suivants.

1° Pour les prames, durée de chargement, 15 minutes; temps pour les remorquer jusqu'aux jetées, 15 minutes; déchargement, 10 minutes; retour au transport, 10 minutes; durée totale d'un voyage, 50 minutes.

2° Pour les embarcations, durée de chargement, 25 minutes; traversée à la rame jusqu'aux jetées, 20 minutes; déchargement, 15 minutes; retour, 15 minutes; durée totale d'un voyage, 75 minutes.

L'embarquement des chevaux et voitures prend plus de temps.

Il faut donc, pour débarquer un bataillon (1,052 hommes, 36 chevaux, 7 voitures), environ 6 heures, qui peuvent se réduire à 5 heures, si l'on a commencé le débarquement des hommes avant l'achèvement des jetées. Les hommes doivent alors débarquer dans l'eau et gagner ainsi la terre.

Il faudra, pour débarquer de petits corps d'infanterie, en se servant de toutes les ressources des navires de guerre et des transports, bien moins de temps; mais la durée de l'opération ne saurait être inférieure à la durée d'un voyage.

Pour débarquer un escadron, il faut, quand on dispose à la fois de 6 prames ou radeaux, remorqués les uns par la chaloupe à vapeur, les autres par des embarcations à rames, environ 5 heures. Il faut environ le même laps de temps pour débarquer une batterie.

Il en résulte donc que, même dans les circonstances les plus propices, un grand débarquement ne saurait se faire en moins de 6 heures, calculées depuis le moment où les transports ont jeté l'ancre. Des préparatifs incomplets, l'accroissement des distances qui séparent les navires de la côte, des difficultés que présentera la construction des jetées de débarquement, un temps défavorable, retarderont sensiblement une semblable opération. Enfin, si l'ennemi réussit pendant ce temps à concentrer des troupes suffisantes, il sera permis de douter du succès de ce débarquement.

Mais, quand on aura réussi à débarquer la partie combattante des troupes, il faudra avant tout se hâter de gagner du terrain en avant, et de s'avancer assez loin pour que l'on puisse protéger contre les attaques possibles de l'ennemi du côté de la terre le débarquement des colonnes, des trains et du matériel de l'armée. On doit aussi chercher immédiatement à s'établir solidement et fortement sur la côte, non pas tant pour se créer une base pour les opérations offensives que l'on va entreprendre, que pour s'assurer en cas d'échec un réduit qui permettra de se défendre jusqu'à ce que les troupes aient pu se rembarquer. Ce ne sera que grâce à un heureux hasard que le point choisi pour le débarquement remplira les deux dernières conditions, ou pourra être mis en état de défense à l'aide de quelques travaux rapides de fortification improvisée.

Souvent il sera bon, avec l'appui des navires de la flotte, de s'emparer, en les attaquant à la fois par terre et par mer, d'un point fortifié situé sur la côte, de préférence d'un port ou de l'embouchure d'une rivière. En tous cas on devra fortifier immédiatement et occuper fortement le point qui doit servir de base aux opérations ultérieures.

V. — Repos et abris.

Le repos est pour les hommes comme pour les chevaux un besoin indispensable, qu'en temps de guerre il importe de satisfaire. Mais c'est précisément parce que, par suite des circonstances particulières du temps de guerre, il est plus difficile d'accorder aux troupes un repos normal et uniforme, que tout chef de corps devra se faire un devoir d'assurer à ses troupes, toutes les fois que les circonstances le permettront, tout le repos qu'il sera possible de leur procurer en raison de la situation. C'est dire, qu'on devra éviter surtout les marches de nuit, les alertes nocturnes : la nature humaine et nos habitudes ne nous permettent pas de nous passer du *repos de la nuit.*

On ne saurait séparer de la question du repos celle de l'abri, du logement. Plus ces abris, ces logements seront bons, plus le repos sera salutaire et réparateur et plus l'état sanitaire des troupes aura de chances de se maintenir dans de bonnes conditions. Il résulte de ces considérations que l'on devra tendre, par suite, à bivouaquer le moins possible. L'expérience a démontré, en effet, que les bivouacs en plein air, surtout pendant la mauvaise saison, font fondre les effectifs plus que les batailles les plus sanglantes.

Jadis, alors que les effectifs des armées étaient peu considérables (c'est-à-dire jusque vers l'époque de la révolution française), on campait pendant toute la durée de la période effective des opérations sous des tentes qu'on transportait sur des voitures spéciales ou sur des chevaux de bât. A l'entrée de l'hiver, les opérations cessaient, les armées prenaient leurs quartiers d'hiver, complétaient leurs effectifs en chevaux, en hommes et en matériel, et se préparaient à la nouvelle campagne qu'on allait entreprendre pendant le printemps suivant.

Mais même pendant cette partie de l'année où la température favorise les opérations, les armées prenaient, après avoir opéré pendant un certain temps, des quar-tiers, dits de rétablissement (*Erholungs-Quartiere*), qui, bien que l'on n'eût conclu ni trêve ni armistice, séparaient pour un certain temps et dans leur intérêt commun (on le disait du moins), les deux armées belligérantes. Dans de pareilles conditions, on pouvait, sans causer de pré-judice à la santé des troupes, les faire camper sous la tente pendant la belle saison. Enfin la faiblesse numé-rique des armées et la régularité méthodique, qui pré-sidait alors aux opérations de guerre, permettaient aux armées de marcher avec un train suffisant pour assurer tous leurs besoins.

La révolution française, en créant des armées à l'aide de la levée en masse, rompit avec le système des camps sous la tente, parce qu'il aurait fallu alors augmenter par trop la lourdeur des trains et entraver considéra-blement la liberté d'action des troupes. On jugea avec raison, qu'au lieu d'emmener 6,000 chevaux chargés de tentes, il valait mieux donner à une armée de 100,000 hommes, 6,000 cavaliers, ou une centaine de bouches à feu de plus. Mais, comme il n'en fallait pas moins chercher des abris pour les troupes, on *can-tonna* le gros des forces. On déchargeait ainsi l'admi-nistration militaire d'un fardeau qu'on faisait peser désormais sur le pays, et l'adoption de ce principe eut pour conséquence de modifier le régime des subsis-tances et de substituer aux subsistances de magasin le système des réquisitions.

On ne se croyait plus obligé de *bivouaquer* que lors-qu'il s'agissait de se tenir tout à fait prêt à combattre (il s'agit ici surtout des troupes chargées du service de sûreté et de reconnaissances), ou bien quand on concentrait de grosses masses sur des espaces peu considérables (ce qui avait lieu pendant les quelques jours qui précédaient ou suivaient des affaires décisives), lorsque les localités ne possédaient pas des ressources suffisantes pour loger tout le monde.

On ne prend dès lors pour ainsi dire plus de *quartiers d'hiver* proprement dits. Les grandes armées ne tardent pas à livrer des batailles décisives, mais alors même que l'on ne réussissait pas pendant la bonne saison à terminer la campagne, ou bien lorsque la guerre éclatait à l'entrée de l'hiver, on cessa désormais de considérer la mauvaise saison comme un obstacle capable de s'opposer aux opérations ou d'en arrêter la continuation. Il est vrai de dire que, pendant le cours même de ces opérations, il se produit à toute époque de l'année de courts entr'actes pendant lesquels les troupes se reposent dans des cantonnements. Mais il faut pour cela, ou qu'on ait conclu une trêve, ou que les événements antérieurs aient mis entre les armées des espaces qui sont en général le prélude d'une nouvelle série d'opérations.

Les troupes qui prennent part aux opérations alternent les cantonnements avec les bivouacs : en général on prend un moyen terme, ce qu'on appelle le *camp de localité* (*ortschaflhlager*). Ce mode de procéder consiste à loger dans chacune des localités, pour *une nuit seulement*, le plus de monde possible, tandis que celles des troupes du même corps qu'on ne peut abriter, bivouaquent dans le voisinage immédiat du village, de préférence dans les cours des fermes et les jardins, afin de pouvoir se protéger au moins en partie contre les intempéries et tirer parti des ressources existantes dans la localité.

On *campe* encore aujourd'hui, quand on a à opérer pendant un certain temps sur le même point, ce qui a lieu, par exemple, quand on investit une place forte. Tandis qu'on cantonne le gros des forces, on fait baraquer le gros des soutiens, et les bivouacs des avant-postes deviennent ensuite un camp de huttes de paille ou de broussailles.

Des camps de tente peuvent, pendant la belle saison, servir à abriter les prisonniers de guerre. A l'entrée de l'hiver il faudra élever des baraques.

A. — *Cantonnements.*

La nature des cantonnements, tant au point de vue de la densité des troupes qu'à celui de la répartition des différentes armes, etc., et qu'à celui des mesures à prendre, dépend en temps de guerre de la situation générale et des ressources qui se présentent.

Il me semblerait puéril de vouloir caractériser par des chiffres les cantonnements resserrés ou étendus. La seule chose qu'il importe de considérer, c'est le temps qu'il faut pour concentrer un corps de troupes, le faire sortir de ses cantonnements, le déployer pour combattre, ou le mettre à même d'entreprendre une opération quelconque. C'est cette considération qui influe d'une manière décisive sur l'étendue même du rayon des cantonnements, sur le degré de densité des troupes auxquelles on fait occuper ces cantonnements.

Quant au principe, en vertu duquel on doit chercher à étendre les cantonnements autant que la situation le permet, il ne cesse pas d'être toujours la règle générale. Il peut cependant se faire, que lorsque l'on passe à l'application pratique, il faille, quand on ne veut pas porter une grave atteinte à des considérations tactiques, augmenter le plus possible la densité des cantonnements et parfois même faire bivouaquer une partie des troupes.

En revanche il est d'autres cas, dans lesquels dans l'intérêt même des troupes et afin de leur procurer des abris convenables, on devra laisser momentanément de côté les considérations tactiques.

Toutes ces notions peuvent paraître bien vagues, bien indéterminées, et elles le sont en effet. On peut cependant arriver à des principes un peu plus précis, en essayant de déterminer d'une manière générale, il est vrai, les cas dans lesquels on devra cantonner les troupes. Il faudra considérer alors successivement les cantonnements pendant la période de concentration de l'armée, les cantonnements qu'on occupera peu de temps avant le début des hostilités, ou pendant les opérations lorsqu'on ne sera pas dans le voisinage immédiat de l'ennemi, puis les cantonnements de marche où l'on ne restera qu'un jour (*camps de localité (ortschaftslager)* pendant les opérations), les cantonnements qu'on occupe pendant un certain temps lors de l'investissement d'une place, enfin les cantonnements qu'on prendra pendant un armistice.

1. Cantonnements pendant la période de concentration de l'armée (1).

Il faut alors, tout en tenant compte de la commodité et des aises qu'il convient de donner sous ce rapport à chacun des corps des troupes, dont les effectifs restent encore sur le pied de paix, commencer à s'occuper de l'ennemi, de ses intentions probables et des différentes nécessités qui résultent du plan d'opérations auquel on s'est arrêté. Ce sont ces dernières considérations qui influent surtout sur *le choix du rayon de concentra-*

---

(1) **Voir chapitre iv.**

tion. Quant *à la répartition des troupes à l'intérieur de ce rayon,* elle s'effectue d'après les termes d'un accord préalable avec les autorités civiles du pays ou des gouvernements alliés.

La densité générale de l'occupation varie en raison de l'effectif même des troupes qu'on a à loger, de l'étendue du rayon de cantonnement et des ressources qu'il offre en fait de logement. Tant que les hostilités ne seront pas sur le point de commencer, on donnera les dimensions les plus vastes possibles à ce rayon, qu'on resserrera peu de temps avant le commencement des hostilités, de façon à ce que l'on puisse facilement concentrer, pour entamer les opérations, les troupes qu'on y a cantonnées. Quand on cantonnera plusieurs corps d'armée les uns auprès des autres, on devra, en général, les disposer les uns à côté des autres, en donnant au front une largeur minime et en augmentant l'étendue du rayon dans le sens de la profondeur, plutôt que de les placer les uns à côté des autres et les uns derrière les autres, en donnant au front et à la profondeur des dimensions égales. Les différences, que présentent ces deux modes, apparaissent clairement dans le dessin ci-dessous, dans lequel la flèche sert à indiquer la direction probable des opérations.

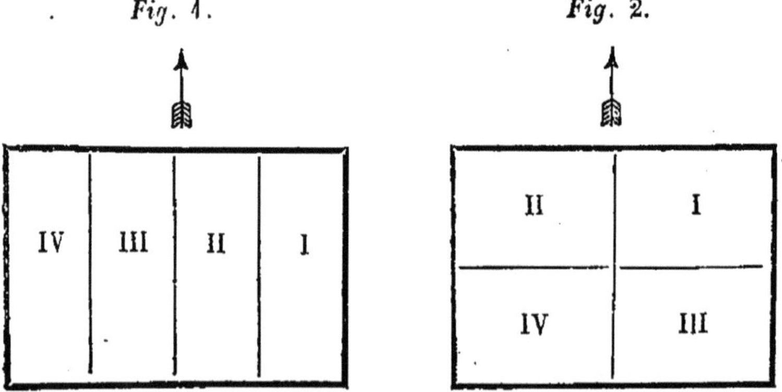

La figure 1 permet, dès qu'on a besoin de concentrer plus étroitement les troupes, d'effectuer cette concentration en faisant serrer sur eux-mêmes chacun des corps d'armée, tandis que, pour effectuer une concentration de ce genre dans l'espèce représentée par la figure 2, il faudra que les corps d'armée changent de cantonnements entre eux. La disposition, représentée par la figure 1, en conservant au front ses mêmes dimensions, même lorsqu'on fait serrer les troupes, a entre autres avantages celui de laisser aux corps, qui en avaient été chargés précédemment, la possibilité de continuer à s'acquitter du service de sûreté ; tandis que, dans l'espèce de la figure 2, les troupes appartenant aux 3e et 4e corps d'armée seront poussées en première ligne et chargées d'assurer le service de sûreté dans des terrains qui leur étaient inconnus. Mais c'est précisément à ce moment, où il faut surveiller attentivement la frontière, qu'il est nécessaire de connaître les terrains environnants dans tous leurs détails. Nous avons naturellement supposé, dans l'exemple que nous avons choisi, qu'il existait pour se porter en avant quatre routes principales au moins, permettant à chacun des 4 corps d'armée de marcher parallèlement aux autres. Dans le cas où il n'existerait que deux de ces routes, il serait alors inutile de disposer, afin de les avoir tout prêts à commencer les opérations ultérieures, les 4 corps d'armée dans l'ordre indiqué par la figure 1. Il faudrait, dans ce cas, préférer la formation d'après la figure 2, et l'on n'aurait alors, au moment où les opérations vont commencer, qu'à faire serrer sur la tête dans la direction des routes dont on dispose, en formant par suite le premier échelon de deux corps d'armée tandis que les deux autres constituent le deuxième.

Cet exemple suffira pour révéler l'existence des innombrables considérations dont il importe de tenir compte toutes les fois qu'il s'agit de diviser un certain rayon entre les différents corps d'armée. Quand il s'agira d'un corps d'armée *isolé* ou d'une unité tactique plus ou moins nombreuse qu'on cantonnera à part, la forme la plus avantageuse à donner au rayon de cantonnement, toutes les fois que des considérations tenant au terrain ou à des circonstances diverses ne s'y opposeront pas, sera la forme carrée ou la forme en cercle.

Quant à la répartition des troupes à l'intérieur même de ce rayon, elle s'effectue conformément à l'*ordre de bataille*, en tenant compte cependant de la nature du terrain, en ce sens qu'on veillera à ce qu'autant que possible aucun obstacle ne se trouve sur les communications des corps de troupes faisant partie d'une même unité tactique. Il faudra par suite, en raison même de ces considérations, admettre certaines inégalités dans la densité de l'occupation.

Les deux divisions d'infanterie sont en général cantonnées l'une à côté de l'autre et formées dans le sens de la profondeur. Leur cavalerie et leur artillerie occupent en général les points les plus avancés, toutes les fois qu'on n'a pas placé dans ces quartiers une division ou une brigade de cavalerie qu'on a, pour les cantonner, adjointe au corps d'armée. La cavalerie et l'artillerie divisionnaires sont alors cantonnées un peu plus en arrière. Souvent aussi, et afin de pouvoir mieux la loger, on répartit entre les deux divisions d'infanterie l'artillerie de corps, qu'on place alors dans les quartiers plus reculés attribués à l'infanterie. Les colonnes de munitions et les trains occupent, tant que les cantonnements sont étendus, des rayons de cantonnements particuliers, en arrière des divisions d'infanterie. Quand on resserre les cantonnements, on fait serrer sur la tête les troupes à cheval (cavalerie et artillerie)

de manière à ce que l'on puisse faire occuper une partie des cantonnements d'infanterie au premier échelon
des colonnes de munitions et des trains. Les équipages de pont sont, autant que faire se peut, cantonnés dans des localités situées au bord d'une rivière;
on leur donne ainsi l'occasion de s'exercer et le moyen
d'établir, pour la durée des cantonnements, des passages sur les points où il n'en existe pas.

C'est avec un soin tout particulier qu'on doit déterminer *l'emplacement des quartiers généraux* dont la position facilite ou entrave singulièrement la transmission
des ordres. Le quartier général d'un corps d'armée
doit être relié par le télégraphe avec le grand quartier
général de l'armée. De plus, il doit être situé autant
que possible au centre même du rayon de cantonnement, mais un peu en avant.

Les quartiers généraux de division, les quartiers généraux de l'artillerie et des trains, seront placés, autant que faire se pourra, au centre de leur rayon, à
proximité du quartier général du corps d'armée : mais
l'idée de proximité dépend alors moins des distances
effectives que de la nature même des communications.
C'est ainsi qu'un quartier général situé par exemple
à 20 kilomètres du quartier général du corps et relié
à ce quartier général par une ligne télégraphique, en
sera plus rapproché qu'un autre qui, bien que situé à
10 kilomètres seulement, ne saurait correspondre avec
lui par télégraphe.

Il faut encore envisager la question de *l'établissement
des magasins et des lazarets.* Toutes les fois que le général en chef ou le commandant des étapes d'une armée
n'aura pas pris de mesures à ce sujet, on devra, quand
il s'agira de déterminer ces points, choisir de préférence ceux qui seront situés sur une voie ferrée. C'est
à l'aide des chemins de fer qu'on pourra remplir les

magasins et évacuer les lazarets. Les points desservis par un chemin de fer seront donc les plus avantageux. On doit cependant tenir compte en outre des considérations locales (existence de locaux vastes et aérés), ainsi que de la situation même de ces localités à l'intérieur du rayon de cantonnement.

Aucun corps de troupes ne doit normalement se trouver à plus de 10 kilomètres des magasins (1). Les lazarets peuvent être établis un peu plus loin, par cela même que les médecins des corps doivent constituer dans toutes les localités des dépôts de malades qui recevront les hommes atteints de maladies légères, ou ceux qui sont si gravement atteints qu'il est impossible de les transporter..Toutes les fois que la chose sera possible, on devra évacuer sur les établissements situés plus en arrière les hommes atteints de maladies qui paraissent devoir durer longtemps.

On devra en principe éviter d'établir des lazarets mobiles de campagne, quand bien même on disposerait à cet effet du personnel médical destiné aux grands lazarets de cantonnements. Quand on choisira les emplacements où l'on devra établir ces lazarets, il sera bon de veiller à ce qu'il y ait dans la localité même ou aux environs un médecin civil, auquel on pourra confier les malades en cas de retraite ou de départ. Nous avons développé ici les différentes considérations relatives à

---

(1) Les colonnes de vivres et celles de voitures du parc peuvent servir, soit à approvisionner les magasins en transportant les vivres qui arrivent en gare, soit à subvenir aux besoins des troupes en leur apportant les denrées qui se trouvent dans les magasins, quand on aura réquisitionné tous les attelages du pays. On devra alors tenir compte de ces circonstances en établissant ces colonnes dans les lieux mêmes ou près des lieux où sont établis les magasins.

l'existence des troupes, mais il nous reste encore à envisager certains points qui ont trait à l'emploi des troupes et au service de sûreté.

Nous allons tout d'abord nous occuper des *points de rassemblement et d'alerte*. Quand il s'agit de choisir de pareils points, on devra s'attacher surtout à ce que, dans le cas d'une attaque imprévue de l'ennemi, la concentration des troupes sur ces points puisse s'effectuer avec une sécurité complète. Aussi toutes les fois qu'il ne se trouvera pas en avant de ces points des terrains d'un accès difficile, ce qui se présente, par exemple, quand les troupes sont cantonnées en arrière d'un grand fleuve, on devra prendre les mesures voulues de sûreté et placer les cantonnements à une certaine distance de la frontière ennemie. Il faudra donc à cet égard, tant afin de prévenir toute violation des frontières, qu'afin de pouvoir laisser aux avant-postes un certain rayon d'action, tenir libre une zone d'environ 6 à 8 kilomètres. Pour le reste, le choix des points de rassemblement et d'alerte dépend du rayon de dislocation des différents corps de troupes. Il faudra, à ce propos, déterminer par un ordre précis, si les bataillons, escadrons, batteries, etc., devront en cas d'alerte se rendre directement de leurs cantonnements jusqu'au point de rassemblement de la division, ou sur les points intermédiaires de rassemblement des brigades, régiments, etc.

En tous cas ces points intermédiaires doivent être situés de manière à ce que l'on puisse arriver sans faire de détours au point de rassemblement des unités tactiques immédiatement supérieures. L'artillerie ne devra jamais se rendre seule au point de rassemblement; il faudra qu'elle soit couverte par des troupes désignées à cet effet à l'avance, ou qu'elle soit rattachée à une troupe d'infanterie ou de cavalerie. Comme les **points** de rassemblement constituent pour les troupes une *position de préparation au combat*, on peut leur appliquer tout ce qui sera dit plus tard à ce sujet au chapitre VIII. Si ces points, remplissant toutes les conditions voulues, peuvent servir également de *terrain d'exercice* à une certaine quantité de troupes; si, de plus, il se trouve dans leurs environs une bonne *position de combat* sur laquelle on ait chance de repousser les attaques probables de l'ennemi, ce seront alors autant de circonstances avantageuses et dont il importe de tirer complétement parti. C'est en tenant compte de la nature même de la situation générale, qu'on verra s'il y a lieu de ne déterminer que des points de rassemblement pour les divisions, ou bien si dans n'importe quel cas d'alerte on devra concentrer le corps d'armée (ou du moins la partie combattante de ce corps) sur un point ou une position fixée à l'avance. En règle générale, on ne doit pas recommander cette dernière manière de faire, d'autant moins que pendant le temps qu'il faudra pour réunir les divisions, etc., sur leurs points de rassemblement, on pourra toujours rédiger et expédier les ordres qui régleront l'emploi ultérieur des troupes dans le cas particulier qui se présente.

Tant que la guerre n'est pas déclarée, il peut paraître superflu de *se protéger à l'aide d'avant-postes*, par cela même que le droit des gens exclut la probabilité d'une attaque imprévue que l'ennemi pourrait tenter pendant ce temps. L'expérience a démontré néanmoins que, tout en écartant l'éventualité d'une violation intentionnelle du droit des gens, il peut, par suite de malentendu ou de maladresse, se produire des rencontres, qui, quand on ne se garde pas du tout, peuvent avoir des conséquences fatales pour celui qui s'est laissé surprendre. De plus, le service de sûreté, qu'on doit établir alors, sert à surveiller l'espionnage, à se procurer des renseignements sur l'ennemi, et même à exercer les troupes, en tant que l'on prépare par l'observation la population civile à se séparer de ses habitúdes du temps de paix.

Comme nous l'avons dit déjà, on dispose en général les cantonnements à 6 kilomètres de la frontière, on établit dans les cantonnements les plus avancés des postes d'alarme et on pousse sur les routes qui mènent vers la frontière de petits détachements, qui se gardent exactement comme en temps de guerre, assistent dans leur service de surveillance les autorités de la frontière, examinent les personnes qui circulent, arrêtent les gens suspects, surtout les gens que, en faisant des patrouilles, ils rencontrent sur des routes détournées. On ne désignera pas, dans ce cas, de chef unique des avant-postes du rayon occupé par le corps d'armée : les détachements sont alors en général sous les ordres directs des généraux commandant les divisions dont ils font partie et qui leur font parvenir leurs instructions.

Toutes les différentes missions, dont il s'agit ici et dont se compose le service de sûreté, sont fréquemment confiées à certains corps appartenant aux divisions de cavalerie arrivées les premières sur la frontière. Si ces régiments de cavalerie restent en position après l'arrivée en ligne des corps d'armée, les corps d'armée ne devront alors chercher, grâce à des détachements mixtes qu'on établit dans des positions favorables, qu'à servir d'appui à cette cavalerie.

Si nous avons réussi à décrire dans les pages qui précèdent le mode de dislocation d'un corps d'armée, à indiquer les mesures particulières qu'il y a lieu de prendre dans ce cas, il ne nous restera plus qu'à faire ressortir le rôle attribué pendant ce temps à l'état-major.

Dès qu'on a déterminé le rayon de cantonnement du corps d'armée soit à l'aide d'un ordre de l'armée, soit en vertu d'une décision du général en chef, l'officier d'état-major chargé de préparer un projet de répartition des troupes (c'est en général le plus ancien des officiers de cet état-major), se rend dans le plus bref délai possible dans ce rayon avec un fonctionnaire de l'intendance (parfois le directeur du service des subsistances d'un corps d'armée), un médecin militaire, un des adjudants et quelques secrétaires. En route, il pourra déjà établir un projet pour peu qu'à défaut de la capacité de chaque localité, il connaisse au moins le nombre d'habitants de chaque endroit. Une carte, tenue au courant par rapport aux chemins de fer, aux routes et travaux d'art, lui permet de se faire une première idée des points qu'on pourra choisir pour y établir des magasins et des lazarets. Arrivés sur les lieux, l'intendant et le médecin militaires devront alors les examiner à leur tour et à leur point de vue spécial, tandis que l'officier d'état-major fixe la dislocation des troupes et s'entend le plus vite possible à ce sujet avec les autorités civiles, qui demandent toujours, et c'est là encore une mesure favorable aux intérêts des troupes, que l'on répartisse les troupes d'une manière égale entre les différentes localités. On est cependant obligé de s'écarter de cette manière de faire pour pouvoir répartir les troupes conformément à l'ordre de bataille et pour ne pas trop morceler les unités tactiques.

L'officier d'état-major choisit, pour s'y établir pendant le temps que dure ce travail auquel il ne peut consacrer que peu de jours, un point situé de préférence sur une voie ferrée (1) ou qui soit au moins

---

(1) C'est, quand la concentration s'opère par chemin de fer, le principal point de débarquement.

desservi par le télégraphe. Il invite les représentants de l'autorité civile à le venir trouver en cet endroit, qu'il ne quitte pas avant d'avoir terminé son travail. Il confiera à l'adjudant, qui prendra d'ailleurs part aux travaux écrits, les missions d'un caractère général qu'il pourrait être utile d'exécuter. Dès qu'il a terminé le travail de répartition et les tableaux de marche, il envoie le tout au chef d'état-major, ou le remet, à son arrivée au quartier général, au général en chef (1).

Les autorités civiles prennent note, pendant ces pourparlers, des faits qui les intéressent. Les officiers, envoyés pour faire le logement par les différents corps de troupes qu'ils précèdent en général de 24 heures, reçoivent de l'officier d'état-major ou à la commandanture de la gare de débarquement des extraits du tableau de dislocation et des tableaux de marche (2). Ces extraits doivent contenir, outre ce qui a trait à leur propre corps, des données relatives aux autres corps qui vont partager avec lui le quartier de marche ou le cantonnement ainsi que l'indication des résidences des chefs de corps.

On voit par là la gravité, l'importance, l'étendue de la mission qui incombe sous ce rapport, dans chaque corps d'armée, à l'officier d'état-major. Dans ce cas il semble peu opportun de faire assister cet officier par les officiers d'état-major des divisions, par cela même

______

(1) Quand on en aura le temps, il sera bon de faire un graphique, dans lequel, à l'aide de crayons de couleurs différentes, on apercevra de suite la place des différentes armes et des subdivisions des différents corps

(2) Le modèle en usage pour les tableaux de dislocation est semblable à celui employé lors des manœuvres en temps de paix. Il suffit d'une seule colonne pour indiquer le magasin dont les troupes tireront et leurs vivres et leurs fourrages. Il faut encore indiquer le lazaret qui est attribué aux troupes.

qu'il y a là trop d'intérêts divers en cause, et qu'une seule personne est seule capable de résoudre d'une manière équitable et satisfaisante des questions de ce genre.

L'officier d'état-major auquel on peut adjoindre, en cas de besoin, un fonctionnaire de l'intendance ou du service des subsistances et le médecin de la division, se livre à un travail semblable quand il s'agit de l'emplacement à accorder à une division de cavalerie ou à une division indépendante. L'officier d'état-major attaché à cette division de cavalerie ou à cette division indépendante devra toujours arriver sur les lieux *avant* sa division, afin de pouvoir, même lorsque le travail de cantonnement aura été fait par le corps d'armée, prendre rapidement connaissance de ce travail (1). Il est parfaitement inutile, du reste, qu'il voyage en wagon à côté de son général de division; le transport des troupes a été réglé en effet à l'avance et en dehors de toute coopération de sa part.

Lorsqu'on a terminé le travail proprement dit de la dislocation des troupes, on devra encore déterminer les points de rassemblement en cas d'alerte, reconnaître les positions de combat, fixer la position des avant-postes, etc., etc.

L'officier d'état-major rend compte du résultat de ses recherches et de ses travaux au chef d'état-major, ou au général en chef en présence du chef d'état-major. On doit toujours se préoccuper, en outre, de la rapidité et de la sûreté de la transmission des ordres.

Il faut encore tenir compte des communications télégraphiques et postales existantes et indiquer, quand il

---

(1) Il sera bon aussi de faire partir avant elles les officiers d'état-major des divisions du corps d'armée.

sera nécessaire, de les compléter à l'aide des télégraphes et postes de campagne. Parfois aussi il faudra, quand il n'existera pas de lignes télégraphiques, établir des **lignes** de relais (1) pour relier le quartier général du corps d'armée avec les autres quartiers généraux des troupes placées sous les ordres du général commandant ce corps d'armée, avec le grand quartier général, avec les quartiers généraux des corps d'armée voisins. Reste encore la question de l'établissement de fanaux. Ces télégraphes optiques qui ne peuvent donner des signaux variés (car leurs feux ne servent qu'à produire un signal déterminé, généralement un signal d'alarme) n'ont, grâce aux moyens dont on dispose aujourd'hui pour transmettre rapidement les ordres, guère lieu d'être employés que fort rarement ; il faut, pour les établir, faire souvent de grands préparatifs, les observer avec soin, les faire desservir par des hommes sûrs, et enfin ils ne servent à rien dès que l'atmosphère cesse d'être claire et transparente. En tous cas on ne devra pas se fier exclusivement à des signaux optiques faits à l'aide de fanaux.

2. **Cantonnement** qu'on occupe peu de temps avant le commencement des hostilités, ou pendant les opérations, lorsqu'on n'est pas dans le voisinage immédiat de l'ennemi.

Nous venons de dire précédemment que l'on doit, peu de temps avant l'ouverture des hostilités ou au plus tard au moment de la déclaration de guerre, resserrer les cantonnements, de manière à ce qu'en sortant de ces cantonnements les troupes puissent immédiatement commencer leurs opérations. Les con-

---

(1) Voir chapitre III. Tant que l'état de paix dure et qu'on n'a pas été inquiété, les cavaliers pourront porter les dépêches sans **avoir leur paquetage au complet.**

sidérations tactiques prennent donc à ce moment la première place. Abstraction faite même de ce que l'on choisit en général un mode de dislocation en rapport avec la répartition particulière des troupes, il faut alors calculer surtout l'intervalle à laisser entre l'avant-garde et le gros et déterminer exactement l'étendue qu'il convient de donner au rayon de cantonnement.

Les conditions que doivent remplir des cantonnements de ce genre, sont en tous points semblables à celles dont il importe de tenir compte quand, pendant le cours même des opérations, il s'agit de cantonner un corps d'armée qui ne marche pas en première ligne, ou d'attribuer à une unité tactique de ce genre des cantonnements où l'on ne restera qu'un seul jour. On ne se sert en effet, dans cette dernière espèce sur laquelle nous reviendrons plus loin, lorsqu'on occupe ce que l'on désigne sous le nom de cantonnements de marche, et par cela même qu'on échelonne les troupes le long des routes principales, guère que des localités situées à proximité de ces routes, qu'on fait occuper alors à un nombre plus considérable d'hommes, tandis qu'on est obligé de faire bivouaquer souvent encore une partie du corps. On rentre donc dans l'espèce des cantonnements occupés pendant les opérations ou peu de temps avant le début des hostilités.

Les conditions de ces cantonnements n'en sont pas pour cela moins variées. Abstraction faite des considérations résultant de la nature même du terrain qui peut, dans certains cas, présenter certains avantages, il faut encore tenir compte du voisinage, de la force, de la position, des intentions probables de l'ennemi. C'est ainsi, par exemple, que pendant la marche de Sedan sur Paris de la IIIe armée et de l'armée de la Meuse, il a fallu procéder d'une manière qui ne ressemblait en rien au mode suivi pendant les derniers jours qui ont précédé la capitulation de Sedan. Nous devrons donc nous borner à indiquer les considérations tactiques dont il importe de tenir le plus grand compte possible quand on se trouve dans le voisinage de l'ennemi.

On devra, pour déterminer l'intervalle à laisser entre l'avant-garde et le gros, calculer le temps qu'il faut, pour que la nouvelle d'un mouvement offensif et agressif de l'ennemi parvienne des avant-postes jusqu'au quartier général, de ce quartier général jusqu'aux cantonnements, pour qu'on puisse donner le signal d'alarme aux troupes, enfin faire arriver jusqu'au lieu de rendez-vous les corps les plus éloignés. Il faut donc que la résistance, que l'avant-garde opposera en se retirant, dure au moins autant de temps. De plus, comme des erreurs et des malentendus peuvent augmenter le temps nécessaire à l'exécution de ces différentes mesures, il sera prudent de ne baser ces calculs que sur le temps même qu'il faudra à l'avant-garde pour battre simplement en retraite. Quand le gros, en se portant en avant, devra venir soutenir et renforcer l'avant-garde, il faudra alors que la position occupée par cette avant-garde possède une valeur défensive réelle et que, grâce à de petits postes poussés *assez loin* en avant. on puisse donner à temps avis de l'approche de l'ennemi.

Quand on sera en retraite, il faudra encore, après avoir rassemblé le gros, gagner le temps nécessaire pour prendre la formation en colonne de route, temps qui s'exprime par la profondeur de marche de la plus forte colonne. L'intervalle qui séparera l'arrière-garde du gros sera donc, quand ce ne serait que pour cette seule raison, plus grand que celui qui en sépare l'avant-garde dans le cas d'une marche en avant. Il en résulte que, quand on se trouvera *à proximité* d'un ennemi entreprenant, on ne saurait guère avoir recours à un cantonnement étendu, à l'aide duquel seul on peut arriver à abriter tant bien que mal toutes les troupes qui ne sont pas affectées au service de sûreté. Ce n'est qu'en poussant au loin en avant la masse de la cavalerie, qui tient ainsi l'ennemi à distance, qu'on pourra se servir de ces cantonnements qui assurent le bien-être des troupes et grâce auxquels on réussit à les maintenir toujours en état de combattre. Mais même dans ce cas on ne saurait prendre les mêmes aises qu'en temps de paix. L'étendue des cantonnements a en effet des limites assez restreintes. En admettant même qu'on ait poussé une division de cavalerie à une journée de marche (20 à 30 kilomètres) en avant, il faudra toujours pouvoir concentrer en un jour, pour une bataille qu'on livrerait le jour suivant, le corps d'armée entier, peut-être même toute l'armée. Quand on voudra que chacun des points du rayon de cantonnements satisfasse à ces conditions, il faudra alors que ces cantonnements forment une circonférence de 22^k 1/2 de rayon ou un carré de 22^k 1/2 de côté. On trouvera en moyenne sur cette superficie de 400 à 500 kilomètres carrés, dans un pays bien cultivé, de 3,000 à 3,600 feux (sans villes importantes). Ce qui fait pour le corps d'armée sur le pied de guerre 12 à 15 hommes par feu ; on arrive donc à une occupation qu'on regarderait comme très-dense en temps de paix. Les considérations du temps de guerre sont assurément plus vastes, mais il faut songer en outre que l'on aura souvent plus d'un corps d'armée à établir sur un espace semblable et que souvent aussi la capacité de cette superficie, c'est-à-dire le nombre des feux, sera inférieure à celle que nous venons d'indiquer. Dans ce cas il sera très-avantageux de pouvoir s'arranger de telle façon que ce soit uniquement sur les points situés vers le centre du rayon de cantonnement qu'on ait besoin de se concentrer en un jour. Ce rayon pourra alors être deux fois aussi large ; c'est là un point réellement **important**, quand il s'agit de plusieurs corps d'armée.

Pour le reste, la forme la plus avantageuse à donner au rayon, est celle qui se rapprochera le plus de la forme circulaire, et le point de rassemblement du gros des forces se trouvera au centre même du rayon de cantonnement et de préférence un peu en avant de ce centre. C'est sur ce point que se trouvera souvent, quand on sera sur la défensive, le champ de bataille qu'on aura préparé à l'avance. Quand on ne pourra pas arriver à donner à ce rayon une forme à peu près circulaire, on devra s'étendre plus en profondeur qu'en largeur. Les troupes seront en effet alors, tant pour l'attaque que pour la défense, plus logiquement échelonnées qu'elles n'auraient pu l'être si on s'était étendu dans le sens de la largeur. Par suite, un grand rayon affecté à plusieurs corps se subdivise en général de manière à ce que les différents corps d'armée soient établis les uns à côté des autres et non les uns derrière les autres.

L'*emplacement du quartier général* devra être choisi de façon à ce qu'il puisse communiquer rapidement avec le grand quartier général d'armée et qu'on puisse y recevoir en peu de temps des nouvelles de l'avant-garde ou des avant-postes. Le quartier général doit donc être établi aux environs et de préférence quelque peu en avant du centre. Les *quartiers généraux* des différentes unités, dont se compose le corps d'armée, sont établis d'après les principes que nous avons exposés pour les cantonnements qu'on occupe pendant la période de concentration de l'armée. L'emplacement des *magasins* et des *lazarets* dépend surtout des communications existantes et des ressources que le pays et les diverses localités offrent par rapport à leur établissement.

Quand le pays n'offre pas de ressources sous ce rapport, ce sera alors le service des étapes qui devra presque à lui seul approvisionner les magasins, fournir les moyens nécessaires pour les porter en avant à l'aide des chemins de fer, réunir et rapatrier les malades.

Voyons maintenant quel est le rôle de l'état-major pendant qu'on occupe des cantonnements de ce genre :

Le chef d'état-major détermine les rayons qu'occuperont les deux divisions d'infanterie, mais la dislocation des corps faisant partie de ces divisions constitue l'œuvre exclusive des officiers d'état-major des divisions. On détermine en même temps si les rayons attribués à ces deux divisions d'infanterie devront recevoir en outre une partie de la division de cavalerie attachée au corps d'armée ou de l'artillerie de corps, ou du premier échelon des colonnes et des trains. Il arrive souvent que le général commandant le corps d'armée détermine exactement les cantonnements de l'artillerie de corps et indique l'effectif des corps d'infanterie qui doivent les occuper en même temps. Quand le corps d'armée aura une avant-garde, le général commandant ce corps sera tenu de lui attribuer un rayon de cantonnement : dans tous les autres cas, c'est-à-dire, quand chaque division aura sa propre avant-garde, ce seront les divisions qui seront chargées de leur désigner des cantonnements.

Le *manque de temps* empêche souvent de faire participer les autorités civiles au travail de délimitation du rayon de cantonnement ou de répartition des troupes entre les différentes localités ; mais, malgré cela, il sera bon de s'entendre avec les *maires*, au sujet des logements des troupes dans chacune des localités. Quant aux grands pourparlers entre les autorités civiles et l'état-major, ils n'ont lieu que dans les très-grandes villes qui reçoivent une division ou plus. La ville est

alors subdivisée en districts à chacun desquels on **attri-bue** un des corps.

Pour ce qui est du service de sûreté des avant-postes, il importe de considérer, si, sans parler de la situation militaire particulière telle qu'elle est à ce moment, on s'attend à rester dans ces cantonnements un à deux jours ou plus longtemps. Plus on devra rester long-temps dans les cantonnements, plus les avant-postes devront être denses, plus il faudra apporter de méthode et de soin à leur constitution, plus on devra veiller à les tenir en éveil. D'après la nature même du cas particulier, on pourra prendre un moyen terme entre les avant-postes journaliers de marche et la position des avant-postes devant une forteresse ennemie, terme qui peut alors se rapprocher plus ou moins de l'une des deux espèces que nous allons envisager ci-dessous. Ce n'est que dans des cas exceptionnels qu'il faudra établir une chaîne ininterrompue de postes et de vedettes. On pourra alors opposer de cette façon une résistance sérieuse sur certains points, surtout à l'entrée des défilés.

Il faudra donc placer sur des points de ce genre des détachements d'un effectif assez considérable pourvus d'artillerie, qui pousseront alors leurs avant-postes *au delà* de l'obstacle que présente le terrain. Quand cela sera nécessaire, on pourra prescrire de détruire les routes, etc., qui y donnent accès. Quand on aura poussé une troupe de cavalerie au loin en avant, à plus d'une journée de marche, ce sera alors cette cavalerie qui sera chargée de reconnaître le terrain et d'assurer le service de sûreté. Le corps d'armée, tout en devant sur-tout être disposé de manière à pouvoir recueillir cette cavalerie ainsi poussée en avant, aura également pour mission de veiller à la sûreté du flanc qui pourra être le plus menacé, etc., etc. On détachera, à cet effet, un

corps pourvu d'une cavalerie assez nombreuse, ou
même composé exclusivement de cavalerie, auquel on
donnera des instructions spéciales, qu'on établira sur
un point déterminé, qui se gardera alors complétement
et qui reconnaîtra à une journée en avant le terrain
situé dans la direction menacée. C'est l'état-major général qui étudiera toutes ces questions et qui en saisira
le général commandant le corps d'armée ou la division.
L'ordre écrit, qu'on établira, ne contiendra aucun de
ces détails inutiles par rapport à son exécution, mais
laissera le soin de régler ces détails au commandant de
l'avant-garde ou du détachement, ou des avant-postes.
Ces officiers n'ont besoin, pour établir le service de sûreté, que de connaître le rayon occupé par le corps
d'armée qui cantonne. C'est également en tenant compte
de ces circonstances qu'on déterminera l'intervalle qui
séparera l'avant-garde et les avant-postes poussés en
avant. Parfois aussi il sera néanmoins nécessaire,
quand les reconnaissances auront un objectif tout particulier, qui ne résulte pas forcément de la position
même et de la nature des cantonnements, mais qui se
relie aux projets qu'on veut mettre à exécution le jour
suivant, de déterminer certains points sur lesquels on
devra diriger des patrouilles d'officier, etc., etc.

Quand le commandant de corps d'armée devra donner des ordres relatifs à l'établissement de magasins ou
de lazarets, il faudra qu'il s'entende préalablement à
cet effet avec l'intendant de campagne ou le médecin
général du corps. Les officiers d'état-major attachés aux
divisions de cavalerie ou aux divisions indépendantes
doivent agir de la même manière.

3. **Cantonnements de marche occupés pendant un jour à proximité
de l'ennemi** (*camp de localité*).

On désigne par ces mots les cantonnements que,

pendant les opérations les troupes cherchent à occuper journellement soit après un combat, soit à la fin d'une marche, tout en conservant le contact de l'ennemi. Il arrivera souvent dans ce cas que l'on ne pourra pas arriver, en poussant la cavalerie en avant, à s'assurer la possession d'une zone correspondant à l'étendue d'une journée de marche. Les corps d'armée ou les divisions d'infanterie placés en première ligne doivent être maintenus sur un pied plus complet de préparation au combat et l'on doit prendre, par suite, des mesures telles que le gros puisse donner tout son maximum d'aptitudes au point de vue de la marche, sans qu'on songe à le détourner sensiblement de la direction générale de la marche, pour essayer de le loger plus à l'aise. On aperçoit de suite le rapport intime qui existe à ce moment entre la formation de marche et celle de combat, on voit de suite l'affinité qui existe entre les mesures de sûreté pendant la marche et celles qu'il convient de prendre pour protéger le repos des troupes. Les considérations qui résultent de l'examen de cet état de choses, ainsi que l'expérience pratique, ont démontré que les troupes ne peuvent alors se servir pour y cantonner que des localités situées sur la route même, ou à un ou deux kilomètres de la route qu'elles ont suivie pendant la marche. Il en résulte, quand bien même nous admettrions que les troupes resteront échelonnées même pendant la nuit, dans l'ordre même de la formation de marche qu'elles avaient adoptée ou de celle qu'on veut leur donner pour la marche du lendemain, que, même en les faisant serrer le plus possible, on sera souvent hors d'état de cantonner tout le monde. Malgré les résultats inouïs qu'on obtient en bondant dans ce cas les localités autant que faire se peut, une partie des troupes devra camper à la belle étoile aux environs de ces villages qui regorgent alors de monde. C'est même ce qui arrive à la plus grande partie des troupes, quand, par suite de considérations tactiques, on ne peut pas rester échelonné pendant la nuit en formation de marche, et lorsque, pour être plus prêt à combattre, on doit faire serrer sur la tête de la colonne. C'est alors le cas où la majeure partie des troupes bivouaque, tandis qu'une infime partie peut seule être cantonnée.

On n'en doit pas moins s'efforcer, même dans ce cas, de remplacer, autant que faire se pourra, le bivouac par le cantonnement même le plus resserré. On devra donc même, dans ce cas, choisir les différents points, où se terminera la marche, en tenant compte des ressources que les localités offrent sous le rapport du cantonnement.

Nous ne saurions, dans ce livre, donner une idée même approximative du maximum que peut atteindre le cantonnement dans les différentes localités. On place dans les villages le plus grand nombre possible de troupes, sans tenir compte des intérêts des habitants, et on ne laisse en plein air que celles des troupes qu'il est absolument impossible d'abriter. Une vaste propriété seigneuriale avec de grandes écuries et de grandes granges a, par suite, une capacité plus considérable qu'un village possédant une population quatre fois plus nombreuse. Les villages, bourgs et hameaux sont bien préférables aux villes, où l'on ne peut guère loger que de l'infanterie. Il est difficile de loger et d'abriter également bien toutes les troupes appartenant à un gros corps, et c'est du hasard que dépend alors leur plus ou moins bon établissement. Les corps de troupes les plus mal partagés ne peuvent alors prétendre à des compensations que quand les événements prennent un cours plus régulier. Les états-majors s'établiront sur les points mêmes occupés par les troupes.

Les magasins et les lazarets ne s'installent pas, et cela va de soi, sur les points mêmes choisis pour ces cantonnements qu'on n'occupe que pendant une nuit. Leur place est déterminée par le but général de cette période des opérations. Il n'y a donc pas lieu de s'en occuper ici.

Quant à la nature des mesures de sûreté, elle varie selon que l'on s'arrête après avoir combattu ou après avoir terminé une marche, et aussi selon que l'ennemi cessera de son côté ses mouvements et ses opérations. Ce sera encore grâce à la cavalerie qui se trouve la plus rapprochée de l'ennemi, et qui doit en première ligne protéger le repos des troupes placées plus en arrière, qu'on pourra se faire à ce sujet une idée précise. Vient-on de remporter une victoire décisive, on poursuivra l'ennemi avec toutes les forces dont on pourra disposer à cet effet. C'est ainsi, et en cherchant à parachever la démoralisation de l'ennemi, qu'on réussira mieux que par tout autre moyen à assurer le repos immédiat de ses propres troupes. Il suffira alors de confier à la cavalerie le soin de continuer à observer l'ennemi, pendant que le gros des troupes restera assez loin en arrière. Entre cette cavalerie et le gros, on intercalera une avant-garde qui fera occuper par des détachements les routes principales et servira ainsi de point d'appui à la cavalerie. Ces détachements se couvriront complétement à l'aide de leurs propres avant-postes et les soutiens seront souvent établis dans des quartiers d'alarme (*Alarmquartiere*).

Après un combat dont l'issue a été défavorable, on doit toujours chercher à éloigner le plus possible de l'ennemi le gros de ses forces. L'arrière-garde doit protéger l'exécution d'un mouvement de ce genre, opposer de la résistance à l'ennemi, et donner ainsi au gros la possibilité de se reposer pendant la nuit. Plus ce gros aura pu se retirer loin, plus il sera facile de le cantonner (1). Les avant-postes de l'arrière-garde devront être alors assez forts et servir aussi de soutien à la cavalerie qu'il pourra être nécessaire de laisser, dans le principe, opposée à l'ennemi. Quand ces avant-postes appartenant à l'arrière-garde devront occuper fortement les routes principales que l'ennemi pourra suivre, il faudra avoir soin de maintenir entre les différents détachements qu'on chargera d'une mission de ce genre, une liaison assurée, qui empêchera des partis et des corps volants ennemis de se glisser entre eux.

Si, à la fin de la journée, les opérations ont cessé sans qu'on ait obtenu aucun résultat, il faudra, avant de donner du repos aux troupes, qu'on se rende compte si l'ennemi avec lequel on est resté en contact, ou avec lequel on a établi le contact dans la journée, se prépare à en faire autant de son côté. Si l'ennemi s'est arrêté, on l'oblige, dans le cas où il s'approcherait par trop avec le gros de ses forces, à se décider à montrer s'il veut se retirer, nous attaquer, ou rester dans un état de préparation au combat tel que nous soyons obligés d'en faire autant et que nous ne puissions cantonner nos propres troupes. La cavalerie, qu'on poussera en avant, devra fournir *en temps utile* des renseignements à cet égard, et faire connaître de même quand on battra en retraite, le point jusqu'où l'ennemi continue la poursuite en formation de marche, ainsi que l'intention qu'il paraît avoir d'accentuer et de continuer ce mouvement. On pourra seulement, quand on sera fixé à ce sujet, prendre définitivement une résolu-

---

(1) Voir ce qui est dit page 230 à propos de l'intervalle à laisser entre l'arrière-garde et le gros.

tion, et on aura alors à considérer s'il faut attaquer l'ennemi qui reste en position, lui opposer une résistance dans le cas où il se porterait en avant, ou s'il vaudra mieux éviter un choc en reportant plus en arrière le gros des forces. Pour que les troupes puissent se reposer et surtout pour qu'il soit possible de les loger, il faut qu'il y ait entre le gros des forces des deux adversaires un espace assez vaste, dans lequel les avant-postes opéreront et qu'ils garderont de manière à se mettre à l'abri contre toute surprise tentée par l'ennemi.

Quant à ce qui est de cet état de dépendance réciproque de chacune des deux armées ennemies, dont nous venons de parler, on pourrait peut-être croire qu'il résultera de ce que l'un des deux adversaires attendra que l'autre ait pris un parti, qu'aucun des deux ne réussira à prendre de repos. Il arrive en effet, l'expérience le démontre, que l'on reste à s'observer de part et d'autre jusqu'à la tombée de la nuit. Quiconque a passé par là, sait combien un pareil état de choses est désagréable. On ne peut alors obvier à cet inconvénient que grâce à une cavalerie plus nombreuse, plus habile, qui parviendra, avant celle de l'adversaire, à deviner les intentions et à reconnaître la position de l'ennemi. Mais, dans la plupart des cas, la conduite et les intentions de l'un des partis lui sont imposées par la situation même, et comme l'adversaire s'y prêtera généralement avec une certaine bonne volonté, l'attente sera alors sensiblement moins longue.

Une fois qu'il sera éclairé sur la situation, l'état-major devra continuer à faire observer l'ennemi par la cavalerie, à laquelle on donnera des missions déterminées et de peu de durée. On doit indiquer en même temps les points où devront s'arrêter l'avant-garde (ou l'arrière-garde) et le gros ainsi que les cantonnements et camps de localité (*Ortschaftslager*), en déterminant les localités attribuées aux différentes unités tactiques, établies par l'ordre de bataille, ou résultant de la répartition spéciale des troupes. Ces dispositions seront, autant que faire se pourra, une sorte de travail préparatoire, dans lequel on tiendra compte des intentions qu'on nourrit pour la journée du lendemain, toutes les fois du moins qu'il y aura lieu de changer la direction de la marche ou la répartition des troupes. Par suite des nouvelles que lui transmet la cavalerie, l'état-major se décide encore à modifier la disposition des avant-postes, à faire partir des patrouilles d'officiers de cavalerie, etc., etc. Remarquons à ce propos qu'on augmentera sensiblement sa propre sûreté en changeant l'emplacement des avant-postes à la tombée de la nuit, surtout si on les rapproche de l'ennemi. Les coups de main que l'ennemi peut alors avoir envie de tenter en se fondant sur ce qu'il a pu apercevoir et apprendre pendant la journée, échouent dans ce cas par cela même qu'on viendra donner sur des postes alors qu'on pensait arriver sur un terrain qu'on croyait trouver libre.

4. Cantonnements devant des places fortes ennemies.

La question du logement d'une troupe destinée à investir ou à assiéger une place forte a une importance d'autant plus grande qu'une partie relativement plus considérable de ces troupes sera constamment placée aux avant-postes, et qu'après les avoir relevées d'un service si fatigant et si fréquent, il sera indispensable de procurer à ces troupes des abris convenables, de leur ménager un repos complet. Il faut avant tout, pour cela, que ces cantonnements se trouvent hors de portée des projectiles de la place. Il en résulte donc qu'aujourd'hui on ne saurait considérer, comme des cantonnements sûrs pour les troupes, des localités qui ne seraient pas situées au moins à 6 kilomètres d'ouvrages armés de pièces de gros calibre, ou qui ne seraient pas complétement à l'abri du tir de ces ouvrages. En observant ce principe et en considérant en outre que, pour investir étroitement une place, et *à fortiori* pour l'assiéger, il faut pousser dans le voisinage immédiat de la place des troupes avancées qu'on doit, en cas de sortie, pouvoir faire soutenir rapidement par des renforts suffisamment considérables, on verra bientôt que le rayon de cantonnement ne saurait avoir une grande profondeur. Aussi, malgré la grande étendue des lignes établies alors autour du périmètre de la place, y a-t-il là une considération qui oblige parfois, dans l'intérêt même de la santé des troupes, à resserrer et à condenser les cantonnements. On aurait grand tort de vouloir obvier à cet inconvénient en répartissant les cantonnements disponibles sans tenir compte des troupes (généralement le quart de l'effectif total) qui sont chargées à ce moment du service des avant-postes, et en ne s'occupant, par suite, que de faire le logement pour celles des troupes qui se reposent (les trois quarts du corps). Une pareille manière de faire amènerait, chaque fois que l'on relèverait les troupes d'avant-postes, des changements constants de cantonnements, et les troupes n'auraient plus alors aucun intérêt à chercher à conserver les localités dans un état qui leur permette d'y trouver des abris convenables. C'est là cependant une chose importante et qui influe sur le bien-être matériel et moral des troupes : rien, en effet, ne démoralise plus les troupes, à la longue, que les séjours dans des maisons malpropres et dévastées. C'est ce qui arrive forcément quand ces hôtes de passage ne savent point si, au bout de plusieurs jours, ils reviendront occuper la même maison, quand ils ignorent la façon dont se conduiront les soldats qui leur succéderont. Quand on aura décidé, au contraire, qu'à leur retour des avant-postes, chacun des différents corps (1) reprendra de nouveau les quartiers qu'il avait occupés auparavant, les hommes chercheront tout naturellement à protéger et à améliorer même leur installation. L'évacuation temporaire de ces localités permet de plus de les faire aérer et nettoyer par des hommes commandés à cet effet, et que les corps auront laissés, et ce fait a encore une influence des plus salutaires sur la santé des troupes.

Quand, en tenant compte de ces différentes considérations, l'occupation serait trop dense, on devra alors procéder de suite à l'érection de baraques.

La répartition des cantonnements s'effectue pour le reste par rapport aux secteurs mêmes du rayon d'investissement que les différents corps doivent occuper et garder. On délimite alors ces secteurs en raison des considérations tactiques et en tenant également assez souvent compte du front d'attaque déjà choisi pour les travaux du siége. Ce seront, il est vrai, les officiers d'artillerie et du génie qui devront surtout reconnaître l'emplacement des parcs et des dépôts : mais cette reconnaissance a cependant son importance au point de vue même de la distribution des cantonnements, par cela même que les troupes d'artillerie et des pionniers doivent être logées dans le voisinage de ces emplacements, ou en face du front d'attaque.

Le *service des avant-postes* devant une forteresse investie doit être réglé d'une manière toute méthodique et absorbe une grande partie des forces. Pour couper

---

(1) Il va de soi qu'on ne peut pas toujours observer ce principe, et que par suite de nécessités tactiques il faudra parfois faire appuyer les troupes et changer les cantonnements.]

à la garnison toute communication avec le monde extérieur, il faut que la chaîne des avant-postes ait une épaisseur qui ne ressemble en rien à celle qu'on peut lui donner pendant qu'on marche en combattant, en opérant. Si l'on s'approche alors par trop de la place, dont les abords immédiats n'offrent aucun abri, tandis qu'au contraire la garnison est complétement à couvert, les troupes d'investissement éprouvent des pertes continuelles, qui deviendront sensibles à la longue, sans pouvoir en faire subir aucune à l'ennemi. En se tenant au contraire à une distance plus grande des ouvrages, la chaîne des avant-postes atteindra bientôt une extension qui ne sera pas en rapport avec l'effectif des troupes dont on dispose. Il faudra, par suite, prendre un moyen terme; pendant le jour, alors que la vue s'étend plus loin, il faudra établir une chaîne relativement mince à une distance assez considérable, tandis que pendant la nuit on renforcera cette chaîne que l'on rapprochera de la place et qu'on n'établira pas toujours sur les mêmes points. On doit en même temps s'efforcer de couvrir peu à peu les avant-postes, de les mettre à l'abri du feu de l'ennemi, de leur donner les moyens de s'opposer avec plus de chances de succès aux tentatives de sortie de la place.

On ne saurait ni commencer trop tôt, ni exécuter en trop grand nombre *ces travaux de retranchement du terrain*, soit qu'on enterre les postes avancés et leurs soutiens en établissant des communications couvertes, soit qu'on élève des ouvrages défensifs sur les points où le gros des avant-postes devra se maintenir jusqu'à ce que les renforts puissent lui arriver. Les ordres donnés par le commandement doivent être formels sous ce rapport, et l'on doit veiller à ce qu'ils soient exécutés rapidement et intelligemment. Chacun croit, en effet, que par cela même qu'on change et qu'on relève les avant-postes, il n'a aucun intérêt direct, personnel à commencer des travaux. Et cependant, plus les avant-postes seront protégés, plus ils seront fortement établis à l'aide de pareils travaux, plus le repos des troupes placées en arrière sera assuré, et plus l'on pourra les répartir sur des espaces considérables.

On doit déterminer, de plus, celles des parties de la ligne d'avant-postes qu'on peut abandonner en présence d'une sortie faite avec des forces supérieures, et celles, au contraire, sur lesquelles il faudra se maintenir jusqu'à l'arrivée des renforts. Il faut, dans ce dernier cas, que les renforts puissent arriver au plus vite.

De plus, il est admis en principe que toute partie de terrain qu'on aura abandonnée momentanément, lors de la sortie faite par l'ennemi, doit être réoccupée dès qu'on a repoussé cette sortie. S'il n'en était pas ainsi, on eût en effet mieux fait de ne pas l'occuper, alors même que l'occupation n'aurait eu qu'un but de simple observation. Mais quand bien même on ne l'aurait occupé rien que pour observer, on ne doit pas y renoncer, ne serait-ce qu'à cause de l'effet moral que produirait la perte de cette bande de terrain. Au point de vue matériel l'assiégé et l'assiégeant intervertiraient leurs rôles, si pendant la durée de l'investissement le premier parvenait à gagner du terrain et si le second consentait à en perdre. L'assiégeant doit, au contraire, se faciliter à l'avance la reprise de ce terrain, en s'arrangeant de façon à ce que cette partie du terrain soit facilement accessible à revers. Il peut assurément arriver que les deux parties se disputent avec acharnement la possession d'un point de ce genre, et que, dans de certains cas, l'assaillant renonce à reprendre cette position. Mais ce n'est là qu'un cas exceptionnel, et les avant-postes ne doivent pas pouvoir émettre un doute à ce propos. L'investissement, en effet, a cessé d'exister dès qu'on abandonne à l'assiégé les points que la garnison de la place a pu reconquérir momentanément.

La rapidité et la soudaineté avec lesquelles un ennemi résolu et décidé à résister énergiquement peut exécuter de grandes ou de petites sorties contre les troupes d'investissement, imposent à l'assiégeant l'obligation d'employer tous les moyens en son pouvoir pour être renseigné en temps utile sur les intentions de l'assiégé et pour en transmettre la nouvelle dans tous les sens. Il faut donc établir, principalement sur les points dominants, des *observatoires* d'où, malgré leur éloignement des ouvrages, on pourra, à l'aide de bonnes lorgnettes, apercevoir les mouvements de concentration qui précèdent les sorties, etc., etc. On placera sur ces observatoires des officiers intelligents et on les reliera à l'aide du télégraphe tant entre eux qu'avec les quartiers généraux des troupes qui fournissent le service sur chacun de ces différents fronts. Il faudra, de plus, établir des communications télégraphiques entre les différents quartiers généraux, entre ceux-ci et le grand quartier général, entre ce grand quartier et les points les plus importants de la ligne 'investissement.

Le *quartier général du commandant en chef* devra être établi de préférence sur le point où son action paraît avoir le plus de chances d'être nécessaire, et par suite en général sur les limites des deux secteurs qui seront les plus exposés aux sorties de l'ennemi. Quand l'investissement ne fait que précéder un siége en règle, le quartier général ne devra pas alors être établi à une trop grande distance du front d'attaque. Les autres quartiers généraux sont, à moins de circonstances particulières, établis en arrière du centre du rayon d'investissement occupé par les troupes placées sous les ordres de ces différents chefs. L'état-major devra tenir compte de ces différentes considérations dès les premiers jours de l'investissement, afin qu'il ne se produise pas de conflits et de doutes et qu'il n'y ait plus rien à modifier par la suite.

L'établissement des *magasins et des lazarets* présente moins de difficultés. On ne saurait songer à investir une forteresse sans avoir ses communications assurées avec son propre pays : on est en général aussi le maître absolu d'une zone large de plusieurs journées de marche qui s'étend autour de la place. On a donc en général et l'espace et le matériel nécessaires pour établir les lazarets et approvisionner les magasins. L'existence de ces magasins et de ces lazarets ne peut être compromise que par l'approche d'une armée de secours ou par une interruption assez longue des communications. Les magasins doivent donc être organisés de façon à pouvoir, même sans recevoir des approvisionnements pendant plusieurs jours, subvenir pendant quelque temps au moins aux besoins des troupes.

5. Cantonnements pendant un armistice.

On doit, autant que possible, employer un armistice au rétablissement des troupes et de leur matériel. C'est de ces considérations que l'on devra tenir compte alors dans le choix des cantonnements, en tant toutefois que la trop grande extension qu'on leur donnerait ne compromettra pas la rapidité de la concentration au moment où les hostilités recommenceront. Une suspension d'armes de quelques jours ne saurait donc que profiter au rétablissement des troupes : elle permet de donner un peu de repos aux troupes et de régulariser la marche des différents services troublés par la rapidité des mouvements qui ont précédé cet armistice. On ne pourra donc avoir recours à une dislocation étendue des troupes, on ne pourra donc tirer parti des ressources que l'on peut trouver sur des espaces plus vastes, que lorsque l'armistice a été conclu pour un certain laps de temps et doit être dénoncé plusieurs jours à l'avance. Cette dernière clause permet alors de concentrer les troupes auxquelles on avait attribué des cantonnements étendus. On convient en général de laisser libre une zone neutre ayant en largeur l'étendue d'une à deux journées de marche, afin que les troupes soient déchargées du service de sûreté et n'aient qu'à assurer le service de garde dans les cantonnements. Ces cantonnements seront aussi étendus que possible; l'infanterie et la plus grande partie de l'artillerie seront placées dans les villes, la cavalerie occupera les localités rurales, les trains et les colonnes seront distribués de la manière qui leur permet de s'acquitter le plus aisément de leur service. Campe-t-on pendant l'armistice en pays ennemi, on pourra néanmoins y réquisitionner des attelages et des voitures, avant même d'avoir eu recours pour le transport des subsistances, des malades, etc., aux attelages et voitures de l'armée. Ces attelages ont en effet tout aussi grand besoin de repos que les autres troupes.

Quant aux détails de la dislocation des troupes, ils sont réglés après une entente préalable avec les autorités civiles, conformément à certaines considérations militaires toutes particulières, telles que, par exemple, la nécessité de continuer à observer une place forte encore au pouvoir de l'ennemi quand bien même elle serait comprise dans les clauses de l'armistice, la nécessité d'occuper fortement certains points, etc., etc. Ces autorités doivent, en pays ennemi, chercher à répartir

également le poids de l'occupation en tenant compte
des ressources plus ou moins grandes qu'offrent certains rayons, certaines localités. Toutes les fois que
leurs propositions ne porteront aucune atteinte à des
questions militaires d'un intérêt sérieux, on fera bien
de les adopter.

L'état-major doit, après s'être entendu à cet égard
avec les chefs des différents services spéciaux, s'occuper de tout ce qui a trait d'une manière quelconque
au rétablissement des troupes. C'est dans cette catégorie d'opérations qu'il convient de ranger les ordres
par lesquels on comblera les vides en hommes et en
chevaux, les soins hygiéniques et sanitaires dans leur
acception la plus vaste, le renouvellement et l'aligne-
ment des munitions, vivres, effets d'habillement et
d'équipement, les réparations d'armes et d'ustensiles, etc., etc.

On dressera immédiatement, et naturellement sans
faire coopérer à ce travail les autorités civiles en pays
ennemi, le tableau de marche pour la concentration
des troupes à l'expiration de l'armistice, et le tableau
des emplacements que les troupes occuperont lors de
la concentration qui précède la reprise des opérations.
Il faut en outre, surtout en pays ennemi, donner des
ordres précis qui feront connaître ce que les troupes
devront, dans les cantonnements qu'elles occuperont
pendant l'armistice, toucher en fait de supplément de
solde et en prestations en nature, indiqueront la valeur
relative de la monnaie du pays, détermineront les
pouvoirs qu'exercent, sous le contrôle de l'autorité
militaire, les autorités civiles, les peines qu'on infligera
aux habitants coupables de délits ou de crimes contre
la sûreté des troupes, ou d'infractions aux ordres
donnés.

L'état-major n'a pas toujours, il est vrai, à étudier

en détail et à fond toutes ces questions, mais c'est toujours l'état-major qui doit provoquer toutes les mesures et veiller à ce qu'autant que possible on ait songé à tout prévoir.

B. — *Camps.*

Il est rare que l'on campe sous la tente en présence de l'ennemi ; les camps de ce genre ne sauraient guère servir qu'à la garnison d'une ville bloquée et assiégée, quand il s'agira de tenir toutes prêtes des troupes de soutien qu'on placera entre l'enceinte et les forts les plus avancés. Les tentes permettront encore de donner pendant la bonne saison un abri convenable aux prisonniers de guerre ; mais, dès que la température deviendra plus rigoureuse, il faudra loger les prisonniers dans des baraques pourvues d'appareils de chauffage.

On a encore recours aux camps de huttes de paille et de broussailles pendant la période d'investissement des forteresses. Les avant-postes, qui occupent pendant un certain temps la même position, éprouvent le besoin de se procurer, autant que leur service le permet, un abri contre les rigueurs de la température. On établit alors çà et là des huttes de paille pour les postes, des abris presque toujours improvisés pour les grand'-gardes, tout en cherchant à se mettre le plus possible à l'abri du feu de l'ennemi, enfin on érige même des baraques pour y loger le gros des soutiens. Tous les adoucissements qu'on peut procurer aux troupes sous ce rapport, toutes les attentions dont elles peuvent être l'objet à cet égard, rentrent dans la catégorie de ces soins que tout chef de corps doit donner à la conservation de la bonne santé des troupes qu'on lui a confiées.

c. — *Bivouacs.*

Au point de vue exclusivement *tactique* les bivouacs sont tout ce que l'on peut imaginer de plus commode, mais ils sont aussi, surtout pendant la mauvaise saison, tout ce qu'il y a de plus pernicieux pour la *santé* des troupes. Le principe, que le pire des cantonnements est préférable au meilleur des bivouacs, peut donc être admis comme une vérité inattaquable, et cependant on le viole bien plus souvent qu'on ne le devrait. Souvent on le transgresse, en effet, parce qu'une vague inquiétude nous pousse à concentrer le plus possible toutes les troupes ; parfois aussi on croit à tort qu'il est préférable d'épargner aux troupes une petite marche qui les écarterait peu de leur direction, et, au lieu de les cantonner, on les fait bivouaquer ; parfois enfin l'ordre de faire bivouaquer les troupes résulte d'une insouciance et d'une négligence répréhensibles.

On ne devra cependant préférer le bivouac au cantonnement que quand, comme cela se présente pour les avant-postes, il sera nécessaire que les troupes soient absolument prêtes à combattre à tout moment, ou quand il faudra concentrer dans un espace des plus resserrés le plus de forces possible. A l'exception des journées qui précèdent et qui suivent les affaires décisives, ce cas ne se présente que quand on traverse, en battant en retraite, un pays soulevé, et dans ce cas même on devra donner la préférence au camp de localité (*Ortschaftslager*).

Mais quand on sera absolument forcé de bivouaquer, on devra apporter le plus grand soin *au choix de l'emplacement du bivouac.* Ce bivouac doit être dérobé aux vues de l'ennemi et situé le plus près possible d'une bonne position de combat. On ne bivouaque jamais sur une position de combat, sauf après un combat indécis, où l'on passera la nuit les armes à la main, sur le terrain conquis ou sur les positions qu'on se dispute. Mais on doit en général établir le bivouac *assez près* de la position de combat pour avoir le temps de l'occuper assez fortement et à temps en cas d'attaque. Il faudra donc qu'il existe, tant entre les bivouacs et cette position de combat qu'entre les différents bivouacs d'une grosse unité tactique, des communications aussi couvertes que possible. On doit aussi veiller à ce que les réserves ne soient pas, pour se rendre sur le point qui leur est affecté, obligées de se porter *en arrière* en sortant de leur bivouac. Les troupes doivent être échelonnées dans les bivouacs, et cet échelonnement dépendra principalement des espaces dont on dispose pour leur établissement, et sera, tant qu'on se tiendra à proximité des grandes routes, en relation immédiate avec le mouvement en avant ou en arrière que l'on se propose d'exécuter.

Comme au bivouac, l'infanterie peut être prête à combattre avant la cavalerie et l'artillerie, ses bivouacs doivent être établis de manière à ce qu'elle puisse, en raison même de sa position, couvrir ceux des autres armes. Quand on ne fera bivouaquer que l'artillerie et la cavalerie, on devra souvent rendre inaccessible à l'ennemi les abords de ces bivouacs : mais un travail de ce genre ne protégera ces bivouacs que contre une surprise tentée par la cavalerie ennemie, et ne saurait les mettre à l'abri du feu de l'ennemi. Un terrain couvert qui s'étendrait en avant du front et sur les ailes d'un pareil bivouac, à moins qu'il ne soit occupé par l'infanterie, ne convient guère par suite à l'établissement d'un bivouac d'artillerie et de cavalerie.

A ces considérations purement tactiques viennent encore s'ajouter des considérations qui tiennent uniquement au repos et au bien-être des troupes. On ne saurait donc, en présence de l'ennemi, avoir recours aux bivouacs dits de parade, qu'on établit encore parfois en temps de paix au moment d'une grande manœuvre.

On doit attacher une importance toute particulière à la nature du sol (qui doit être sec), aux abris que le terrain présente tant contre le vent que contre le soleil, à l'appui qu'offrent des localités, au parti qu'on peut tirer des bois, à la proximité de sources ou de réservoirs d'eau potable, à la facilité de se procurer, dans le voisinage, du bois, de la paille et des vivres et, en raison même de différentes considérations tactiques, on en vient souvent à répartir les troupes par fractions moins considérables dans les bivouacs, dans lesquels elles pourront ainsi plus facilement établir des cuisines, des latrines, etc., etc. Un bois clair-semé est un excellent bivouac pour l'infanterie ; la cavalerie et l'artillerie peuvent être aussi établies à la lisière d'un bois opposée à celle qui fait face à l'ennemi, toutes les fois que le terrain environnant ne gênera en rien leurs mouvements et que le bois lui-même sera occupé par l'infanterie. L'infanterie peut fort bien bivouaquer en s'appuyant sur des taillis, dans lesquels les hommes peuvent au moins trouver un certain abri contre les intempéries. Un bivouac ne doit pas, autant que possible, se trouver situé à proximité d'une route très-fréquentée, et ne doit surtout pas être traversé par une route de ce genre. Sans parler même de la grande poussière qui gêne si fort les troupes, la circulation active, qui a lieu sur ces routes, trouble leur repos.

On doit, enfin, considérer encore l'espace nécessaire à l'établissement des bivouacs. On ne saurait en effet appliquer, quand on devra pour cela sacrifier d'autres conditions essentielles, le principe : « Plus le bivouac est vaste, meilleur il est ». Le tableau suivant donnera l'indication des espaces normaux qu'occupent des troupes allemandes sur pied de guerre. Mais il faut remarquer cependant que parfois il sera indispensable de diminuer les espaces qu'il convient de leur acccorder.

L'infanterie bivouaque en général en colonne double (*kolonne nach der mitte*), la cavalerie en colonne de régiment par escadron, l'artillerie en bataille.

On compte :

Pour *l'infanterie* :

Pour 1 bataillon. . . .	160 m. de front,	280 m. de profondeur.	
Id. régiment. . . .	512 id.	280	id.
Id. brigade (à 6 bataillons) sur 2 lignes.	512 id.	560	id.
Id. sur 1 ligne. . .	1040 id.	280	id.

Pour *la cavalerie* :

Pour 1 régiment. . . .	175 m. de front,	215 m. de profondeur.	
Id. brigade (sur 1 ligne).	366 id.	215	id.

Pour *l'artillerie* :

Pour 1 batterie.. . . .	96 m. de front,	175 m. de profondeur.	
Id. abtheilung (à 4 batteries).	432 id.	175	id.

Les pionniers bivouaquent comme l'infanterie, les trains et les colonnes comme l'artillerie.

Pour calculer l'espace nécessaire à l'établissement des trains et colonnes, on se base en général sur la place que les voitures occupent quand elles sont parquées.

Pour 1 voiture à 6 chevaux,	8 m. de front,	20 m. de profondeur.		
Id. 4 id.	8 id.	16	id.	
Id. 2 id.	8 id.	12	id.	

Les voitures sont alors placées sur plusieurs rangs, les unes derrière les autres.

Les hommes et les chevaux ont besoin du double de l'espace nécessaire pour le parc, pour leur camp et leurs écuries.

On compte par suite, par exemple :

Pour 1 colonne de vivres. .		64 m. de front,		200 m. de profondeur.	
Id. de voitures de parc.	160	id.	140	id.	
Id. de munitions.	64	id.	180	id.	
Pour 1 équipage de ponts de corps.	192	id.	268	id.	
Pour 1 équipage divisionnaire.	92	id.	260	id.	

Ces chiffres seuls suffisent pour faire ressortir la nécessité de diviser, quand elles doivent bivouaquer, les grosses unités de troupes, par cela même qu'il sera difficile de trouver des espaces suffisants remplissant toutes les conditions voulues. Il est donc rare qu'on choisisse des emplacements pour le bivouac de plus d'une brigade, et on évite, autant que possible, les bivouacs sur deux lignes. Le fractionnement des troupes sert en outre à faciliter les moyens d'*assurer les besoins* des troupes.

Parmi ces besoins, le plus impérieux c'est assurément *l'eau*. On tirera autant que possible l'eau potable des localités, l'eau pour abreuver les chevaux et pour faire cuire les aliments, des fleuves, des lacs, des étangs, etc., etc. Il ne suffit pas pour cela qu'il existe des réservoirs d'eau, mais il faut encore qu'on ait assez d'hommes disponibles pour aller y puiser, et que les chevaux puissent directement et sans danger se rendre à ces abreuvoirs. On doit également calculer et déterminer le rendement des sources qui existent dans le pays.

C'est, autant que possible, à l'aide de réquisitions opérées dans les localités les plus proches, qu'on doit se procurer la *paille de couchage*, les *bois de cuisson et de chauffage*. Quand on manque de bois sur les lieux, on devra faire en sorte de distribuer aux troupes du bois sec pour la cuisson des aliments, en affectant à cet usage des bois qui n'y étaient pas destinés. En cas de besoin, on se procure le bois nécessaire pour le chauffage en abattant les arbres.

Nous n'avons pas à nous préoccuper ici de l'établissement des *magasins* et des *lazarets*, par cela même que leur position dépend de la situation générale, et non de l'emplacement choisi pour y établir des bivouacs pendant une nuit.

Quant au service *de sûreté des avant-postes*, il est réglé par les principes en vigueur pour les cantonnements de marche et les camps de localité.

Comme il faut, pour établir les troupes au bivouac et pour y faire arriver les divers objets dont les troupes ont besoin, beaucoup plus de temps que pour organiser un cantonnement, il s'agit d'éviter toute perte de temps inutile, grâce à des dispositions judicieuses et à un travail préparatoire ayant trait à la recherche des emplacements de bivouac.

L'état-major doit par suite, dès qu'on s'est décidé à bivouaquer, se mettre immédiatement à l'œuvre, et, toutes les fois qu'il ne pourra pas suffire à lui seul à la tâche, s'entourer de tous les aides qu'il peut se procurer.

Le choix du pays, dans lequel le gros des forces (jusqu'à une division) doit bivouaquer, dépend de la situation générale et résulte de la résolution qu'on a prise d'occuper des bivouacs.

L'ordre donné aux troupes (ordre généralement verbal) fixe en général l'emplacement des quartiers généraux, qui sont cantonnés d'ordinaire (1). On doit également indiquer les mesures principales relatives aux

---

(1) On doit déterminer de suite ceux des corps qui occuperont ces différentes localités.

avant-postes, sous la protection desquels seuls on pourra parvenir à déterminer les emplacements qui doivent servir aux bivouacs.

Pendant que les troupes continuent à marcher jusqu'à ce qu'elles aient atteint un point convenable, les officiers d'état-major se portent rapidement en avant. Ces officiers sont accompagnés par les ordonnances mis à leur disposition, par un fonctionnaire de l'intendance et, quand faire se pourra, par les adjudants des différents corps qui font partie de la division. L'officier d'état-major, arrivé sur les lieux mêmes où l'on doit bivouaquer, répartit, entre les différents corps, les espaces sur lesquels il est possible de faire bivouaquer les troupes.

Afin de se faire rapidement une idée de l'espace nécessaire, il faut avoir sur soi un carré de carton, sur lequel on a marqué, à l'échelle correspondante, les espaces qu'occupe au bivouac un régiment d'infanterie, de cavalerie, et une *abtheilung* d'artillerie.

En plaçant les carrés sur la carte, on voit de suite si le terrain, dont on dispose est suffisant pour établir les troupes au bivouac. On indique alors aux adjudants qui se trouvent sur les lieux les emplacements attribués à leurs corps ; ces adjudants se portent aussitôt à la rencontre des colonnes de route et leur servent de guides. Quand les adjudants n'ont pu accompagner les officiers d'état-major, on adjoint à ces derniers des ordonnances montés qu'on envoie avec des ordres écrits au-devant des chefs de corps. On se sert des autres ordonnances, qu'on n'affecte pas à ce genre de service, pour rechercher l'existence de l'eau (la carte sert d'abord à cet effet), pour reconnaître les localités attribuées aux corps, localités dans lesquelles le membre de l'intendance se rend pour s'y procurer des vivres et pour y organiser différents services.

L'officier d'état-major, après avoir reçu communication des différents rapports que lui font les personnes envoyées pour reconnaître l'existence de l'eau, examine alors cette question d'une manière toute particulière, répartit les différentes sources, etc., entre les corps; et les ordonnances, qui ont été reconnaître l'existence de l'eau, servent alors de guides aux troupes qu'elles mènent à ces sources, etc., dès qu'elles ont établi leur bivouac.

C'est le fonctionnaire de l'intendance qui est plus particulièrement chargé de trouver et de distribuer la paille, le bois et les subsistances : mais ce fonctionnaire doit s'entendre à ce sujet avec l'officier d'état-major avant de soumettre ses différentes propositions au général de division, afin que les troupes soient établies autant que possible sur les lieux mêmes où elles trouveront de l'eau et les différents objets dont elles ont besoin. Quand les circonstances ne permettront pas d'avoir recours à un arrangement aussi simple, on fera faire le fourrage dans les localités par des détachements désignés à cet effet par le général de division, et on distribuera ensuite ce que l'on se sera procuré de cette manière aux troupes, qui devront envoyer à cet effet des corvées sur les points désignés pour servir de lieu de rassemblement aux détachements chargés de faire les réquisitions.

L'officier d'état-major doit se prononcer rapidement sur toutes ces questions, puis il se porte à la rencontre de son général, ou va l'attendre à son quartier général, pour lui rendre compte des lieux qu'il a choisis pour y établir des bivouacs et lui proposer les différents ordres qu'il lui paraît nécessaire de donner. Comme le général se rendra alors fréquemment avec cet officier d'état-major jusque sur la ligne des avant-postes, on devra mettre au courant des affaires un des adjudants, qui rédigera les ordres qu'il reste à donner pour l'établissement des bivouacs.

On procède sous plus d'un rapport d'une manière plus simple quand il s'agit de bivouaquer après un combat, du moins en ce qui touche les troupes qui restent sur le champ de bataille même, bien que cependant l'officier d'état-major ait alors à trancher plusieurs questions qui sont en relation directe avec les circontances et la nature du combat qu'on vient de livrer. Nous nous occuperons de cette question au chapitre IX.

VI. — SUBSISTANCES.

Assurer les subsistances d'une grande armée pendant une guerre où les théâtres d'opérations changent à toute minute, telle est la donnée d'un problème qu'on n'a pas encore résolu de nos jours et qu'on ne parviendra jamais à résoudre complétement. Il est des cas et des circonstances qui, pourvu qu'on les apprécie d'une manière rationnelle, et qu'on les mette sagement à profit, facilitent, pendant la durée d'une campagne, l'exécution d'un service régulier et abondant. Mais il faut avant tout pour cela que l'on réussisse dans l'exécution des opérations qu'on s'est proposé de'ntreprendre, que l'on ait choisi un mode judicieux pour le service même des subsistances et qu'on puisse tirer complétement parti des voies de communication existantes. Or il arrivera souvent que ces voies de communication seront détruites : ce seul fait suffira alors pour rendre impossible toute espèce de transports et de distributions en temps utile (et c'est en cela que réside justement la principale difficulté). Il reste également à résoudre la question de savoir s'il est absolument indispensable d'assurer complétement les subsistances. La guerre qui, en raison des actes violents dont elle se compose, est la négation absolue de tout ce qui peut se rapporter à la conservation de la vie humaine et qui, en dehors même du combat, impose à tous, jusqu'à ce que les éléments les plus faibles succombent à ces fatigues, des efforts extrêmes, doit aussi imposer aux hommes des privations momentanées sous le rapport des subsistances. Mais, de même que tout chef de corps doit chercher à atteindre le but qu'on lui a désigné, en ménageant autant que possible le sang de ses soldats, de même que le général en chef et son état-major doivent, en réglant les marches, etc., etc., chercher à atteindre le but stratégique en imposant aux troupes le moins de fatigues et d'efforts, de même aussi le commandement et l'administration de l'armée doivent d'un commun accord chercher à assurer aux troupes des distributions aussi régulières et aussi abondantes que possible. Mais la question des subsistances ne saurait cependant primer les autres à aucun moment. On devra assurément ménager les troupes, leur épargner des fatigues, assurer les distributions, mais ce ne sont là que des considérations accessoires dont on devra tenir compte dans la limite du possible. Les idées que nous venons d'émettre ont peut-être l'air d'être barbares, inhumaines. Mais la guerre est en elle-même et par elle-même, d'une part, une chose inhumaine, et d'autre part, en cherchant mal à propos à diminuer les pertes, les fatigues, les privations des troupes, on peut arriver à compromettre le but général des opérations et imposer, comme cela arrive, par exemple, après une bataille perdue, aux troupes, des pertes, des fatigues et des privations bien autrement grandes. Il sera donc parfois sage et juste de ne pas tenir compte de ces diverses considérations; je ne veux pas dire par là que l'on doive couvrir de ce prétexte des négligences grossières et impardonnables. On doit au contraire chercher par tous les moyens possibles à procurer aux troupes des subsistances assurées et accorder à ces questions une importance et une attention toutes particulières quand on dressera un plan d'opérations.

On peut se demander à ce propos si, comme cela a lieu pour tant d'autres branches de l'organisation militaire en vue de la guerre, on peut, grâce à certaines règles déterminées, à des principes constants, parvenir à assurer les subsistances. L'histoire des guerres montre non-seulement qu'on a expérimenté cette manière de procéder, mais aussi que ce mode a toujours été préjudiciable à la direction vigoureuse des opérations et à la bonne nourriture du soldat.

La plupart des campagnes d'autrefois se composaient d'actes isolés, n'ayant aucun lien entre eux, séparés par des pauses, pendant lesquelles la guerre n'existait plus, à vrai dire, ou du moins n'existait plus que politiquement parlant, ou bien pendant lesquelles les armées belligérantes étaient si éloignées les unes des autres que chacune d'elles, sans se soucier en rien de l'armée ennemie, ne s'occupait plus que de subvenir à ses besoins. Il n'y avait par suite guère de difficultés à se procurer des subsistances, par cela même qu'on occupait pendant ces pauses des cantonnements fort étendus et qu'on changeait de cantonnements quand les ressources étaient épuisées. Pour les entreprises qui ne devaient durer que peu de temps, on accumulait et on amenait à l'avance les vivres. La faiblesse de l'effectif des armées permettait d'agir ainsi.

Les guerres modernes, c'est-à-dire celles qui sont postérieures au traité de Westphalie, ont, grâce aux efforts des gouvernements, pris une forme plus régulière, un aspect plus suivi. On y aperçoit même le but qu'on se propose et, pour faire vivre les troupes, on s'arrange de façon à pouvoir pourvoir partout à leur nourriture. On trouve cependant encore de grandes pauses dans les guerres des XVIIe et XVIIIe siècles ; on y prend toujours encore des quartiers d'hiver. Mais c'est alors plutôt la mauvaise saison que des considérations d'entretien, qui amène cette cessation momentanée des hostilités. Quant à la transition d'un mode à l'autre, elle ressort de ce fait que, pendant les guerres de

Louis **XIV**, on était, pour faire vivre les troupes, obligé de leur faire prendre des quartiers d'hiver dans des provinces éloignées, tandis qu'au contraire rien de semblable ne se passa pendant la guerre de Sept ans. Les subsistances des troupes, tout comme la constitution des armées, qui se recrutent surtout à l'aide de l'enrôlement, n'incombent plus au pays ou aux Etats, mais directement au gouvernement, et l'on voit surgir alors, à côté d'une armée régulièrement constituée, un mode de subsistance qui pèse le moins possible sur le pays. Le système de cette époque consiste à faire arriver de loin les subsistances, soit à prix d'argent, soit à l'aide de livraisons, à les réunir dans des magasins, à les transporter sur des voitures spéciales jusqu'à l'armée, à les faire prendre et emporter par les troupes sur des voitures qui leur appartiennent. Le caractère même des guerres tend, par suite, comme le recrutement même des armées, à s'affranchir de plus en plus du peuple et du pays. Il en résulte que la guerre prit une tournure plus logique, plus suivie, plus en rapport avec le but qu'on se proposait, c'est-à-dire avec les événements politiques, mais que les opérations devinrent aussi moins vastes et que leur vigueur même fut énormément amoindrie. On était lié, en effet, aux magasins, obligé de se plier au rayon d'action des moyens de transport, et tout naturellement on en vint à organiser avec le plus d'économie possible l'entretien de l'armée. Ce système factice, organisé artificiellement sans la coopération du pays, eut donc pour conséquence un ralentissement sensible dans la vigueur des opérations, et la mauvaise nourriture des troupes.

Le système même de subsistance des troupes fait ressortir les résultats surprenants que le **grand Frédéric** a pu obtenir par des marches rapides, par des entreprises hardies, par des coups de main inattendus, mais il est hors de doute que, s'il n'eût pas eu les mains liées par ce mode même de subsistances, il eût pu faire plus encore. Il est vrai de dire aussi que ses adversaires se servaient du même procédé et ne savaient pas s'en servir comme lui.

La cavalerie, elle, fourrageait dans le pays; on n'avait pas osé étendre, en effet, ce système tout artificiel à l'entretien des chevaux, à cause des inconvénients résultant du trop grand volume des rations. Une ration de cheval pèse d'ailleurs cinq fois autant qu'une portion, et le nombre des chevaux, dont se composait une armée, s'élevait alors au tiers et parfois même à la moitié des effectifs en hommes.

La Révolution française, en introduisant un nouveau système de constitution des armées, la conscription, fit en outre adopter un nouveau mode d'entretien des armées; au début on n'aperçut, il est vrai, ni méthode, ni système. Les armées de la Révolution prenaient par la violence tout ce qui se rencontrait sur leur route : mais elles vivaient au jour le jour sans s'occuper le moins du monde de prendre aucune mesure rationnelle qui aurait facilité leur entretien ou qui leur permît de tirer plus longtemps parti des ressources du pays. On avait adopté un mode de procéder en contradiction complète, absolue, avec le système qui l'avait précédé. Ce ne fut que grâce à l'ordre que Napoléon Ier apporta à la constitution des différentes institutions militaires de la France, qu'on parvint à trouver un moyen terme entre ces deux extrêmes, c'est-à-dire que, selon les circonstances, on se servit de l'un ou de l'autre système. On ne renonça ni au système des magasins ni au système des réquisitions, on établit au contraire un certain lien entre ces deux systèmes, auxquels on eut recours selon les circonstances et les besoins.

Dans les guerres modernes, les chemins de fer et les conserves vinrent encore donner de nouveaux moyens de faire vivre les armées. L'administration militaire a de nos jours pour mission d'établir des magasins et de les déplacer à mesure que l'armée fait un mouvement. Pendant la période des mouvements précipités, les troupes vivent, dans la limite du possible, sur le pays. Dans les circonstances critiques et difficiles, quand on concentre de grosses masses de troupes sur un espace étroit, c'est-à-dire pendant les moments qui précèdent les actions décisives, on a recours aux colonnes de subsistances, enfin à la ration de fer que chaque homme porte sur lui. Toute l'habileté consiste donc à trouver le mode qui convient à chacune des éventualités, et à n'avoir, que dans des cas de nécessité extrême, recours à ce que les troupes emportent avec elles.

A. — Taux des rations.

Le règlement sur les prestations en nature en temps de guerre fixe comme suit le taux normal des rations des troupes allemandes :

1. La ration à laquelle a droit, pendant toute la durée de la campagne, tout officier, fonctionnaire ou soldat appartenant à l'armée mobilisée, se compose d'une *ration journalière de pain* et d'une *ration journalière de vivres*. La première comporte 750 grammes de pain ou 500 grammes de biscuit, et peut, quand on ne distribue pas toute la portion de vivres, être portée à 1000 grammes de pain sur l'ordre du général en chef.

La ration journalière de vivres comprend :

1° En fait de viande, 375 grammes de viande fraîche ou salée (poids de la viande crue) ou 250 grammes de viande de bœuf ou de mouton fumé, ou 170 grammes de lard;

2° En fait de légumes, 125 grammes de riz, d'orge ou gruau, ou 250 grammes de légumes secs (pois, haricots, lentilles) ou 250 grammes de farine, ou 1500 grammes de pommes de terre;

3° En fait de sel, 25 grammes;

4° En fait de café (fèves brûlées), 25 grammes, (fèves non brûlées) 30 grammes.

Toutes les fois que cela sera possible, on pourra remplacer les légumes par 1170 grammes de raves, ou par 125 grammes de fruits à cuire, ou par 340 grammes de choucroûte. Mais ces denrées n'existent, à l'état d'approvisionnement, ni dans les magasins, ni dans les colonnes de vivres.

Quand les troupes bivouaquent ou quand elles ont eu à supporter des fatigues exceptionnelles, on pourra, sur l'ordre du général en chef, distribuer, outre le café, une ration d'eau-de-vie de 0,1 de litre, et porter la ration de viande à 500 grammes, celle de légumes à 170 grammes de riz, etc., etc., ou à 340 grammes de légumes secs ou à 2,000 grammes de pommes de terre.

Dans certains cas particuliers, après des réquisitions, etc., on peut, sur l'ordre du général en chef, distribuer à chaque rationnaire 1 litre de bière, un demi-litre de vin, 50 grammes de beurre et 50 grammes de tabac. Quant à la ration de café, elle peut être portée à 40 grammes en pays ennemi.

Il nous reste à faire remarquer qu'il serait dangereux et préjudiciable à la discipline de faire part aux troupes, sans être certain de pouvoir réaliser cette promesse, de l'intention où l'on est d'augmenter leurs rations. On devra faire connaître, autant que possible, par la voie de l'ordre, aux troupes les diminutions qu'on peut avoir à apporter au taux normal des rations, ainsi que la proportion dans laquelle les conserves entreront dans la composition des rations.

Quand on se sert des chemins de fer pour le transport des troupes, on ajoute à la ration normale une indemnité supplémentaire en argent, qui est :

Pour chaque parcours de 8 à 15 heures de 25 pfennigs par tête.
      Id.   de 15 à 31 id. de 50   id.
      Id.   de 31 à 39 id. de 75   id.
      Id.   de 39 à 47 id. de 100   id.

Pour tout parcours au delà de 47 heures et par chaque 8 heures en plus, chaque homme touche une indemnité supplémentaire de 25 pfennigs.

2. Les *rations de fourrages* sont des rations lourdes ou légères.

La *ration lourde* se compose de :

    5,650 grammes d'avoine.
    1,500 grammes de foin.
    1,750 grammes de paille.

La *ration légère* ne comprend que 5,000 grammes d'avoine et comporte les mêmes quotités de foin et de paille que la ration lourde.

Ont droit à la ration lourde les chevaux des officiers généraux et de l'adjudanture, du ministère de la guerre, de l'état-major, des officiers du génie, de la cavalerie, de l'artillerie, de l'intendance, enfin les chevaux de trait des officiers investis des grands commandements, des corps de troupe, des différents services, de la poste de campagne, des attelages de réquisition et des cantiniers.

Les chevaux de selle de l'infanterie, des chasseurs, des pionniers, des trains et de ceux des officiers et fonctionnaires qui n'ont pas droit à la ration lourde, touchent la ration légère.

Pendant les transports de chemins de fer, on accorde à chaque cheval un supplément de 1500 grammes de foin et de 1000 grammes de paille. Si le trajet dépasse 8 heures, le supplément s'élève, pour chaque 24 heures de plus, à 3,000 grammes.

Quand, par suite des circonstances, il faut modifier la composition de la ration, on substituera à 500 grammes d'avoine :

550 grammes d'orge, ou 650 grammes de seigle, ou 450 grammes de farine, ou 350 grammes de biscuit concassé, ou 750 grammes de son, ou 1400 grammes de foin, ou 2,800 grammes de paille.

Quand on distribuera des fourrages comprimés, on aura soin de fixer exactement la relation qui existe entre le taux normal des rations et la ration de fourrages comprimés.

B. — *Formes des subsistances.*

1. Subsistances de quartiers.

Les subsistances de quartiers, c'est-à-dire l'entretien des troupes par ceux mêmes qui sont chargés de les loger, reposent naturellement sur le principe du logement chez l'habitant et constituent le mode le plus commode pour le soldat. Le soldat trouve alors en général, quand il a fini sa marche, son repas tout prêt, ou du moins il n'a guère à s'occuper de la préparation de ce repas. Si cela se pouvait, on devrait toujours se servir de ce mode. Mais souvent ce mode sera impossible par suite de l'insuffisance des ressources existant chez l'habitant, ou du moins il faudra suppléer à cette insuffisance à l'aide de vivres fournis soit par le soldat lui-même, soit par les magasins.

On trouve cependant en général, dans toute localité, des vivres pour plusieurs jours. On pourra donc toujours faire vivre pendant un seul jour, rien qu'avec les ressources locales, des troupes dont le nombre égale celui de la population de la localité ; pendant plusieurs jours, des troupes dont l'effectif est inférieur au chiffre des habitants. De grandes villes peuplées se prêtent d'autant mieux au logement et à l'entretien des troupes qu'il est possible alors (du moins pour l'infanterie) de rassembler une assez grosse quantité de troupes sur un espace relativement resserré. La campagne offre sous ce rapport moins d'avantages, et, en comptant 3 à 4,000 âmes pour 50 ou 60 kilomètres carrés, on devrait considérer comme un résultat désavantageux le fait de ne parvenir à y faire vivre pendant un jour que 3 à 4,000 hommes. En général on pourra arriver à un chiffre plus considérable, parce qu'ordinairement les habitants de la campagne sont plus richement pourvus de vivres que les habitants des villes, qui tirent tous leurs approvisionnements des campagnes.

Le paysan a, en général, chez lui du pain pour 8 ou 15 jours, des légumes et du fourrage pour aller jusqu'à la prochaine récolte, et en fait de bétail, plus qu'il n'en faut pour faire vivre toute sa famille pendant un an.

On peut donc faire vivre pendant quelques jours, dans des villages qui n'auront pas encore été occupés ou qui n'auront été occupés que par fort peu de troupes, un nombre de soldats 3 à 4 fois supérieur à celui des habitants. En supposant qu'un corps d'armée, marchant sur deux routes et composé de 35,000 hommes et de 10,000 chevaux, couvre en profondeur un espace de 15 kilomètres, il suffira, en admettant que la population du pays soit d'une densité moyenne et possède des ressources moyennes, pour le faire vivre entièrement sur le pays pendant un ou deux jours, de lui faire occuper en largeur une étendue de 7 à 8 kilomètres. Il serait même encore possible d'y faire vivre un deuxième échelon qui suivrait de près le premier.

Ce sont là assurément des circonstances extrêmement avantageuses même pour les opérations des grandes armées, mais qui se modifient dans un sens défavorable quand les ressources du pays ont été consommées par les troupes ennemies ou par nos propres troupes qui auront traversé ces régions, ou bien lorsque, par suite de l'insuffisance du réseau routier (c'est ce qui arrive pour les montagnes), les localités situées près des bonnes routes ont eu à supporter à elles seules tout le poids de l'entretien des troupes.

Dans ce cas, comme dans celui où l'on ferait un séjour d'une certaine durée même dans une contrée riche en ressources, il faudra venir en aide aux habitants du pays en faisant arriver sur les lieux une partie des vivres des troupes.

Il n'en résulte pas moins de tout ce qui précède que l'on peut, dans un pays de fertilité ordinaire et dont la population est d'une densité moyenne, faire vivre sur le pays, sans magasins, sans avoir pris aucune mesure particulière et sans être obligé de la répartir sur des espaces dont l'étendue compromettrait une action commune, une armée de 100 à 120,000 hommes se portant en avant et dont le mouvement n'est interrompu que pendant quelques rares jours de halte. Napoléon Ier a souvent fait la guerre de cette manière. Et ce système a donné des résultats excellents, tant que les opérations suivaient un cours régulier et n'obligeaient pas à faire faire aux troupes des haltes prolongées sur les mêmes points.

Quand les circonstances sont moins favorables, quand la population est moins nombreuse ou le pays moins fertile, quand la contrée a déjà été très-éprouvée par les passages de troupes, quand il y a eu l'année précédente une mauvaise récolte, il faudra, si l'on veut avoirs recours aux subsistances de quartiers, s'étendre sur des espaces plus vastes, être moins exigeant, et venir un peu en aide au pays en tirant une partie des vivres soit des magasins situés plus en arrière, soit des contrées voisines. Parfois aussi il sera, dans ce cas, nécessaire d'avoir sur certains points recours aux colonnes de subsistances et même aux trois jours de vivres portés par le soldat.

2. Subsistances de magasins.

L'établissement des magasins sert, soit à venir en aide à une certaine région, en tant qu'on aurait dû sans cela lui demander, par rapport aux subsistances, des contributions au-dessus de ses forces, soit à assurer l'existence des dépôts qui ravitaillent les colonnes de subsistances, fournissent la ration de fer aux troupes, et apportent aux troupes mêmes les distributions qu'elles attendent. Les premiers sont fixes et leur existence est restreinte à un temps déterminé ; les autres sont mobiles, en raison même des mouvements de l'armée : ils suivent les chemins de fer et les grandes routes. Un seul magasin peut parfois répondre à ce double but, à ce double rôle.

La détermination des points, sur lesquels on établit les magasins, dépend tout d'abord des besoins du moment, puis de la nature et de la quantité des ressources dont on dispose pour les remplir, et enfin des moyens de communication auxquels on peut avoir recours. Les magasins qui servent à suppléer aux ressources d'une certaine étendue de pays doivent en général être situés de façon à ce qu'aucun des cantonnements, qu'ils sont chargés d'approvisionner, se trouve à plus de 15 kilomètres de distance. En principe, ce sont les localités qui sont chargées de faire arriver jusqu'aux troupes les subsistances que celles-ci tirent des magasins ; cependant ces transports peuvent parfois se faire à l'aide des voitures du corps.

Les magasins qui doivent être déplacés pendant le cours des opérations sont établis de préférence dans les gares ou dans le voisinage immédiat de ces gares. Souvent aussi ces magasins s'accroissent et deviennent des magasins d'étapes, par cela même que les localités importantes, situées sur une ligne de fer et souvent aussi au point de jonction de plusieurs routes, se prêtent merveilleusement à l'établissement de lazarets, de dépôts de chevaux malades, etc., et reçoivent en général une garnison, dont les besoins doivent alors être assurés, grâce à l'organisation d'établissements plus stables.

L'approvisionnement des magasins s'effectue à l'intérieur du pays soit à l'aide de livraisons en nature, soit par l'entreprise, soit par l'achat direct. En pays ennemi, alors même qu'on a recours aux subsistances de magasins, on n'en observe pas moins le principe qui veut qu'on vive sur l'ennemi, c'est-à-dire que les magasins doivent être, autant que possible, remplis avec les ressources du pays ennemi. Quand on n'arrivera pas au résultat espéré rien qu'à l'aide de réquisitions, on pourra avoir recours aux achats ; mais on aura alors le soin de couvrir les dépenses occasionnées par ces achats en percevant des impôts ou en levant des contributions. Mais on devra toujours veiller à maintenir ouvertes les communications en arrière avec la mère patrie et à en faire arriver celles des subsistances dont on viendrait à manquer.

Les *distributions* de vivres, nous ne parlons pas ici des troupes qui se trouvent sur les lieux mêmes où sont établis les magasins, s'effectuent à l'aide des voitures du **pays, parfois aussi des voitures du corps qu'on envoie**

chercher ces vivres, à l'aide des voitures mêmes attachées aux magasins qui apportent alors les rations aux corps. Dans ces deux cas, la distance maxima ne saurait être supérieure à 20 kilomètres. S'il en était autrement, les troupes auraient à tirer leurs vivres des colonnes de subsistances, qui, pour pouvoir s'approvisionner, se tiennent alors à une moins grande distance des magasins.

Il va de soi que, quand on fera vivre les troupes à l'aide des subsistances de magasin, on devra rétablir les communications interrompues, tirer de ces voies de communication le plus grand parti possible, et s'assurer d'un nombre considérable de moyens de transport.

3. Subsistances tirées des colonnes de subsistances.

On doit considérer les vivres qui sont transportés par les colonnes de subsistances ou les colonnes de voitures de parc, comme des vivres de réserve auxquels on ne devra avoir recours que quand on ne pourra pas faire vivre les troupes à l'aide des subsistances de quartier ou de magasin, où quand il sera impossible de faire arriver des vivres.

L'intendance accomplirait sa mission d'une manière idéale, si pendant toute la durée d'une campagne on parvenait à ne pas avoir recours aux colonnes de subsistances, et si on n'avait puisé à ces colonnes que pour remplacer par des denrées fraîches les denrées dont elles se composent. Mais quand il faudra avoir recours à ces colonnes, on devra s'efforcer de les réapprovisionner en peu de temps et de les ramener dans le voisinage immédiat des troupes. Dès que ces colonnes ont distribué toutes leurs denrées, elles se rendent sur les points où sont établis les magasins, ou sur ceux où se trouvent les dépôts (créés parfois par voie de réquisition), elles chargent et rejoignent l'armée en doublant les marches : souvent même elles devront, pour laisser les routes libres, rejoindre les troupes à l'aide de marches de nuit. Quand on fait une marche offensive, on prend, pour faire les distributions voulues aux troupes, une des colonnes de subsistances du premier échelon, qu'on pousse à la fin de la marche, jusqu'à un point déterminé, point d'où, selon le mode de chargement adopté pour ces voitures, partent les différentes voitures destinées à chacun des corps de troupes, ou sur lequel les corps font chercher, par leurs propres voitures, les subsistances auxquelles ils ont droit. Dans les marches en retraite, celle des colonnes de subsistances désignée à cet effet s'arrête provisoirement à hauteur du but final de la marche, jusqu'à ce que les parties prenantes soient arrivées sur ce point. Le mouvement, que fait alors une colonne de subsistances qu'on a déchargée, commence en général par une marche de nuit, soit afin de pouvoir, quand on marche en avant, arriver jusqu'au magasin situé plus en arrière, soit quand on bat en retraite, afin de laisser libres les routes que suivront les troupes, et de prendre une certaine avance sur ces troupes, et même, si faire se peut, sur le premier échelon des trains, etc., etc.

Il est facile de voir qu'on ne saurait à la longue faire vivre les troupes à l'aide des colonnes de subsistances, du moins pendant une marche offensive. Le système, considéré au point de vue purement mécanique, paraît convenir plutôt aux marches en retraite, mais il faut aussi tenir compte dans ce cas des perturbations qui peuvent provenir du fait des entreprises de l'ennemi et qui auront pour conséquence de modifier inopinément la direction de la marche.

C'est ordinairement le général commandant en chef qui, sur la proposition du chef d'état-major général et de l'intendant de campagne, dispose des colonnes de subsistances.

On faciliterait assurément la tâche du commandement en attachant d'une manière permanente ces colonnes de subsistances aux divisions, mais le commandement n'en serait pas moins tenu, même dans ce cas, d'assurer les subsistances de toute l'armée et ne cesserait pas pour cela d'en être responsable. On peut toujours attacher temporairement ces colonnes à des corps, soit pendant des marches, soit pour faciliter le logement des troupes, soit quand on détache pendant un certain temps une division du gros de l'armée. Dans des circonstances analogues, on peut aussi attacher même à des unités moins considérables soit une, soit une **demi-**colonne de subsistances.

4. Subsistances de réquisition.

Toute réquisition ou du moins toute réquisition régulière, normale, repose sur la délimitation du rayon dans lequel un corps de troupes, plus ou moins considérable, ou un pouvoir administratif militaire quelconque, devra réquisitionner.

Une *réquisition qui s'étend à de vastes espaces* a pour but de rassembler des quantités considérables de vivres pour remplir les magasins, ravitailler les colonnes de subsistances, et s'effectue sur les indications fournies par l'intendance (la plupart du temps par les autorités des étapes) en s'appuyant, autant que faire se pourra, sur les autorités civiles. Les troupes n'ont alors à intervenir que quand on remarque un certain mauvais vouloir, ou quand il s'agit de briser une résistance opposée par la population. Dans chacun des cas où l'intervention des troupes est nécessaire, on devra agir avec la plus grande vigueur et chercher, sans parler des vivres que les habitants devront fournir aux soldats qu'ils logent, à se procurer et à emporter une quantité de vivres supérieure à celle qu'on a demandée dans le principe. De plus, toutes les fois qu'on remarquera de la mauvaise volonté, on devra lever des contributions en argent. Du reste, on devra chercher à évaluer exactement le rendement dont est capable le pays, en tenant compte toutefois des besoins de la population et de la possibilité de subvenir aux besoins à l'aide de vivres qu'on fait arriver sur les lieux. Les achats, il est vrai qu'on se procure alors ces sommes à l'aide de contributions levées sur le pays, donnent d'ailleurs des résultats souvent inattendus.

Les *réquisitions directes*, suivies de *distributions immédiates aux troupes*, s'exécutent avec le concours des troupes, le jour où ces troupes bivouaquent. Les localités, situées dans le rayon attribué aux troupes, sont réparties entre les corps en raison de leur situation et de leurs ressources. On se procure la quantité voulue de vivres à l'aide de détachements commandés par des officiers, et grâce, autant que faire se pourra, à la coopération des maires des différentes localités. L'intendance doit autant que possible répartir également les subsistances à distribuer aux troupes, toutes les fois que les réquisitions faites dans les différentes localités n'ont pas répondu aux espérances qu'on avait fondées sur elles. Les avant-gardes et les détachements de cavalerie, qu'on a poussés en avant, recevront l'ordre de réunir des vivres en quantités supérieures à celles dont ils ont besoin, et de les renvoyer aux troupes qui les suivent.

On ne saurait tolérer les réquisitions faites par des soldats isolés, et on doit punir des faits de ce genre comme des actes de pillage. Des délits de cette nature **se produisent** surtout quand les hommes sont logés chez l'habitant et s'expliquent par le fait que les soldats ne reçoivent souvent pas ce qui leur est dû par leur hôte. Les officiers devront alors porter remède à cet état de choses et punir l'habitant toutes les fois qu'il fera preuve de mauvais vouloir. C'est là souvent une tâche fort délicate et peu commode ; et c'est cependant le seul moyen de sauvegarder sous ce rapport la discipline, qu'on ne saurait laisser péricliter sur un seul point sans la détruire et l'anéantir complétement. La sollicitude des officiers pour leurs soldats, les soins qu'ils apporteront pour leur procurer les distributions, auxquelles les troupes ont droit, augmentent en revanche le prestige de l'officier et contribuent à raffermir la discipline.

5. Subsistances fournies par la ration de fer ou par la ration ordinaire.

Nous désignons par les mots de *portion de fer* ou de *ration de fer* les vivres que l'homme ou le cheval transportent sur eux, vivres auxquels nous ajouterons en outre tout ce qui se trouve transporté sur les voitures du corps.

Le soldat doit réglementairement porter sur lui trois jours de vivres en fait de pain (ou de biscuit), de riz, de lard (ou de conserves de viande), de café ou de sel. Le cheval porte un jour d'avoine. On transporte en partie sur les animaux mêmes, en partie sur les voitures, une ration de trois jours d'avoine pour tous les chevaux de trait, ainsi que pour les chevaux de selle de l'artillerie et du train. On peut en outre transporter sur les voitures des corps un jour de vivres.

Il est important de pouvoir conserver les rations, sans parler du remplacement normal qu'on leur fait subir, jusqu'au jour où il faudra avoir recours à ces ressources faute de pouvoir se procurer autrement des vivres. Le danger consiste en ce que le soldat, tant qu'il ne sait pas ce que c'est que de manquer de vivres, a une tendance naturelle à consommer prématurément la portion de fer, rien que pour alléger le poids qu'il porte. Il arrive donc que le soldat consomme souvent la portion de fer plus tôt qu'il ne devrait le faire. On ne peut parer à ces inconvénients qu'à l'aide d'une surveillance constante et perpétuelle.

c. — *Emploi des différentes formes.*

Si, dans l'état actuel des choses, une armée voulait s'en tenir seulement à *un seul* mode de subsistances, elle se trouverait à vrai dire hors d'état de faire la guerre, et en tous cas elle se trouverait par rapport à une armée ennemie, qui se servirait selon les cas de l'une ou de l'autre de ces formes, dans une situation des plus désavantageuses.

S'en tenir au seul système des subsistances de magasins, c'est apporter aux opérations des entraves intolérables : le général en chef et l'intendant changeraient alors de rôle. On ne saurait se fier aux subsistances de quartier que lorsqu'on peut être sûr de marcher en pleine sécurité à travers des régions fertiles qui n'ont pas encore été mises à contribution, et ce mode peut de plus, à un moment donné, être le seul moyen permettant de faire vivre les troupes quand on voudra continuer la marche en avant. Veut-on ou doit-on forcément s'arrêter, les magasins deviennent alors indispensables. Les colonnes de subsistances et la portion de fer assurent l'existence des troupes dans les cas de besoins imprévus et doivent parer à ces besoins quand on se concentre et lorsqu'on exécute des mouvements rapides. Les subsistances de quartier ne suffisent pas alors pour faire vivre de grosses masses, et les magasins que l'on aura pu établir ne sauraient, faute de temps, fournir des ressources suffisantes. Les réquisitions enfin servent à nourrir les troupes avancées, les troupes de première ligne, et contribuent à subvenir aux besoins des échelons suivants, grâce à l'établissement de petits magasins de consommation.

C'est surtout immédiatement avant et après le grand coup décisif, lorsqu'après avoir remporté des victoires, on continue à se porter en avant, lorsque par suite les lignes de communication deviennent très-longues, lorsque l'on n'a pas pu rétablir les communications au fur et à mesure des mouvements de l'armée, que la pénurie des vivres se fait sentir le plus souvent. On ne saurait à ce moment rien tirer des contrées situées plus en arrière : les ressources qu'on trouve en avant de soi sont bientôt épuisées, par cela même que l'ennemi en battant en retraite a souvent passé par là, a consommé beaucoup, et aura souvent ou détruit ou emporté ce qui restait en fait de vivres. Dans un cas semblable, on ne saurait obvier à ces inconvénients qu'en s'étendant, autant que le permet la situation, dans le sens de la largeur, afin de pouvoir vivre sur une plus vaste étendue de terrain. La nourriture des chevaux présente alors des difficultés d'un genre tout particulier, par cela même qu'à cause du volume considérable des rations il est presque impossible, avec des moyens insuffisants, de transporter des fourrages à de grandes distances. Une cavalerie, une artillerie trop nombreuses sont donc fort gênantes sous ce rapport. Des trains trop richement dotés deviennent une cause d'embarras réels, et chaque cheval en trop attaché à ces trains devient presque un inconvénient. On doit donc les constituer à cet égard avec une certaine parcimonie et tenir grand compte de ces considérations dans l'organisation et la constitution de l'armée.

Si donc on ne peut, comme nous avons déjà eu l'oc-

casion de le dire en parlant du commandement, **donner
une** règle générale applicable à tous les **cas quelconques,** il est néanmoins possible, en considérant les
phases principales de l'état de guerre, de poser certains principes dont l'utilité reconnue a été consacrée
par l'expérience. On devra, en effet, remarquer avant
tout que la difficulté consiste non pas tant à se *procurer* les vivres, qu'à parvenir à les *distribuer*. Pour se
procurer ces vivres on dispose, en effet, de toutes les
ressources du commerce et de l'industrie, d'un nombre
considérable de personnes qui cherchent à s'enrichir
en passant des marchés et qui viennent s'offrir pour
faire des fournitures. L'intendance fera donc bien de
se servir de ces personnes, tant qu'il s'agira de se
procurer des vivres; mais elle ne saurait en aucune
façon les charger des distributions. Le rôle des fournisseurs se termine au point même où commence le
transport des subsistances, des objets destinés au
théâtre de la guerre. La concurrence libre, que les
fournisseurs se feraient alors quant à l'emploi des
différents moyens de communication avec le théâtre
de la guerre, pourrait peut-être donner parfois des
résultats avantageux pour quelques-uns des corps,
quand on aura affaire à un fournisseur habile et intelligent; mais on porterait assurément atteinte à l'ensemble du service en enlevant à l'autorité militaire le
soin de régler l'emploi à faire des moyens de communication et de subvenir aux différents besoins qui viennent à se manifester. Le fournisseur a en effet tout
intérêt à expédier le plus en avant possible et à écouler
les objets qu'il livre, peu lui importe qu'on en ait ou
non besoin à ce moment. Mais la nécessité de faire un
usage judicieux des moyens, toujours trop peu nombreux, de communications, dont on dispose, a pour
conséquence l'obligation de n'expédier que celles des

denrées dont on a besoin à ce moment, et c'est là un
fait que l'autorité militaire est seule en mesure de
connaître. L'autorité militaire veille donc tout particulièrement à ce que l'on fasse des moyens de communication, depuis les trains de chemins de fer jusqu'aux
voitures réquisitionnées dans le pays, un emploi judicieux qui permette de faire arriver en temps utile jusqu'aux troupes les subsistances dont elles ont besoin.
C'est là un résultat qu'on ne peut atteindre que grâce
à une organisation sérieuse et à la coopération effective et bien réglée d'une foule de personnes; ce sont là
des conditions multiples qui se trouvent remplies par
des pouvoirs constitués comme l'est le service des étapes
même. C'est là où s'arrête le rayon d'action des autorités des étapes, que commence le jeu des services des
corps de troupes. Les attributions, le fonctionnement
de ces différents pouvoirs, doivent donc être délimités
avec soin. Les troupes elles-mêmes prennent aussi
une certaine part au service des subsistances, comme
nous l'avons fait ressortir d'ailleurs quand nous avons
parlé de l'exécution des réquisitions, de la conservation de la portion de fer, etc., etc., et leurs voitures
serviront fréquemment à amener jusqu'aux corps les
vivres qui leur sont destinés.

Les différentes phases de l'état de guerre comprennent la mobilisation, le transport par voie ferrée, ou
les marches jusqu'au point de concentration, le séjour
dans le rayon de concentration, enfin les opérations
proprement dites. C'est précisément parce qu'il est fort
difficile de donner, à propos des opérations, pendant
lesquelles les éventualités les plus diverses peuvent
arriver à se produire, plus que des considérations générales dans le genre de celles que nous avons déve-
loppées précédemment, qu'il faut prendre certaines
mesures fixes et invariables applicables aux autres

phases, aux époques qui précèdent l'ouverture de ces opérations.

On fait vivre les troupes pendant la période de mobilisation d'après les principes mêmes en usage en temps de paix. Partout où, comme dans les grandes garnisons, il faut, pour effectuer cette mobilisation, cantonner parfois les troupes dans les localités environnantes et sur un périmètre de plus de 20 kilomètres, on devra, comme on le fait lors des grandes manœuvres, assurer l'existence des troupes par la création de magasins. C'est encore là ce qui se produira toutes les fois que beaucoup de troupes devront se rendre successivement au même point d'embarquement et être cantonnées dans les environs de ce point. C'est pendant la période de mobilisation qu'on charge les colonnes de vivres et de voitures de parc, qu'on prépare et qu'on distribue la portion de fer, ainsi que les vivres nécessaires aux lazarets de campagne et aux détachements de troupes de santé, pourvu toutefois que ces vivres ne soient pas exposés à s'avarier rapidement. Nous avons déjà parlé, au commencement de ce volume, du mode de chargement des colonnes et des considérations dont il y avait lieu de tenir compte. Le premier chargement sur le territoire des corps d'armée se composera en tout de deux jours de biscuit et de quatre jours de conserves de viandes, de légumes, de café et de sel. Les colonnes de vivres seront chargées moitié d'avoine, moitié de farine et de denrées diverses. Le général en chef détermine la composition de la portion de fer : elle doit être aussi légère que possible et posséder à la fois de grandes qualités nutritives; il sera alors bon, outre le café et le sel, de faire entrer dans sa composition du riz, du biscuit et des conserves de viande. Ce sera l'intendance qui fournira ces deux derniers objets ainsi que l'avoine. Quant aux autres, les troupes peuvent se les procurer directement. On accorde en outre aux troupes encore une *ration* (vivres et fourrages pour les troupes à cheval) composée de la même manière que la portion de fer, qui, transportée soit sur les voitures des corps, soit sur les animaux de bât, doit assurer les besoins pour la journée qui suit le transport des corps en chemin de fer.

Pendant les transports par voie ferrée, les autorités des chemins de fer doivent faire faire aux troupes, sur des points de halte déterminés, des repas chauds (dans la composition desquels entrera le café). Toutes les dispositions relatives à ces repas, ainsi que la création de cantines, de buvettes, d'abreuvoirs, etc., dans les gares, nécessitent la coopération de l'intendance du territoire sur lequel se trouvent ces gares. Les troupes touchent, sur leur point d'embarquement du pain, de l'avoine et du foin pour toute la durée de leur transport.

Les troupes, qui se rendent à pied jusqu'au rayon de concentration, peuvent, pendant ces marches, vivre souvent à l'aide des *subsistances de quartier*. En cas de besoin, on peut faire contribuer les magasins à leur entretien.

C'est à ce dernier mode qu'on aura recours pour faire vivre les troupes arrivées sur le terrain de déploiement. Les masses, qui s'y concentrent, sont trop considérables pour qu'on puisse, pendant les quelques jours que durera cette opération, les faire vivre exclusivement sur le pays. On devra donc, pour établir ces magasins, intercaler dans les transports des trains de vivres qu'on chargera principalement d'avoine et de farine. On devra par suite faire arriver le plus tôt possible sur les lieux les colonnes de boulangerie de campagne. Ce rayon même de déploiement est divisé d'ailleurs de manière à ce que l'intendant de campagne soit chargé de l'entretien des troupes, dès qu'elles ont atteint leurs cantonnements définitifs, tandis que c'est au contraire l'intendant des étapes qui est chargé de ce soin pendant tout le temps de leur transport et de leur voyage jusqu'au point de débarquement. La ration (vivres et fourrages) d'un jour, que les troupes emportent pendant leur transport par les voies ferrées, facilite la tâche si difficile qui incombe à l'intendant des étapes. On surcharge, il est vrai, momentanément les voitures et les chevaux des corps; mais ce fait ne saurait guère avoir d'influence nuisible, puisqu'il ne s'agit ici que d'*une seule* marche.

Cette manière de procéder est assurément plus logique que la proposition faite à plusieurs reprises d'attacher à chaque train de troupes quelques voitures chargées de plusieurs jours de vivres. Il pourrait se faire en effet, dans ce dernier cas, qu'au moment du débarquement on ne disposât ni d'un nombre suffisant de moyens de transport permettant aux troupes de se faire suivre par ces vivres, ni d'espaces suffisants pour les recevoir. Ce n'est que grâce à un débarquement immédiat et instantané qu'on peut prévenir toute cause de perturbation dans l'exploitation et le service des lignes, et si l'on adoptait le mode proposé, les vivres, qu'on aurait ainsi transportés, seraient exposés à s'avarier trop vite. Il faut donc savoir se limiter sous ce rapport et n'emporter que ce que les corps peuvent transporter en élevant au maximum la charge de leurs chevaux et de leurs équipages.

Du reste, le principe qui régit toute cette période, et en vertu duquel tout corps de troupes a le droit de tirer tous ses besoins journaliers ou ce qui lui manque du magasin d'étape, le plus proche, et de les faire arriver jusqu'à lui à l'aide du parc des voitures de ce magasin, simplifie considérablement le service et oblige uniquement à approvisionner richement ces magasins. Il sera toujours utile et avantageux de distribuer la veille au soir la ration du lendemain, les troupes auront ainsi un jour de vivres assuré et c'est là chose importante surtout pendant le cours des opérations. Il pourrait se faire sans cela qu'après une journée où elles ont eu de grandes fatigues à supporter, les troupes ne reçussent leurs vivres que trop tard.

On a admis comme principe régissant l'entretien des troupes pendant les opérations et déterminant en même temps les différents rayons administratifs, que c'est des lieux mêmes où elles opèrent, que les troupes de première ligne tireront leurs subsistances (ce sera donc l'intendant de campagne qui devra assurer ce service), tandis que les autorités des étapes seront chargées du ravitaillement immédiat, et que les autorités restées dans la patrie devront, de leur côté, coopérer ensuite à ce ravitaillement.

Par suite, si c'est grâce à l'emploi judicieux qu'on fait des ressources existant sur le théâtre de la guerre (vivres, communications, moyens de transport) qu'on réussit surtout à assurer l'existence des troupes, il reste à se demander si, pour arrêter la marche de l'ennemi, on ne devra pas, quand on est sur la défensive ou quand on bat en retraite, procéder à une dévastation systématique du théâtre de la guerre. En emportant ou en anéantissant tous les vivres qu'on n'a pu consommer, en comblant les puits, en détruisant les chemins, en enlevant tous les attelages, on atteindrait assurément le but qu'on se propose, mais on imposerait alors de cruels sacrifices à la population qu'on obligerait ainsi à quitter ses foyers, et on se créerait à soi-même de graves difficultés si, comme on doit l'espérer, on parvient à reprendre plus tard l'offensive!

Dans les guerres de peuple contre peuple, lorsque la nation entière exaspérée prend part à la lutte, on peut encore agir de la sorte, et une résolution dans le genre de celle prise par les Russes en 1812 apparaît alors comme un acte sublime de sacrifice, d'abnégation et de patriotisme. Quand, au contraire, il n'en sera pas ainsi, on ne peut parvenir qu'à une dévastation locale partielle, sans effet par suite, et qui, bien qu'inspirée par des sentiments réels de patriotisme, ne saurait manquer de paraître ridicule. On ne doit se résoudre à de semblables extrémités dans son propre pays que lorsqu'une mesure de ce genre trouvera un écho unanime dans le cœur de la nation entière et pourra produire alors un effet moral et physique sur l'ennemi. Mais on se privera alors, dans ce cas comme dans celui d'une retraite en pays ennemi, de ressources qui seront bien précieuses quand on reprendra l'offensive.

Néanmoins, de même que l'on fera sauter un pont, pour arrêter la poursuite immédiate de l'ennemi sur un point important, de même aussi on ne voudra pas laisser tomber entre les mains de l'ennemi un magasin bien rempli et on préférera détruire les vivres qu'on ne saurait emporter.

VII. — Maintien des troupes en état de combattre.

Nous avons à plusieurs reprises, dans le cours de cet ouvrage, signalé l'importance qu'il convient d'attacher au maintien des troupes en état de combattre, et le danger qu'il y aurait à y porter inutilement atteinte par des prescriptions relatives à l'emploi des troupes. Quand nous avons parlé des marches et du logement, nous avons dit qu'il était indispensable de ménager les troupes autant que le permettait toutefois la situation militaire du moment et qu'il était bon de faire arriver, le plus souvent possible, jusqu'aux troupes leurs bagages afin de leur donner l'occasion de tirer parti de leurs voitures d'administration, etc. Mais ce n'est pas rien qu'en tenant même grandement compte de toutes ces considérations qu'on réussira à maintenir à la longue les troupes en état de combattre. Les mesures les plus rationnelles ne parviennent pas à épargner aux troupes les pertes sensibles en hommes, chevaux, et matériel que leur coûtent les différents faits de guerre, et il faut par suite avoir recours à des organisations spéciales à l'aide desquelles on pourra, en reliant l'armée avec la patrie, en se servant des ressources du pays ennemi qu'on occupe, lui rendre d'une manière régulière tout ce que les opérations lui auront fait perdre.

Comme les ressources du pays ennemi n'ont guère de valeur sérieuse que sous le rapport des subsistances, de la fourniture de matériel brut pouvant servir à la confection d'effets d'habillement et d'équipement, de la livraison d'attelages, comme elles ne peuvent fournir à l'armée même que peu de chevaux de selle et de trait, comme au point de vue et de la quantité et de la qualité, on peut considérer ces ressources comme aléatoires, toute organisation relative au maintien des troupes en état de combattre doit reposer sur le maintien des communications avec la patrie. Il en résulte donc qu'une armée ne saurait exister à la longue sans avoir ses communications assurées avec la patrie. Les considérations stratégiques auront donc trait tant à la protection des moyens de communication de l'armée, qu'à la destruction des communications de l'ennemi. C'est même cette idée qu'on a été jusqu'à exprimer par ces mots : la stratégie apprend à connaître les besoins de l'armée. Bien que cette définition soit par trop exclusive, elle a cependant l'avantage d'attirer l'attention sur un point aussi important. Une bonne organisation pourra donc être sous ce rapport un appui puissant pour le commandement dont la tâche se trouve ainsi facilitée, tout comme on a cherché à le faire en fractionnant, en armant, etc., l'armée d'une manière conforme au but qu'on se propose.

Autrefois, et même pendant les guerres du commencement de ce siècle, les *routes de poste et les grandes routes* étaient les seuls moyens à l'aide desquels on pouvait subvenir d'une manière durable aux besoins de l'armée : les routes de poste servaient aux correspondances, les grandes routes à la marche des troupes de remplacement, des trains de munitions et de subsistances, aux transports de blessés, etc. Les troupes de remplacement des différentes armes qui marchaient sur les *routes d'étapes* servaient aussi tout d'abord à protéger ces routes, les gîtes et les magasins d'étapes. Ce système ne fonctionnait que lentement et lourdement, tant que l'armée marchait en avant, et souvent même cette armée se voyait forcée de ralentir ses mouvements pour permettre aux renforts de la rejoindre. Les armées ne pouvaient à proprement parler recevoir de renforts que lorsqu'elles faisaient des haltes d'une longue durée, principalement pendant les armistices.

Aujourd'hui, c'est surtout sur les *chemins de fer* et les *télégraphes* que repose le système des communications. Les transports par les routes de poste et les grandes routes ne sont plus que des moyens accessoires. Les chemins de fer, en effet, en faisant arriver jusqu'à l'armée des transports en masse d'hommes, de chevaux et de matériel de toute espèce, rendent des services tels qu'on ne saurait renoncer à l'emploi de pareils facteurs. Malheureusement aussi, l'emploi même des chemins de fer est fort délicat, et quand on aura affaire à un ennemi actif et entreprenant, il sera, surtout en pays ennemi, bien difficile de protéger efficacement une ligne de fer. Quelques hommes décidés peuvent, en se servant des moyens que donne la science, détruire rapidement et sans être aperçus une section de ligne qui empêchera pendant longtemps de se servir de la ligne. Les troupes qu'on transporte en chemin de fer ne servent, de plus, nullement à protéger cette voie; elles sont au contraire presque hors d'état de se défendre pendant toute la durée de leur transport. Il faudra donc employer des troupes spéciales pour protéger les voies ferrées.

Par suite, plus il sera difficile d'assurer la continuité et la sûreté du fonctionnement d'un système semblable, plus il sera nécessaire d'avoir recours à ce propos à une centralisation rigoureuse qui, dans notre organisation, est représentée au grand quartier général dans la personne de l'*inspecteur général du service des étapes et des chemins de fer*. C'est de ce personnage que relèvent un état-major chargé de la direction du service des étapes, puis autant d'inspecteurs d'étapes qu'il y a d'armées ou de corps d'armée opérant isolément. C'est encore de lui que dépendent : le chef du service des chemins de fer de campagne, l'intendant général de l'armée, le chef du service sanitaire de l'armée, le chef de la télégraphie militaire et le directeur en chef de la poste de campagne.

A. — *Le service des étapes.*

Le service des étapes s'étend depuis les armées ou corps d'armée indépendants jusque dans les districts mêmes de recrutement de ces corps d'armée, et repose autant que possible sur les chemins de fer. Le commandement en chef détermine les lignes d'étapes attribuées à chaque armée ou corps d'armée ainsi que les rayons qui s'étendent latéralement à ces lignes. Tant qu'on n'aura pas pris des mesures d'une autre nature, les attributions des autorités *mobiles* des étapes s'étendront du rayon occupé par l'armée d'opérations jusqu'à la frontière même de la patrie ou d'un territoire ennemi administré par un gouverneur général. Une fois la frontière passée, ce sont les autorités mêmes du pays, ou du gouvernement général qui agissent. Nous allons indiquer maintenant quelles sont les principales tâches qui incombent au service des étapes :

1º Faire arriver à l'armée tout ce qui, venant de la patrie, est expédié pour la rejoindre.

2º Ramener tous les hommes, chevaux, matériel qui quittent l'armée soit temporairement, soit définitivement, c'est-à-dire les malades et blessés, les hommes qui reçoivent une autre affectation, les prisonniers de guerre, les armes ou objets d'armement dont l'emploi serait dangereux, les trophées et armes pris à l'ennemi, tout le butin de guerre.

3º Loger, faire vivre, remettre en état les hommes et les chevaux se rendant à l'armée ou en revenant, tant qu'ils séjournent dans le rayon attribué aux autorités des étapes.

4° Maintenir et protéger les lignes de communication, rétablir les routes, ponts, lignes télégraphiques, les communications postales, faire occuper militairement et défendre toutes les voies de communications, diriger le service de la police de campagne dans le rayon qui leur est attribué.

5° Organiser et administrer les territoires ennemis tant qu'on n'y a pas constitué de gouvernements généraux.

Le *chef du service des chemins de fer de campagne* doit, en réglant intelligemment le service sur les différentes lignes ferrées, contribuer de son côté à faciliter la tâche qui incombe aux autorités du service des étapes. Ses agents, les *directions militaires de chemins de fer* (pour les voies ferrés situées sur le théâtre de la guerre), et les *commandantures de lignes* (pour certaines lignes de l'intérieur) ainsi que les *commandantures de gare* placées sous les ordres des deux pouvoirs énoncés ci-dessus, enfin la *section des chemins de fer du grand état-major de remplacement* (dont dépendent les commandantures de ligne et qui sont chargées, en outre, de régler les transports militaires sur les autres lignes de l'intérieur), agissent dans une indépendance absolue et ne relèvent en rien des autorités des étapes. Par la création de ce qu'on appelle des *stations de passage* (*Uebergangs stationen*), on détermine les points où l'exploitation habituelle est remplacée par l'exploitation militaire, on délimite ainsi les rayons d'action et les attributions des autorités des chemins de fer que nous venons d'énumérer.

Les commandants généraux de remplacement fixent pour le corps d'armée la *tête de lignes d'étapes* (*Etappen Anfangs ort*), c'est-à-dire le point sur lequel on rassemblera tous les transports destinés à ce corps, le point où l'on séparera et divisera tout ce qui revient de ce corps. Vu l'accumulation considérable du matériel de toute espèce qui affluera à cette tête de ligne, il faudra qu'on dispose sur ce point d'une grande gare se prêtant à l'embarquement des troupes, au chargement des objets, et dont les environs puissent recevoir, abriter et faire vivre une grosse quantité de troupes. L'inspecteur général du service des chemins de fer et des étapes désigne, sur chacune des lignes qui aboutissent à l'armée, une *station de rassemblement* (*Sammel station*), où viennent se réunir les différents transports qui, partis des districts des différents corps, doivent circuler sur les lignes du théâtre de la guerre. Cet inspecteur général détermine également pour chacune des lignes qui aboutissent à proximité de l'armée, un *lieu principal d'étapes* (*E tappen Hauptort*), c'est la dernière station de la ligne de fer exploitée militairement, celle où l'on répartit entre les différentes unités les transports qui arrivent et où l'on rassemble également tout ce que ces mêmes corps veulent faire rapatrier. Les mouvements que nécessitent les transports entre ce lieu principal d'étapes et les corps, se font soit à l'aide de marches, soit à l'aide de voitures.

Tandis que la tête de ligne d'étapes est un point fixe, tandis qu'on ne déplace les stations de rassemblement que dans des cas exceptionnels, les lieux principaux d'étapes sont au contraire essentiellement mobiles et sont déplacés à mesure que les opérations avancent ou que l'on a rendu à l'exploitation une ligne sur laquelle le service avait été interrompu. C'est aux stations de rassemblement où résident en général les *commandants de lignes*, que se forment des dépôts d'effets militaires de toute sorte, par cela même qu'on ne peut pas toujours expédier de suite les différents objets qui y arrivent. Les trains de troupes et de munitions sont les seuls qui, normalement, traversent les stations de rassemblement sans s'arrêter. Quant aux trains de subsistances qu'on y amènera et qu'on peut aussi charger à l'aide des ressources qui existent dans les magasins établis aux stations de rassemblement, ce sera l'*intentendant général de l'armée* qui fixera la nature de leurs chargements, leur destination, tandis que le chef du service des chemins de fer de campagne donnera seul des ordres relativement à leur marche. On veut, grâce à ces mesures que ces deux personnages prennent d'un commun accord, éviter l'encombrement des lignes et les perturbations de service, et chercher à assurer, en raison même de leur urgence, les différents besoins. Tous les transports, dirigés de l'armée vers l'intérieur du pays, traversent les stations de rassemblement en y faisant des arrêts aussi courts que possible.

Le *chef du service sanitaire de l'armée* dirige l'ensemble de ce service sur le théâtre de la guerre.

Nous reviendrons plus loin sur ces attributions.

Le *chef de la télégraphie militaire* règle tout le service des télégraphes sur ce théâtre de la guerre.

Nous avons énuméré les moyens et le personnel dont il dispose en parlant de la formation de l'armée sur pied de guerre.

Le *directeur en chef de la poste de campagne* doit veiller à l'établissement et au maintien des communications postales sur le théâtre de la guerre, et surveiller le fonctionnement des différents bureaux de poste de campagne. Si, d'une part, il a sous ses ordres tous les directeurs des postes de l'armée, tous les bureaux et toutes les stations de poste de campagne, il doit de son côté, pour tout ce qui a trait au service purement technique de la poste, se conformer aux ordres du directeur général des postes.

Après avoir passé ainsi en revue les différents organes centraux du service des étapes qui font partie du grand quartier général, il nous reste à parler de la direction du service des étapes d'une armée ou d'un corps d'armée indépendant. La direction de ce service est confiée à un *inspecteur des étapes* qui relève, d'une part, de l'inspecteur général du service des étapes et des chemins de fer, de l'autre, du général commandant en chef l'armée ou le corps d'armée en question. Nous avons indiqué au début de ce volume la composition de l'état-major de cet inspecteur des étapes.

Outre les troupes dont il a besoin pour occuper et protéger les lieux d'étapes, les routes et chemins de fer qui se trouvent dans le rayon attribué à cette armée, on met encore à sa disposition, pour qu'il puisse être en mesure de parer à divers besoins : un dépôt de lazaret de réserve, une colonne de boulangerie de réserve, une commission de transport des malades, une colonne de voitures de parc fournie par chacun des corps d'armée dont se compose l'armée (1), le directeur du lazaret de campagne, le personnel du lazaret d'étapes, l'abtheilung de gendarmerie de campagne attachée au service des étapes, et un personnel suffisant pour constituer 3 commandantures d'étapes (2).

On constituera les inspections d'étapes le plus tôt possible : elles doivent, en effet, manifester leur existence pendant que l'on dirige l'armée sur le terrain de concentration, en créant des magasins, etc. L'inspecteur des étapes doit subvenir à tous les besoins de l'ar-

---

(1) Cette colonne est constituée en plus des 5 colonnes de voitures de parc du corps d'armée.

(2) Ne pas les confondre avec les commandantures de gare qui dépendent des autorités du service des chemins de fer de campagne.

mée, prévoir les besoins qui pourront se manifester, couvrir les derrières de l'armée, lui faire parvenir tout ce qui lui manque, la débarrasser de tout ce qui la gêne. Le général en chef devra donc le tenir sans cesse au courant des mouvements et du rôle des troupes, et lui faire connaître le plus tôt possible les ordres qu'il a donnés, les opérations qu'il projette. Afin qu'il puisse diriger sans erreur les convois et les transports, on devra lui faire connaître les emplacements des différentes unités tactiques jusqu'au régiment. Cet inspecteur doit veiller à maintenir ses communications personnelles avec le général en chef, et doit s'établir aussi près du quartier général que le lui permettent les obligations de son service. Il fait connaître, soit par l'intermédiaire du général en chef, soit par un avis émanant de lui, aux commandants de corps d'armée ou de divisions indépendantes, le lieu principal d'étapes, la situation des routes d'étapes, les points d'établissement de lazarets d'étapes et de dépôts pour les chevaux malades, etc., etc.

L'inspecteur des étapes doit, à l'intérieur de son rayon, veiller à la sécurité des communications télégraphiques, postales et par voie de fer ; il doit chercher à prévenir, en arrière de l'armée, tout désordre, tout acte d'insubordination, soit de la part de militaires, soit de la part de la population, et, dans le cas où des faits de ce genre viendraient à se produire, les réprimer vigoureusement. Il dispose, à cet effet, sans parler de la gendarmerie de campagne, de troupes qu'on a mises sous ses ordres. On emploiera ces troupes en leur faisant occuper d'une manière permanente les points les plus importants, et en faisant parcourir sans cesse tout le rayon par de petites colonnes mobiles. On devra, si on le juge nécessaire, fortifier les points qu'on occupe d'une manière permanente, et y accumuler toutes les ressources dont la garnison peut avoir besoin. Ces points servent alors de lieux de magasin et de halte sur les routes d'étapes parallèles aux chemins de fer, et destinées à les remplacer comme lignes d'étapes le jour où ces chemins de fer viendraient à faire défaut.

Nous avons essayé de donner, dans ce qui précède, un aperçu général de l'organisation du service des étapes, du personnel et des différents pouvoirs, mais il sera peut-être intéressant de dire encore quelques mots de quelques faits qui exercent, eux aussi, une certaine influence sur le maintien des troupes en état de combattre. Nous avons, au chapitre VI, examiné la question des subsistances; il nous reste à parler encore des soins à donner à la santé des troupes, du remplacement des armes, munitions, effets d'équipement et d'habillement, ustensiles de campagne, *enfin des renforts en hommes et en chevaux.*

B.—*Soins sanitaires.*

Malgré l'accroissement des effectifs, les guerres modernes ont fait ressortir l'amélioration constante de l'état sanitaire des troupes. Les progrès réalisés par la chirurgie et la médecine ont naturellement contribué puissamment à ces résultats; mais, néanmoins, ni les progrès de la science ni l'expérience même n'auraient pu donner de semblables résultats s'il n'y avait eu, à côté d'elles, une organisation intelligente et raisonnée.

Le soldat en campagne ne peut consacrer à sa santé les soins que prend un particulier. On lui demande des efforts, on lui impose des privations, on l'expose à des intempéries qu'un homme des plus robustes est seul en état de supporter. Mais ce n'est pas seulement à la suite de ces efforts, de ces privations, que le soldat tombe malade ; souvent, aussi, on a affaire à des maladies, qui attaquent les masses et dégénèrent en épidémies, qui atteignent même ceux des hommes auxquels leur vigueur permettrait de supporter les fatigues d'une campagne. Il est alors impossible de prodiguer aux hommes les soins qu'on leur donnerait dans une garnison. C'est là un fait qui se manifeste dans des proportions plus vastes encore après un combat sanglant, après lequel le vainqueur se trouve obligé de soigner un nombre considérable de blessés appartenant aux deux armées. Ce sont assurément alors les plus nobles aspirations de la nature humaine qui poussent à prodiguer à ce moment les soins les plus empressés, et à procurer les secours les plus rapides à tout soldat tombé sur le champ de bataille en y faisant bravement son devoir. Mais, pour pouvoir réaliser ce noble et généreux désir, il faudrait disposer d'un personnel de médecins si nombreux, d'une quantité de moyens de transport et d'un matériel d'ambulance si considérables, qu'on ne saurait, en vérité, comment trouver assez de médecins, tandis que l'existence de ces moyens de transport serait, dans des circonstances normales, un fardeau intolérable pour une armée, et que le personnel ne saurait de plus, au moment décisif, se trouver au complet sur les points où il serait nécessaire. L'organisation, qu'on peut donner au service sanitaire, repose donc sur une sorte de compromis entre les desiderata et ce qu'il est possible de faire, et, comme de juste, ce mot « possible » est susceptible d'une interprétation variable. En somme, il nous semble que les trains actuels ont atteint assurément les limites du possible. Quand nous nous sommes, au commencement de ce volume, occupé de la composition du corps d'armée allemand sur le pied de guerre, nous avons indiqué le mode d'organisation du service sanitaire. Convaincus qu'une semblable organisation était insuffisante pour parer à des maladies qui atteignent les masses, mais .qu'il est bon néanmoins de lui faire suivre partout l'armée afin d'être toujours à même de pouvoir s'en servir selon les besoins, nous en sommes venus, outre le concours puissant que le service sanitaire trouve dans les sociétés de secours aux blessés et malades, à la compléter encore en la reliant au service des étapes qui assure le maintien des communications avec la mère patrie. C'est grâce à ce service des étapes, qui fournit un matériel et un personnel frais, qu'on parvient à relever les lazarets de campagne qu'on a établis. C'est à cet effet que l'inspection des étapes dispose d'un personnel de lazarets d'étapes et de dépôts de lazarets de réserve. Les lazarets, qu'on crée alors avec ces ressources, prennent le nom de *lazarets fixes de guerre* (*Stehendes Kriegslazareth*) et relèvent, comme les lazarets d'étapes établis à part et d'une manière spéciale, de l'inspection des étapes, qui est représentée dans ces lazarets par le médecin général des étapes, sous les ordres duquel sont placés les directeurs de lazarets de campagne. Le service des étapes est chargé, en outre, du rapatriement des blessés et malades transportables. Le chef du service sanitaire de campagne dispose à cet effet d'un certain nombre de *trains sanitaires* spéciaux, qu'il forme d'accord avec le chef du service des chemins de fer de campagne, et qu'il fait, ainsi que les *trains de malades*, diriger par les directions militaires de chemins de fer sur les points où fonctionnent les *commissions de transport de malades* qui, instituées pour donner une destination aux malades, prononcent l'admission de ces malades et blessés dans les *lazarets de réserve* établis à l'intérieur du pays.

Le *système de l'évacuation* est donc la base sur laquelle

repose le service sanitaire en temps de guerre, non-seulement parce que, grâce à ce système, on remet aussi rapidement que possible les lazarets de campagne et les lazarets fixes de guerre à la disposition de l'armée d'opérations, mais surtout parce qu'on obvie ainsi à l'accumulation si pernicieuse des blessés et des malades, et qu'on peut ainsi leur prodiguer dans des lazarets plus éloignés du théâtre de la guerre et pourvus de tout, des soins plus empressés et des secours plus complets.

L'inspecteur des étapes établira, quand cela sera nécessaire, sur les routes d'étapes de l'armée, des *dépôts pour les chevaux malades*, dans lesquels on recevra également les chevaux que les corps de troupes auraient momentanément en sus de leur effectif normal, toutes les fois que les dépôts mobiles de chevaux attachés à l'armée ne pourraient s'en charger. Le personnel vétérinaire de ces dépôts devra, sur l'avis émis par l'inspecteur des étapes, être fourni par l'intendance de remplacement de l'intérieur du pays, qui pourra recruter ce personnel parmi les vétérinaires civils.

c. — Remplacement des armes et munitions.

Toutes les fois qu'il s'agira de remplacer des *armes*, des *voitures de munitions*, des *voitures d'artillerie*, on s'adressera au commandant de l'artillerie du corps d'armée, qui transmettra la demande au département général de la guerre. Sur l'ordre de ce département, on remettra les objets demandés aux autorités des étapes qui sont chargées de leur transport jusqu'au lieu principal des étapes. Sur l'avis donné aux corps de troupes par le commandant de l'artillerie, ces corps font alors chercher sur ce point les objets qui leur sont destinés, et, dans ce cas, le transport d'armes portatives s'effec-

/uera en général, en même temps que celui des **canons, etc.** Remarquons d'ailleurs que les troupes actives n'auront que fort rarement besoin de fusils, par cela même que le nombre des hommes indisponibles est en général infiniment supérieur à celui des armes hors de service, et que de plus les armuriers des corps devront se charger des réparations qui ne seront pas par trop importantes.

C'est directement au commandant de l'artillerie du corps d'armée que les corps de troupes s'adressent pour remplacer les *munitions* consommées. Cet officier dispose à cet effet des colonnes de munitions du corps d'armée, et c'est ensuite sur l'ordre du général commandant l'artillerie de l'armée que ces colonnes vont se ravitailler aux colonnes du parc de munitions de campagne. Quant à ce parc, il se réapprovisionne à son tour aux dépôts principaux de munitions (*haupt munitions depots*) qu'on a placés dans les attributions de l'inspecteur général du service des étapes et des chemins de fer de campagne. Enfin le département général de la guerre est chargé à son tour de ravitailler ces dépôts.

Grâce à ce système de ravitaillement échelonné, on peut établir, en raison de leur mobilité, une certaine gradation dans les différentes formations qui coopèrent au ravitaillement, et assurer ce ravitaillement grâce aux différents échelons établis en arrière de l'armée. Les colonnes de munitions attachées aux corps d'armée sont constituées de manière à pouvoir suivre partout les mouvements des troupes, mais sont par suite, quand elles se trouvent séparées des troupes, pendant les marches qu'elles font pour se ravitailler au parc, et pour rejoindre ensuite le corps d'armée, plus exposées à des coups de main tentés par des partis ennemis. Les colonnes du **parc** de munitions de campagne qui sont entièrement reliées au sort des étapes, trouvent, par suite, une protection efficace dans les troupes chargées de couvrir les lignes d'étapes.

Quoique transportéés presque exclusivement par voies de fer, ces colonnes disposent néanmoins d'un nombre d'attelages suffisant pour leur permettre d'employer les routes. Il suffit alors de réquisitionner des attelages, pour que, comme les munitions sont, en vertu du règlement, chargées sur des voitures de munitions, on puisse faire exécuter des mouvements à des colonnes entières. Les dépôts principaux de munitions sont placés assez loin en arrière, restent en général établis sur un point absolument à l'abri. Au fur et à mesure des besoins, ils expédient par chemins de fer les munitions emballées dans des caisses jusqu'au point où se trouvent les colonnes du parc de munitions de campagne, ou jusqu'à la station où les voitures de ces colonnes les font chercher par des voitures vides. Enfin les dépôts d'artillerie de l'intérieur travaillent sans relâche à fabriquer des munitions et ravitaillent ainsi, au fur et à mesure de la consommation, les dépôts principaux de munitions.

D. — *Remplacement d'effets d'habillement et d'équipement, d'ustensiles de campagne.*

On peut appliquer en général au remplacement d'*effets d'habillement et d'équipement* ce que nous venons de dire à propos des armes, c'est-à-dire que le nombre des hommes indisponibles est proportionnellement supérieur à celui des effets d'habillement et d'équipement dont on a besoin. La question de remplacement des effets des troupes mobiles est cependant plus grave, par cela même que les chaussures d'un homme ne sauraient toujours convenir à un autre, et que le soldat, blessé ou malade qu'on rapatrie, voyage en général sans ses armes, mais n'en a pas moins besoin pendant ce temps de ses effets d'habillement.

La distribution aux troupes d'effets de remplacement s'effectue à l'aide des effets de réserve que transportent les voitures d'administration, et quant aux réquisitions qu'on fait dans les cantonnements où l'on a trouvé par hasard une certaine quantité de paires de bottes, etc., allant aux soldats, elles ne donnent alors que des résultats assez insignifiants. D'ailleurs, au bout d'un certain temps, les effets de tous les hommes sont tellement usés, qu'il faut procéder à un remplacement en masse à l'aide d'effets tirés des magasins situés plus en arrière. Les troupes de remplacement, dont les sections d'ouvriers doivent constamment travailler au remplacement des effets des troupes d'opération, sont chargées de la confection et de l'expédition de ces effets.

Les troupes actives s'adressent directement au corps de troupes de remplacement correspondant, qui fait expédier, par l'intermédiaire du commandant général de remplacement, les objets qui lui sont demandés. Les autorités des étapes dirigent ces transports jusqu'au lieu principal d'étapes, où le corps de troupes actives les fait chercher, ou à partir duquel ce transport est confié aux hommes de remplacement qui sont destinés à rejoindre les troupes actives. On procède de la même façon au remplacement des effets d'équipement, bien que, par suite même de la diminution des effectifs, les corps possèdent un plus grand nombre de ces effets que d'effets d'habillement.

Le remplacement des *voitures* (à l'exception des voitures de munitions et d'artillerie) et des *outils et ustensiles de campagne* s'effectue, toutes les fois qu'on ne peut y subvenir grâce à des réquisitions faites sur le pays ennemi, à l'aide de demandes directes que les corps adressent à l'inspecteur du train. C'est au contraire le département général de la guerre qui, sur la proposition des commandants des corps d'armée mobiles, est chargé du remplacement des voitures de pionniers et des équipages de ponts.

E. — *Renforts en hommes et en chevaux.*

On attribue aux troupes de remplacement de toutes armes, au moment de la déclaration de guerre, un effectif tel, et on propose des mesures de nature à maintenir pendant toute la durée du temps de guerre ces effectifs sur un pied tel que l'on puisse toujours, à l'aide de ces troupes, combler les pertes éprouvées pendant le cours de la campagne par les troupes actives. On peut encore, quand certains corps de troupes ont éprouvé des pertes trop considérables, compléter leurs effectifs à l'aide d'hommes tirés et des corps mêmes chargés de leur fournir des renforts, et de ceux qui sont désignés pour en fournir à d'autres. En général, l'envoi de ces renforts se fait sur les demandes directes adressées par les corps actifs aux troupes de remplacement qui leur sont affectées. On fait partir les hommes et les chevaux complétement armés et équipés (avec leur complet de cartouches réglementaire, la portion de fer et la ration) dès que la commandanture de ligne établie à la tête de ligne d'étapes a, sur un avis préalable du commandement général de remplacement (*stellvertretendes general kommando*) réglé le mode de ces transports. Ce sont ensuite les autorités des étapes qui sont chargées de les diriger sur le lieu principal d'étapes, et de là jusqu'au corps de troupes actives que ces hommes ou ces chevaux doivent rejoindre.

Le commandant du bataillon du train est chargé de pourvoir aux remplacements des soldats du train attachés aux différents quartiers généraux et administrations. Le dépôt des chevaux du corps d'armée mobile est chargé de pourvoir aux besoins en chevaux des régiments d'infanterie, des bataillons de chasseurs et de pionniers. Ce dépôt peut avoir aussi à subvenir à des besoins pressants qui viendraient à se produire dans les autres armes.

On rencontre parfois, après des combats sanglants, une difficulté toute particulière à compléter les effectifs de l'artillerie en hommes et en chevaux. Un bataillon ou un escadron peut, même lorsque ses effectifs en hommes et en chevaux sont réduits de moitié, continuer à rendre des services comme bataillon ou escadron. Une batterie, au contraire, qui a perdu la moitié de ses hommes ou de ses chevaux, se trouve, à moins de recevoir des renforts immédiats, dans l'impossibilité de pouvoir servir et atteler ses six pièces. Sans parler des ressources qu'on peut trouver, dans ce cas, dans les batteries moins éprouvées en égalisant les effectifs en hommes et chevaux des différentes batteries, les colonnes de munitions permettent de porter immédiatement remède surtout à la pénurie des attelages. Chaque voiture de munitions des colonnes peut, jusqu'à l'arrivée des renforts en chevaux, se priver de deux de ses chevaux, par cela même que, sans parler des chevaux de réserve de ces colonnes, il reste encore à chaque voiture un attelage de 4 chevaux. C'est le commandant de l'artillerie qui est, dans ce cas, chargé de prescrire les différentes mesures qu'il conviendra de prendre.

VIII. — Reconnaissances spéciales.

Comme nous l'avons dit, lorsque nous avons traité ce sujet dans notre premier volume, la *Reconnaissance spéciale* envisage l'objet, le but de la reconnaissance sous l'aspect bien précis qui résulte de la situation militaire du moment, ou, quand il s'agit de manœuvres (grandes manœuvres, voyages d'état-major), elle se rapporte uniquement à l'hypothèse qu'on a admise. Il en résulte que tout ce qui a une importance quelconque doit être reconnu avec le plus grand soin , tandis qu'au contraire on doit n'accorder qu'une attention toute secondaire à tout ce qui n'a qu'un rapport lointain avec la situation particulière du moment. C'est là, en effet, chose nécessaire, parce que les détails, dans lesquels doit entrer la reconnaissance des objets et des lieux qu'il est indispensable d'étudier, et le rapport, dont l'étendue varie en raison de l'importance même de cette reconnaissance, prendraient sans cela des développements tels qu'il faudrait consacrer à cette rédaction plus de temps qu'on ne saurait en donner à la reconnaissance, au rapport et à la lecture de ce rapport. Un croquis, qui servira de complément et d'explication à la carte, sera toujours une annexe fort précieuse qu'il sera bon de pouvoir joindre au rapport et qui pourra même suppléer parfois complétement à ce rapport. Souvent aussi et par suite de manque de temps, le rapport verbal remplacera le rapport écrit ; mais même dans ce cas il sera bon de porter, sur la carte dont on s'est servi pendant la reconnaissance, les corrections et les additions qu'on aura jugées nécessaires et de les expliquer par des notes. Cette manière de procéder a l'avantage de permettre de s'assurer pendant la reconnaissance si l'on a observé tout ce qui présente une importance réelle et de parer de plus à l'oubli dans lequel on pourrait laisser certaines des observations qu'on a faites.

L'officier envoyé en reconnaissance doit donc être intimement pénétré de l'importance de sa mission et connaître exactement la situation militaire du moment. Il ne doit pas se contenter uniquement de rassembler des renseignements dans le sens qu'on lui a indiqué, mais il doit de plus agir de son propre mouvement. C'est d'après le sens de son rapport que son chef prendra en général une résolution définitive. On devra donc, par suite, s'efforcer à trouver le point vulnérable, etc., plutôt que chercher à rédiger dans un style irréprochable un rapport circonstancié sur une question de moindre importance.

Les considérations, que nous allons développer maintenant, contiennent, par suite, de nombreuses indications relatives aux questions stratégiques et tactiques dont il faut tenir compte.

L'officier d'état-major fait rarement en temps de guerre des reconnaissances à lui seul. Il est en général accompagné par un petit détachement de cavalerie, qui le protége contre les coups de main de partis ennemis, peut repousser pendant un certain temps une grand'garde ennemie, et lui sert à transmettre rapidement des nouvelles, etc., etc. De plus il sera souvent bon, comme deux yeux ne sauraient suffire pour tout voir, d'adjoindre à la reconnaissance un ou deux officiers bien montés, auxquels on aura eu le soin de faire connaître précédemment le but exact de cette reconnaissance. En divisant le terrain qu'il importe de parcourir, on arrive d'abord à réduire sensiblement le temps nécessaire pour parvenir au résultat qu'on se propose ou bien l'on réussit, surtout en terrain couvert et coupé, par cela même que l'on parvient ainsi à apercevoir simultanément sous tous ses aspects un point déterminé du terrain, à se faire une idée plus exacte et plus complète de l'ensemble de la situation. L'officier d'état-major doit alors donner aux adjoints qu'on lui attache des instructions bien complètes.

Quand on aura à résoudre certaines questions théoriques, on devra faire participer aux reconnaissances des officiers d'artillerie ou du génie. Leur rôle prend surtout des proportions importantes dans la guerre de siége, mais on trouve même dans les opérations de campagne des cas où, quand bien même l'officier d'état-major serait assez complétement renseigné pour parer aux erreurs graves qui pourraient se produire au point de vue technique, il sera bon de faire étudier ces questions par des officiers des armes spéciales. Or, comme on aurait, en temps de guerre, le plus grand tort de négliger aucun des moyens grâce auxquels on peut espérer d'arriver au but qu'on se propose, il serait insensé de se priver du concours des officiers qui possèdent des connaissances techniques particulières, sans parler de ce qu'en appelant ces officiers à prendre part à ces reconnaissances, on leur procure un véritable plaisir.

Le problème proposé en pareil cas a une importance telle qu'on devra en confier la solution à un officier d'état-major d'un rang élevé. On devra alors, quand on désignera pour ces missions certains officiers des armes spéciales, avoir soin de prendre des officiers qui, par suite même de leur ancienneté, se trouveront sous les ordres de l'officier d'état-major auquel appartiendra dans ce cas la direction générale de la reconnaissance. Il pourrait arriver sans cela que les détails techniques prissent une place plus proéminente que celle qu'ils devraient occuper.

A. — *Fleuves et passages de fleuves.*

On doit, à ce propos, examiner les deux questions suivantes :

1º A-t-on l'intention d'exécuter un passage de rivière, soit dans une marche offensive, soit dans une marche en retraite?

2º S'attend-on à ce que l'ennemi tente un passage de rivière?

1º *Passage de rivière quand on marche offensivement.* — *La tactique* sert à trouver les points qui se prêtent surtout à un passage de rivière, en tant toutefois qu'on s'occupe de considérer la résistance qu'on aura à surmonter. On doit alors considérer surtout les parties rentrantes du cours d'un fleuve, le commandement de la rive qu'on occupe sur celle occupée par l'ennemi, les abords et les positions couvertes qu'offre cette rive, les points d'appui que la rive opposée offre à l'établissement de la tête de pont que devront installer les troupes qui auront les premières pris pied sur cette rive, etc., etc. La *technique* ou, pour mieux dire, la *science* doit satisfaire à d'autres conditions qui tiennent à des considérations relatives à la largeur, aux rives du fleuve, à son courant, à la nature de son lit, etc. Il faut à cet effet qu'on dispose d'un matériel suffisant d'équipage de ponts ou du moins qu'on puisse parer à la pénurie du matériel en se procurant des ressources de ce genre dans les environs. Il faudra donc faire la part de ces différentes considérations, en tenant compte de ce que le passage du fleuve doit s'effectuer dans une certaine partie du cours du fleuve. Les conditions *stratégiques* elles-mêmes résultent donc et de la situation militaire générale et des considérations tenant au terrain. C'est de ces différentes considérations *tactiques* et *techniques* que les reconnaissances doivent jusqu'à un certain point tenir compte.

Dès qu'on se sera fait une idée exacte de ces différentes considérations, on connaîtra par cela même les conditions que doivent remplir les points de passage : ce n'est en effet que bien rarement, qu'exceptionnellement qu'on pourra trouver un *idéal* remplissant toutes les conditions voulues.

Quand on aura à chercher un point de passage en terrain inconnu, on n'aura qu'à suivre la route la plus naturelle, c'est-à-dire à reconnaître les points sur lesquels il existe, à proximité des communications ordinaires, des points de passage soit à l'aide de ponts fixes ou flottants, soit à l'aide de grands bacs. On réussira de la sorte à satisfaire toujours du moins à *une* des conditions; on parviendra en effet à faciliter et l'accès de ces points et le mouvement en retraite, et on se trouvera de plus, en général, dans une position avantageuse du moins au point de vue technique. Il pourra alors, il est vrai, ne pas en être de même à l'égard des exigences tactiques, qu'on cherchera à satisfaire dans le voisinage de ces points, toutes les fois qu'on ne saurait le faire sur ces points mêmes. On réussira alors à se procurer, autant que faire se pourra, de bonnes communications et on n'aura pas besoin de marcher à travers champs. Dans tous les cas, la possibilité de *pouvoir marcher soit offensivement, soit en retraite* ne cessera d'être une condition essentielle, à propos de laquelle il sera bon de tenir compte des modifications qu'un changement de temps pourra apporter à l'état de viabilité des chemins. On *peut* remédier à une situation tactique défavorable à l'aide de mesures habiles ou grâce à la supériorité de l'effet produit par les armes à feu dont on dispose. On ne peut tourner les difficultés que présente un terrain inaccessible aboutissant à un point de passage (terrain rocheux ou marécageux) qu'en ouvrant des routes dont la création exige un temps assez long. Mais un passage de rivière n'aurait alors guère de chances de réussir en présence d'un ennemi *entreprenant* qui aurait eu le temps de concentrer pour la défense toute la masse de ses forces.

Ces considérations nous ont amené à envisager l'importance d'un fleuve comme obstacle situé en avant de la position ennemie. Le passage d'un fleuve sur des ponts et sous le feu de l'ennemi est assurément l'une des missions les plus difficiles que le commandement puisse avoir à remplir. Les difficultés s'accroissent encore quand on a renforcé l'obstacle naturel par certains travaux. Le moindre contre-temps suffit pour compromettre le résultat de l'entreprise déjà assez dure en elle-même, quand bien même on supposerait qu'on fût parvenu à jeter le pont sans être inquiété, avant que l'ennemi eût pu amener des forces considérables sur ce point. Le passage d'un fleuve, dont la rive opposée, par exemple, n'est pas battue et dominée par le feu des batteries établies sur la rive occupée par les troupes qui vont tenter ce passage, ne saurait guère réussir quand l'ennemi aura massé ses troupes pour combattre. On devra donc, dès qu'on pourra prévoir que l'ennemi pourra concentrer *en peu de temps* de grosses forces sur un point déterminé, choisir un autre point de passage et chercher à y prévenir l'ennemi.

La difficulté même que présente la reconnaissance, grandit encore quand, comme cela se présente presque toujours, les postes avancés de l'ennemi vous interdisent l'accès de la rive de ce côté. On ne peut alors **se rendre un compte bien exact ni de la possibilité** de faire prendre solidement pied sur l'autre rive aux troupes qu'on aura fait passer les premières, ni des mouvements qui, le passage achevé, permettront de continuer les opérations.

Les renseignements fournis par les gens qui connaissent le pays, l'examen attentif des cartes dont on dispose, la comparaison qu'on fait, pour se convaincre de l'exactitude de ces cartes, avec la nature des terrains voisins, enfin la tentative d'exécuter de nuit la reconnaissance de la rive occupée par l'ennemi, peuvent permettre d'arriver à peu près au résultat désiré.

Voici d'ailleurs les sujets qu'il s'agira de reconnaître attentivement, les points sur lesquels on devra insister dans le rapport :

1º Indication des points sur lesquels il est possible ou avantageux de jeter un pont ou de tenter le passage. Fixation motivée du point le plus avantageux ;

2º Largeur, profondeur du fleuve, rapidité du courant : quand on aura à redouter une crue imminente ou un changement prochain dans le niveau des eaux, on devra l'indiquer d'une manière spéciale ;

3º Nature des rives et du lit ;

4º Indication des moyens de passage existants (canots, bacs, approvisionnements de bois, cordes, ancres, etc.). Propositions relatives à la réparation des moyens de passage existants ou détruits momentanément ;

5º Chemins qui aboutissent au fleuve et qui s'en éloignent. Place de dépôt ;

6º Positions pour l'artillerie sur la rive qu'on occupe, en ayant soin d'indiquer le commandement des rives, la largeur de la vallée, les cultures et lieux habités ;

7º Si le point où l'on établira le pont peut être exposé au feu de l'artillerie ennemie ;

8º Localités, mouvements de terrain, qui **augmentent** la difficulté que les premières troupes auront à **prendre** pied sur la rive opposée ou qui au **contraire facilitent** leur établissement;

9º Gués existants : leur existence sera surtout avantageuse quand ils se trouvent en aval du point choisi pour jeter le pont.

S'agit-il *de passer un fleuve alors qu'on marche en retraite,* on devra pour la marche du gros des forces ne s'occuper tout d'abord que des passages existants ou qu'on a remis en état. La reconnaissance indispensable qu'on devra faire de ces passages a alors un caractère essentiellement technique et doit surtout servir à s'assurer si les ponts peuvent supporter certains poids et présentent les garanties voulues de sûreté. En cas de besoin on devra les réparer et les solidifier au plus vite. Le rapport spécial que doit faire un officier du génie n'a trait qu'à ces questions.

Quand on sera vigoureusement poussé par l'ennemi, et c'est là ce qui arrivera généralement à l'arrière-garde, on devra considérer la possibilité du passage en retraite de ce fleuve exécuté sous le feu de l'ennemi. Ce seront alors les considérations tactiques qui reprendront la première place et l'on aura alors en somme à élucider les mêmes questions que pour la marche offensive. Tout ce qui favorisait le mouvement offensif, favorisera également la marche en retraite, en considérant toutefois que lorsqu'on battra en retraite on pourra, à l'aide de travaux de fortification passagère, tirer plus [avantageusement parti du terrain, soit en construisant pour les pièces des épaulements qui, battant la rive opposée, arrêteront la marche de l'ennemi, soit en établissant une sorte de tête de pont qui **couvrira le pont jusqu'au dernier moment.**

La reconnaissance devra porter sur tous ces points; mais souvent, quand l'ennemi poursuivra avec une grande vigueur, il sera impossible de ne pas sacrifier une partie du matériel de ponts.

On devra encore prévoir le cas où, si ce n'est le gros, l'arrière-garde du moins, qui est obligée de faire tête pendant plus longtemps, sera coupée du point principal de passage. C'est à ce but que l'ennemi tendra souvent, et l'on pourra par suite prévoir presque toujours si cet effort viendra de la droite ou de la gauche. Quand on aura envisagé cette éventualité et jeté un pont sur un point favorisant la retraite, l'arrière-garde pourra s'arrêter plus longtemps et laisser, sans s'en préoccuper, l'ennemi exécuter le mouvement tournant qui la coupera du passage principal. Quand on déterminera ce point de passage, on devra choisir un point d'où l'on puisse se retirer sans éprouver de grosses pertes et qui permette de sauver le matériel de pont. Il faudra donc établir, sur ce point qui satisfera à toutes les conditions tactiques, des travaux de défense.

Dans tous les cas la reconnaissance sera alors facilitée par cela même qu'on pourra, sans être inquiété par l'ennemi, explorer les deux rives.

2° *On s'attend à ce que l'ennemi tente un passage de rivière.* — On doit, quand on exécute alors la reconnaissance, se supposer aux lieu et place de l'ennemi, considérer les points qui favoriseront l'entreprise, et chercher les moyens de s'opposer à la réalisation du projet qu'on lui prête. On doit joindre, au rapport qu'on aura à fournir sur la reconnaissance, des propositions relatives à la *surveillance* et *à la défense de la ligne du fleuve.*

Un bon système de renseignements, basé sur une organisation logique et judicieuse du service des avant-postes, fait par-dessus tout et avant tout partie de la *surveillance*. De petits détachements se maintiennent aussi longtemps que possible sur la rive opposée et ne se retirent que lorsqu'ils sont poussés trop vivement, en passant par un point déterminé et défendu sur l'autre rive. Un service de renseignements bien organisé doit alors essayer de compléter les nouvelles apportées par les détachements qui viennent d'être refoulés. Les reconnaissances, que l'ennemi fait des différents points, servent à révéler ses intentions.

Les postes d'observation placés sur la rive ont par suite l'ordre de ne pas inquiéter les officiers ennemis envoyés en reconnaissance, à moins qu'ils ne soient absolument sûrs de leur coup, c'est-à-dire, à moins qu'ils ne puissent tirer sur eux à bonne portée. Mieux vaut en effet observer attentivement les intentions de l'ennemi que chercher à troubler les officiers qu'il envoie en reconnaissance. On devra en même temps installer un système de transmission rapide des nouvelles à l'aide des télégraphes et des lignes de relais. On postera sur le point essentiel, c'est-à-dire, sur celui qui semble devoir être choisi pour le passage, des officiers intelligents qui sauront dès le principe discerner d'une diversion toute tentative de passage sérieux.

On facilitera en outre la *défense* en privant l'ennemi de tout ce qui pourrait servir au passage, en retirant les canots, les bacs, les bois de construction, etc. La probabilité d'une reprise prochaine de l'offensive devra être également considérée, et c'est d'après la solution donnée à cette question qu'on se décidera soit à amener sur la rive qu'on occupe, soit à détruire tous les objets que nous venons d'énumérer. On devra de même ou s'assurer de la possession des gués, des ponts fixes, des ponts de chemins de fer, ou les détruire. On ne doit pas négliger dans ce cas de s'assurer de l'état des fourneaux de mines et autres dispositions destructives. Mais la répartition judicieuse des troupes dont on dispose et qu'il importera de pouvoir masser le plus vite possible sur le point probable de passage, a surtout une importance capitale.

C'est grâce à une reconnaissance consciencieuse, qu'on se procurera les éléments nécessaires pour prendre toutes ces mesures diverses qui rentrent dans le domaine des dispositions. Les considérations stratégiques, c'est-à-dire la répartition et la délimitation de la zone qu'il faudra observer et défendre, et par suite reconnaître, sont les conséquences naturelles de l'ensemble de la situation. Cette zone est subdivisée en un certain nombre de sections dont la reconnaissance est exécutée par des officiers.

Comme on ne connaît pas exactement les intentions de l'ennemi, les reconnaissances qu'on fera exécuter seront plus vastes que celles de l'ennemi qui connaît le but auquel il tend et qui ne reconnaît par suite qu'un terrain moins étendu. Nous devons donc nous orienter d'autant plus complétement que nous avons un but négatif. La différence qui existe entre la défensive et l'offensive n'apparaît presque jamais d'une manière plus tranchée, plus nette que lorsqu'il s'agit de l'attaque ou de la défense d'une ligne fluviale. Une ligne fluviale, protégeant sur une vaste étendue le front du défenseur, permet à l'assaillant de concentrer le gros de ses forces à l'improviste sur un seul point. Aussi y a-t-il pour le défenseur un grand danger à fractionner ses forces. Mais on peut parfaitement se protéger contre un pareil danger en faisant exécuter de bonnes reconnaissances. On doit voir beaucoup et bien, mais on doit surtout chercher à lire et à deviner les intentions de l'ennemi.

B. — *Chemins.*

La reconnaissance des chemins est une de ces missions que l'officier d'état-major a fréquemment à remplir.

Quand on marche en avant, quand on est en contact immédiat avec l'ennemi, les troupes avancées (ce seront en général des troupes de cavalerie) ne pourront guère procéder à une reconnaissance préalable des chemins. On devra donc se contenter des renseignements fournis par les cartes et les habitants du pays, et voir jusqu'où l'on pourra aller dans la direction qui a été indiquée. Dans le cas le plus défavorable, quand on aura pris une mauvaise route, ou une route dans laquelle il sera plus tard impossible de continuer à marcher, on reviendra sur ses pas. Il peut, il est vrai, en résulter une foule de conséquences fâcheuses; une colonne, sur l'arrivée de laquelle on comptait, éprouve un retard et le sort d'un combat peut ainsi se trouver compromis.

On devra donc ne pas compter sur l'arrivée des unités un peu considérables avant d'avoir acquis la certitude qu'elles pourront se servir des routes qu'on leur a prescrit de suivre. On devra donc ne faire suivre au gros des forces que les bonnes routes portées sur la carte, ou celles qui auront été reconnues peu de temps auparavant ou que des renseignements divers s'accordent à indiquer comme bonnes.

On peut se servir sans aucune crainte des routes que l'ennemi vient de suivre en se retirant devant nous. Dans le cas où il ne pourrait plus continuer à marcher en suivant ces routes, on a au moins la chance de l'atteindre et de l'obliger à combattre dans des conditions désavantageuses pour lui. Le meilleur moyen d'être, pendant une marche en avant, renseigné sur l'état des chemins, consiste à habituer les corps de cavalerie les plus avancés à joindre aux nouvelles, qu'ils envoient tous les jours sur l'ennemi, quelques données concises sur la viabilité des routes qu'ils ont suivies. L'avant-garde aura, mais à un degré plus grand, le même devoir à remplir envers le gros, et les officiers d'état-major attachés aux divisions de cavalerie, aux avant-gardes, etc., devront y consacrer une attention continuelle.

Il peut néanmoins arriver parfois que, pendant une marche en avant, on attribuera à une troupe une route dont il lui sera ou absolument impossible ou du moins fort difficile de se servir. La faute n'en sera pas toujours aux officiers d'état-major, qui ne peuvent pas toujours faire la reconnaissance en personne.

Dans les marches en retraite, au contraire, de tels faits ne doivent jamais se produire, du moins tant qu'on n'est pas jeté par l'ennemi dans un pays impraticable. Suivre des routes en mauvais état présente alors un double danger : on peut, en effet, être précédé et coupé par l'ennemi qui marche sur une bonne route parallèle. C'est pour cela qu'on ne doit se déterminer qu'avec la plus grande circonspection à adopter comme ligne de marche la voie d'un chemin de fer. Dans un pays montagneux ou marécageux, lors du passage de grandes rivières, alors qu'il faut faire entrer en ligne de compte les inconvénients forcés qui résultent d'un pareil choix en opposition à la multiplication des lignes de marche et à la possession d'un pont, il pourra arriver, lorsqu'on suivra la voie pendant de longues distances, que cette voie se transforme en défilé dont on aurait peine à sortir, que toutes les armes ne sauraient traverser et que, par exemple, la rupture d'un essieu, qui obligerait à abandonner une voiture sur la route, fermerait momentanément complétement. On a donc admis en principe qu'on ne ferait marcher sur la voie que l'infanterie sans ses voitures. On ne pourra pas même songer à faire demi-tour sur un chemin impraticable en présence d'un ennemi qui vous poursuit. L'état-major peut et doit donc faire ses reconnaissances avec un soin tout particulier : car il n'est pas de circonstance dans laquelle le maintien absolu de l'ordre le plus parfait ait une importance plus grande que pendant une marche en retraite. On doit donc se mettre en garde contre tout ce qui pourrait venir troubler cet ordre, et parmi les faits de cette nature il convient assurément de ranger les dispositifs de marche incomplets, illogiques et provenant de ce qu'on possède une connaissance incomplète des voies de communication.

En général, on n'aura pas besoin de faire reconnaître les *routes d'art* toutes les fois du moins qu'on disposera de cartes bien au courant. Ce sont ces routes que les trains suivent avant l'armée pendant la marche en retraite. On arrive ainsi à connaître, dans le cas où l'on n'aurait pas eu auparavant connaissance de leur existence, les obstacles qu'on peut alors ou éviter ou surmonter.

La question du choix des chemins a surtout une importance capitale quand il s'agit de troupes placées dans le voisinage immédiat de l'ennemi. Il faut alors ne pas perdre un instant de vue les considérations relatives au combat et aux marches. Souvent ce qui semblait le plus avantageux au point de vue des marches est, par suite de considérations tactiques, relégué au deuxième plan. On formera des détachements de flancs pour se couvrir et on attribuera souvent à ces détachements des routes moins bonnes ; enfin on fera encore suivre certaines routes à des troupes, rien que pour opposer sur certains points une résistance à la marche éventuelle de l'ennemi. Mais toutes ces routes doivent permettre d'exécuter des marches régulières et doivent par suite être reconnues à l'avance.

La reconnaissance d'une route, dans de pareilles circonstances, ne saurait ni présenter de sérieuses difficultés, ni se perdre dans des détails inutiles. On doit se rendre compte surtout de la nature et du degré de viabilité de la route pour les différentes armes : on doit envisager surtout la largeur du chemin dans ses parties les plus étroites, la nature du sol, les pentes, les ponts ou autres défilés, toutes les fois que ces défilés sont plus resserrés que les parties les plus étroites de la route. Au point de vue du combat, il importe de considérer le terrain environnant la route, de se rendre compte s'il favorise le déploiement des troupes et l'effet des armes à feu, si l'on y trouve des positions d'avant-garde et d'avant-postes, s'il facilite la retraite, ou s'il la rend plus difficile, s'il se prête à des surprises, etc., etc. L'officier d'état-major doit songer à tout dans sa rapide reconnaissance et faire immédiatement son rapport. Il doit également traiter les questions relatives au campement, au logement, aux subsistances des troupes.

Il nous reste à parler des recherches auxquelles on doit se livrer pour trouver des *routes de colonne,* opération qui consiste à se servir du terrain praticable (et tout d'abord du réseau des routes), de manière à pouvoir faire exécuter à plusieurs colonnes une marche combinée.

Des colonnes de marche isolées se servent, pour se rendre d'un point à un autre, de la meilleure et de la plus courte des routes dont on dispose. On n'a alors besoin de rechercher et d'indiquer une route de colonne que dans les cas assez rares où, faute de cartes bien faites ou de renseignements sérieux, on est dans l'incertitude sur la direction à suivre. Il faudra, toutes les fois que plusieurs colonnes devront se rendre au même point, attribuer à chacune d'elles une route particulière. Il faut alors, pour tirer parti du réseau routier dont on dispose, se livrer à des combinaisons qui ne sont parfois pas très-simples, ou parfois chercher des routes nouvelles; des lignes de marche (des chemins de fer par exemple) dont on ne se sert pas d'ordinaire ou qui n'existent pas, en employant à cet effet le terrain praticable situé en dehors des routes. On peut éviter d'avoir recours à ce moyen tant que l'on a à sa disposition suffisamment de routes existantes.

On n'a par suite lieu de rechercher de semblables routes improvisées de colonnes que lorsqu'il s'agit de porter en avant de grosses masses et de les déployer au combat. Dans ce cas on n'aura jamais trop de lignes de marche : c'est en raison de l'accroissement du nombre de ces routes, pourvu qu'il y ait entre elles une distance suffisante, que s'augmente la rapidité du déploiement. Souvent on est obligé à quitter une route existante et à marcher à travers champs afin de dérober une colonne aux vues ou au feu de l'ennemi.

Dans les marches composées de différentes colonnes, il ne sera pas toujours possible de les faire marcher constamment sur les routes qui leur sont attribuées; il faudra donc faire passer ces colonnes d'une route sur une autre, les faire marcher même pendant un certain temps à travers champs, afin de disposer du plus grand nombre possible de routes parallèles.

La figure suivante fera comprendre plus clairement mon idée.

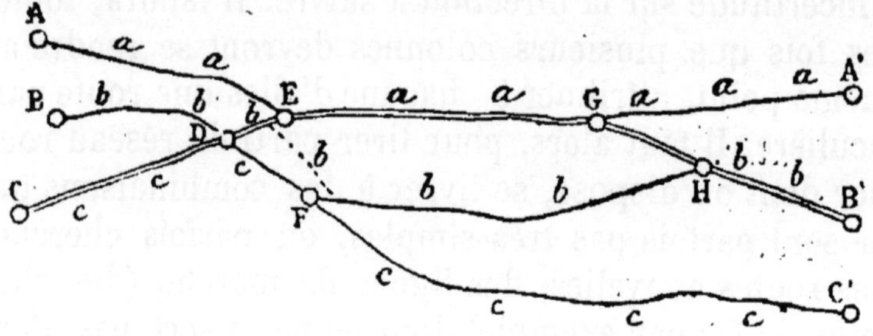

En admettant qu'un corps de troupes doive, en marchant sur trois colonnes à peu près à égale hauteur, se
porter de la ligne A, B, C sur la ligne A', B', C', il en
résulterait, si l'on attribuait à la colonne partant du
point C la route C, D, E, G, H, B', que cette colonne
serait forcée de croiser et de couper les colonnes parties des points A et B.

Il faudra, au contraire, que la colonne *a* partie du
point A passe par E et G pour se rendre en A', tandis
que la colonne *c* partie du point C arrivera en C' en
passant par D et F, et qu'enfin la colonne *b* se dirigera en
sortant de B sur D et E, et prendra, avant d'atteindre ce
dernier point, une route de colonne (pointillée dans le
dessin ci-contre) qu'on a choisie à cet effet et qui abou-
tit à la route menant de F à H, point par lequel elle
passera pour arriver à destination en B'. On doit admettre dans ce cas que les deux colonnes *b* et *c* peuvent
passer à la fois par la ville de D en se portant l'une
dans la direction B E, l'autre dans la direction C F, et
en suivant dans cette ville même deux routes différentes. S'il en était autrement, l'une des colonnes devrait
tourner la ville en employant une route de colonne.

On devra indiquer d'une manière apparente les
routes de colonne qu'on établira en dehors du réseau
routier. Quand on en aura le temps, ou quand une route
de colonne (c'est là ce qui arrive pendant le siége ou
l'investissement d'une place) devra servir pendant un

certain temps, on devra en indiquer le parcours à l'aide de bouchons de paille placés sur des perches et à l'aide de poteaux indicateurs érigés à chacune des extrémités. Quand on n'aura pas le temps nécessaire pour établir des signaux de ce genre, l'officier d'état-major devra marquer, à l'aide d'ordonnances à cheval, qu'on avait mis à sa disposition pendant qu'il exécutait sa reconnaissance, le parcours des routes de colonne, qu'il aura déterminées. Ces cavaliers mettent alors pied à terre et doivent recevoir ou des ordres verbaux, ou de courtes instructions écrites relatives à la mission qui leur est confiée.

Quand des corps de troupes devront suivre de semblables routes pendant la nuit, on devra rapprocher ces ordonnances et les munir, toutes les fois que faire se pourra, de torches ou de lanternes. On devra aussi, autant que possible, donner à ces troupes des guides qui auront reconnu le terrain pendant le jour.

Quand on recherche des routes de colonne, grâce auxquelles il sera possible de prendre directement l'ordre définitif de combat, les aides de camp de chacun des commandants des différentes colonnes accompagneront l'officier d'état-major, toutes les fois que le commandant en chef n'aura pas donné d'ordres particuliers aux chefs de ces colonnes, s'orienteront sur les directions que doivent suivre les troupes dont se compose leur colonne et serviront ensuite de guides. Il est alors inutile de désigner les routes de colonne par des signes apparents.

c. — Chemins de fer.

1. Reconnaissance des voies ferrées dont on veut se servir.

On ne saurait, en temps de guerre, considérer la reconnaissance d'une voie ferrée dont on veut se servir comme complète et terminée, par cela seul que l'on a fourni un rapport sur l'état actuel, momentané, de cette partie de la ligne : il est, au contraire, indispensable d'envisager dans ce rapport les moyens d'en améliorer, d'en accroître, d'en prolonger le rendement, d'exposer les moyens qui peuvent permettre d'arriver à un pareil résultat.

Pour qu'on puisse organiser un service quelque peu durable, il faut tout naturellement qu'on puisse disposer des voies, des aiguilles, des locomotives avec leur tender, d'eau, de charbon, des employés des stations, des mécaniciens, etc.

Nous avons, dans le premier volume, insisté sur l'influence qu'exercent, au point de vue de l'accroissement du rendement, la nature même de la ligne, l'installation des stations, les ressources en matériel et en personnel, l'existence de communications télégraphiques.

Il faut toujours s'attendre à manquer d'une ou de plusieurs de ces conditions essentielles, toutes les fois qu'il s'agira d'exploiter une ligne que l'ennemi aura parcourue ou occupée.

Ce seront alors les autorités et les troupes des chemins de fer qui seront chargées de rétablir et de reprendre le service de la ligne. Quoi qu'il en soit, l'officier d'état-major de la première des unités tactiques, qui occupera une de ces lignes ou qui passera sur une de ces lignes, rendra de grands services aux autorités des chemins de fer et par suite à l'armée entière, s'il a eu soin de s'assurer des ressources qu'on pourra trouver sur les lieux mêmes, quand il s'agira de rétablir l'exploitation de la ligne, et s'il a, de la sorte, complété les renseignements qui, relatifs à cette reprise de service, seront adressés aux autorités compétentes.

Parfois aussi il pourra arriver qu'il faille de plus

garder et faire surveiller militairement les principales ressources encore existantes, qui faciliteront cette reprise du service de la ligne.

Les renseignements plus spéciaux, plus techniques qu'on devra se procurer avant de rendre la ligne à la circulation ou d'augmenter son rendement, rentrent, il est vrai, dans les attributions des officiers et des employés du service même des chemins de fer. Toutefois, par cela même qu'il y aura de gros intérêts en jeu, un officier d'état-major, qui aura été chargé de coopérer à ce travail, doit toujours se rappeler qu'il est plus utile d'ouvrir immédiatement une section de ligne, quand bien même le parcours serait peu considérable et le rendement restreint, que de retarder cette ouverture pendant un certain temps et jusqu'à ce que ce rendement puisse être plus grand ; que c'est grâce à des mesures ultérieures qu'on parviendra à augmenter ce rendement, et que, par exemple, il ne faudra pas négliger d'ouvrir une voie provisoire latérale qu'on peut, au bout de 6 à 8 jours, faire sillonner par des trains de 10 à 20 essieux, marchant avec une vitesse de 4 kilomètres à l'heure, parce que l'on espérera avoir fini le déblaiement d'un tunnel dans le double de ce temps.

En présence de l'influence considérable, capitale, que le nombre même et l'étendue des voies de communications rapides exercent sur le ravitaillement des armées qui accentuent leur mouvement offensif; en présence des services qu'elles rendent quand il s'agit de reporter en arrière tout ce que les troupes ont besoin d'évacuer, on doit avoir recours à tout, et sans parler ici des conditions techniques de perfection et d'achèvement qu'on doit considérer en temps ordinaire, on doit profiter de tout ce qui permet de se servir de ces communications dans le plus bref délai possible.

2. Reconnaissance de sections de lignes qu'on se propose de fermer.

Détruire une ligne de chemin de fer pour en rendre l'exploitation impossible, c'est se servir d'une arme à deux tranchants. On devra se garder de détruire d'une manière absolue même une ligne dont l'ennemi se servirait, une ligne qu'on lui abandonnerait, toutes les fois qu'on a lieu de croire et d'espérer qu'on pourra, sous peu, s'en servir de nouveau. En général, il suffira de détruire la voie de manière à causer une interruption momentanée du service, et ce ne sera que sur un ordre formel du commandant en chef qu'on devra procéder à une destruction totale.

Des troupes de toutes armes peuvent être chargées de l'exécution de la première de ces opérations ; les pionniers et les troupes des chemins de fer peuvent seuls opérer une destruction complète, et ce seront alors des officiers appartenant à ces corps qui devront faire la reconnaissance détaillée de la ligne et rédiger les mémoires relatifs à leur destruction.

C'est dans la catégorie des *destructions partielles de peu d'importance* que rentrent les destructions du matériel et de la voie. On peut, en détruisant la voie, considérer comme superflue la destruction du matériel : mais, en revanche, quand bien même on aurait détruit le matériel, il sera encore indispensable de détruire la voie.

En brisant ou en enlevant les boites des roues, les roues, etc., on met momentanément le *matériel roulant* hors de service : pour les locomotives, il suffit d'enlever les bielles et les soupapes.

En faisant éclater les chaudières des locomotives, en brûlant ou en faisant éclater les voitures et les tenders, on mettra le matériel roulant définitivement hors de service. Quant à ce qui est de la *voie*, les destructions portent sur la ligne même, de préférence sur les courbes (on enlèvera alors le rail du côté même où l'on tourne), dans les gares, sur les voies de garage, d'évitement; enfin, quand on voudra que ces destructions aient un certain caractère de durée, on les répétera à plusieurs endroits rapprochés les uns des autres, et on les exécutera sur d'assez grandes étendues.

Sur la voie même, il suffira aussi d'enlever les boulons placés des deux côtés des rails et les éclisses extérieures.

Dans les gares, il y aura avantage à se servir de la dynamite pour les destructions de voie, au lieu d'avoir recours aux destructions à l'aide de pics, de leviers, de barres de fer, etc. Les régiments de cavalerie possèdent d'ailleurs les moyens nécessaires pour exécuter de semblables destructions des voies ferrées.

Quand on voudra *détruire sérieusement et pour longtemps* une voie, on devra faire sauter les grands travaux d'art dont l'exécution a présenté des difficultés réelles. A défaut de travaux d'art, on pourra procéder à une destruction complète des gares (aiguilles, voies d'évitement, plaques tournantes pour les locomotives, réservoirs d'eau, pompes), enlever, recourber ou brûler sur la voie, les rails, les coussinets, les traverses sur de vastes étendues et en maints endroits. Mais alors même on n'obtiendra qu'une interruption momentanée de la circulation, que l'on pourra rétablir assez rapidement, en consentant, pour un temps fort long, du reste, à un rendement restreint.

La destruction des bâtiments des gares a peu d'influence sur l'interruption de la circulation : il est bien plus utile d'enlever et de détruire les appareils et les lignes télégraphiques.

Quand on voudra faire sauter complétement des digues, des levées, des ponts, des viaducs, l'entrée des tunnels, ou les parois de grandes tranchées ou de gros remblais, on devra calculer avec soin la résistance qu'on rencontrera, afin que la destruction par l'explosion ne produise des résultats ni trop considérables ni trop insignifiants : on n'obtient que des résultats insignifiants en faisant sauter l'intérieur d'un tunnel qui traverse une montagne dont le sol est résistant; dans les terrains meubles, argileux, etc., on arrivera, au contraire, à obstruer la voie de telle façon qu'il faudra parfois un travail de plusieurs années pour rétablir la circulation.

Quand on voudra procéder à *une destruction aussi complète que possible*, on ne devra pas considérer seulement rien que le temps qu'il faudra pour rétablir ensuite provisoirement ou définitivement la circulation sur ce point, mais voir encore s'il sera possible de tourner, grâce à une voie latérale, la section qu'on aura détruite. C'est là une question que l'officier envoyé en reconnaissance devra résoudre avec l'aide de l'officier ou de l'employé des chemins de fer qui l'accompagne, et souvent alors il devra se prononcer en faveur de la destruction d'une section qui, si elle est plus facile à réparer, ne saurait être tournée, de préférence à celle dont la réouverture présenterait plus de difficultés, mais qu'il serait, en revanche, plus aisée de tourner.

D. — *Lieux habités.*

La reconnaissance des lieux habités ne porte en général que sur *leur valeur défensive*, opération qui se rattache tout naturellement à l'étude du terrain environnant.

La plupart des lieux habités, et surtout les plus importants, sont situés dans les terrains bas, près du cours des rivières, et c'est le besoin même de l'eau qui a in-

flué sur le choix de l'emplacement sur lequel ils s'**élèvent**.
Des localités de ce genre constituent donc fréquemment
des défilés sur les cours d'eau, près desquels elles s'é-
lèvent. Bien que dominées souvent par les **hauteurs**
voisines, ces localités n'en conservent pas moins, au
point de vue de la défense purement locale, une certaine importance qui dépend :

1° Du genre de clôture, qui peut constituer un obstacle sérieux, obliger l'ennemi à ne diriger ses attaques
que sur certains points, ou bien encore dérober le défenseur aux vues et au feu de l'ennemi ;

2° Du terrain en avant, s'il existe en avant de la localité un terrain qui soit un bon champ de tir ou qui
permette au contraire à l'assaillant de s'abriter ;

3° De la possibilité d'opposer à l'intérieur même de
la localité une résistance acharnée, si l'on peut la diviser en secteurs, y ménager des réduits, des abris contre
le feu de l'ennemi, s'il y existe des espaces libres où
l'on pourra réunir les réserves spéciales, si l'on y trouve
de bonnes communications intérieures ;

4° De la possibilité de placer à l'abri et de faire mouvoir, soit dans la localité, soit en arrière, de grosses
réserves destinées à prendre l'offensive, après que l'ennemi aura attaqué.

On devra surtout considérer le rôle et l'emploi de
l'artillerie, tant de celle de la défense que de celle de
l'ennemi, le nombre de troupes qu'il faudra pour occuper la localité, envisager le mode d'occupation, étudier
l'organisation de la défense, surtout quand le nombre
des troupes, dont on disposera, ne sera en relation ni
avec l'importance, ni avec la position même de la localité, enfin déterminer les travaux de fortification qu'il
faudra exécuter soit dans la localité, soit sur les terrains
environnants.

Quand il ne s'agira que du *logement*, on considéréra

le nombre et la nature des constructions, des granges, des écuries, etc., etc. On devra à cet effet, pour faciliter le travail, subdiviser les localités importantes en un certain nombre de districts. On procédera de même quand il s'agira de *réquisitions de vivres*, etc. Mais, tandis que la capacité d'une localité au point de vue du logement reste constante, aussi longtemps du moins que la localité ou une partie de la localité n'a pas été détruite par l'incendie, etc., ses ressources en vivres et en effets d'habillement et d'équipement sont essentiellement variables et dépendent surtout des fournitures qu'elle a eu à livrer peu de temps auparavant. Au lieu de faire reconnaître la localité par un officier d'état-major, il faudra donc parfois que, sur les indications de l'intendance, les troupes se livrent à des perquisitions minutieuses.

E. — Bois.

Nous ne pouvons à ce propos que renvoyer le lecteur à ce qui a été dit au Ier volume, et nous ne ferons qu'appeler l'attention sur l'importance des routes qui traversent des bois. La reconnaissance de ces chemins présente en effet des difficultés toutes particulières, à cause de l'absence presque générale de vues sur le terrain environnant, toutes les fois du moins qu'il s'agit de considérer autre chose que les coupes réglées.

F. — Terrain impraticable.

Bien qu'un terrain réellement impraticable n'ait, à vrai dire, qu'une valeur négative, il n'est pas moins important de reconnaître jusqu'à quel point ce terrain est réellement impraticable. On devra considérer alors tout ce qui retarde le mouvement des troupes. Ce n'est que fort rarement que le terrain sera absolument impraticable ; il faut se rendre compte, soit de l'impossibilité qu'il y aura à y faire passer les différentes armes, soit des difficultés et des obstacles que le terrain présentera quand il s'agira d'y prendre certaines formations.

Considérées au point de vue des pentes, du sol, et de ce qui concerne le sol, les reconnaissances de terrains impraticables ne porteront que sur les montagnes, les marécages et les bois. Nous savons que, sans parler même des voies de communication établies et entretenues, il est dans les montagnes des points sur lesquels les troupes peuvent parfaitement se déployer pour combattre, qu'il est possible de faire traverser à l'infanterie en ordre dispersé, parfois même en ordre compact, sur certains points déterminés et un peu plus élevés seulement, des plaines basses d'une grande étendue et impraticables presque partout ailleurs, enfin que toutes les armes peuvent se mouvoir dans les parties les plus claires des bois. La reconnaissance, qu'exécutera alors un officier d'état-major, aura pour but d'éclairer le général sur ces points dans chacun des cas particuliers qui se présentent. Mais cet officier ne devra alors tenir aucun compte de ce que, dans la montagne comme dans les pays de marécages, quelques hommes isolés, quelques indigènes parviennent à se servir d'un sentier inaccessible pour tous, dont la traversée est pénible pour eux-mêmes et réussissent à se frayer un passage à travers les fourrés les plus épais. Les avant-postes ou des détachements d'une espèce particulière auront alors ou à se servir de ces passages, ou à se garder contre les dangers auxquels les expose leur existence. Quant à la position même qu'occuperont ces avant-postes, elle sera souvent déterminée par le rapport que l'officier d'état-major aura fait de sa reconnaissance.

G. — *Défilés et passages.*

Les points sur lesquels le terrain praticable se resserre, et que nous désignons sous le nom de défilés ou
de passages, ont une importance militaire par cela
même que, pendant tout le temps qu'elle met à les
traverser, une troupe ne saurait tirer de ses armes à
feu qu'un parti des plus restreints. Une faible partie
des troupes de ce corps est donc obligée de résister
pendant longtemps à un ennemi supérieur en nombre,
lorsque les deux fractions de ce corps sont séparées les
unes des autres par un grand défilé. La reconnaissance
doit servir à révéler la force du défilé, force qui dépend
de la longueur, de la largeur, de la viabilité même du
défilé, du fait que les terrains qui l'environnent seront
plus ou moins inaccessibles, enfin de la nature même
du terrain avoisinant les abords du défilé qui facilite
l'attaque, ou la défense, ou la retraite en combattant,
ou qui au contraire en augmente les difficultés.

Il faudra considérer *la longueur* d'un défilé, tant par
rapport au temps que les différentes armes mettront à
le traverser, que par rapport à l'effet que les armes à feu
pourront produire d'un bout du défilé à l'autre. Plus
un défilé est long, et plus il sera fort au point de vue
de la défense. Le feu y produira d'autant plus d'effets que les troupes de l'assaillant mettront plus de
temps à le traverser, et resteront plus longtemps exposées à un feu auquel elles seront dans l'impossibilité
presque absolue de répondre. Quand le défilé aura une
longueur telle, que l'ennemi, placé à l'une de ses extrémités, ne pourra pas réussir à chasser le défenseur qui
s'est retranché à l'autre extrémité, il sera, pourvu qu'il
soit occupé par des troupes suffisamment nombreuses,
presque impossible à forcer.

La *largeur* a aussi une valeur réelle, mais une valeur directement opposée à celle de la longueur. Plus le défilé sera large, plus aussi le front sur lequel l'assaillant pourra s'avancer sera grand, et plus, par suite, ce front sera favorable à l'attaque. Grâce à la diminution même de la profondeur de marche, qui résulte de l'extension qu'on peut donner au front, on pourra, dès que la tête aura forcé le passage du défilé, réussir à se déployer plus rapidement en avant du défilé.

Pour apprécier le degré de *viabilité* du défilé, il suffit de considérer sa valeur comme route : les pentes, la nature du sol, etc., exerceront alors une action qui sera tantôt favorable, tantôt contraire.

Mais ce qui donne surtout et par-dessus tout une valeur réelle au défilé, c'est la *nature même des terrains plus ou moins praticables qui l'environnent*. Une troupe qui ne pourrait, pour enlever le défilé, avoir recours qu'à une attaque directe, se trouvera dans une situation bien précaire, dès qu'elle y aura pénétré, par cela même qu'elle ne saurait en aucune façon produire un effet sérieux par son feu. Pour que le feu soit efficace, il faut qu'il puisse prendre l'ennemi de flanc ou à revers, toutes les fois que la nature du terrain ne permettra ni de déployer ni de faire marcher l'infanterie en ordre dispersé, opération qui, quoique parfois pénible et difficile, sera cependant généralement possible et avantageuse.

Quant à ce qui est de la *nature particulière du terrain*, ce qu'on devra étudier principalement ce seront les positions que pourront occuper les batteries de la défense et de l'attaque. Il suffira alors, pour se prononcer sur la valeur du défilé comme position défensive, de se rendre compte de la supériorité de l'une ou de l'autre de ces positions. On devra encore rechercher les points d'appui naturels qu'on trouvera pour la défense locale, les positions qui donneront à la défense des vues étendues et qui rendront impossible toute erreur dans l'interprétation des mouvements de l'ennemi, ou qui, si l'on attaque au contraire, permettront de se masser et de s'approcher sans être vu par le défenseur; enfin, on devra encore considérer tout ce qui permettra de rendre sans peine le défilé impraticable, ou de le fermer complétement (*Sperrpunkte*).

Un défilé d'une grande longueur, tel que, par exemple, le passage d'une montagne, se subdivise ordinairement en une certaine quantité de défilés séparés les uns des autres, toutes les fois du moins qu'il sera possible de faire prendre aux troupes de place en place la formation de combat, soit d'un seul, soit des deux côtés de ce défilé. Il en résulte qu'on dispose alors de plusieurs positions défensives successives. On n'aura plus alors qu'à se protéger contre un mouvement tournant que l'ennemi pourrait tenter par surprise à l'aide d'une route dont on ne soupçonnait pas l'existence, ou contre une attaque imprévue dirigée sur les derrières.

H. — Positions.

Dans le langage militaire, le sens qu'on donne au mot *position* fait supposer qu'on se propose ou qu'on s'attend à livrer sur ce point un combat (1). Or, comme le caractère même de ces combats et les différentes circonstances qui les amènent et les motivent, sont des plus multiples, il en résulte par suite qu'il existe différentes espèces de positions. On pourra donc les diviser tout d'abord en positions de préparation

---

(1) Ce qu'on appelle position de rendez-vous n'est pas une position, mais une formation spéciale des troupes.

(*Bereitschaftsstellungen*), en positions de combat (qui comprendront les positions de bataille, les positions d'avant-garde, les positions d'arrière-garde) et en positions d'avant-postes. Dans les reconnaissances qu'on exécutera, on devra par suite étudier les positions sous ces différents aspects.

1. Positions de préparation.

On occupe des positions de préparation quand on n'est encore qu'incomplétement renseigné sur la position et les mouvements de l'ennemi et quand on veut rester libre de pourvoir, dès qu'on se sera procuré les renseignements voulus, prendre aussi bien telle mesure que telle autre. Afin d'éviter toute perte de temps inutile, il sera bon alors de tenir les différents corps de troupes tout prêts à marcher dans les environs des points de croisée des routes qu'il s'agira de suivre en cas de mouvement. Souvent aussi il sera bon de donner aux troupes l'ordre de faire cuire leur repas, parce qu'on pourra ensuite se porter plus facilement sur le point qu'on a, pendant ce temps, reconnu nécessaire d'atteindre. Souvent aussi la question de savoir, si l'on se portera dans une direction déterminée, aura un lien intime avec une autre question, celle de savoir si l'on devra faire occuper aux troupes certaine position de combat. La position de préparation doit remplir toutes ces diverses conditions. Cette position doit donc se raccorder au réseau routier existant, ou même aux routes de colonne, et permettre par suite à chacune des colonnes de pouvoir se porter sans difficulté et surtout sans qu'elles se coupent entre elles, dans une direction quelconque et d'arriver avant tout, sans que l'ennemi puisse s'y opposer, jusque sur la position de combat qu'on aura choisie. Il en résultera donc, qu'à cause même de la suite qu'il doit y avoir dans les idées du commandement en chef, la position de préparation d'aujourd'hui coïncidera complétement avec les buts assignés à la marche de la veille, et qu'il faudra par conséquent qu'on ait songé, en déterminant ces buts, aux mesures probables qu'on prendrait le lendemain.

Les troupes, dans ce cas, resteront dans leurs bivouacs en se tenant prêtes à marcher, ou se réuniront hors de leurs cantonnements sur les points de rassemblement qui leur sont désignés en cas d'alarme.

Parfois aussi des événements soudains et imprévus viennent vous forcer à modifier tout à coup les ordres qu'on avait donnés et les intentions qu'on nourrissait. C'est précisément dans des cas semblables qu'on ne réussit pas à se faire immédiatement une idée exacte des mesures absolument indispensables, dont la nécessité n'apparaît souvent qu'à la suite d'une reconnaissance qui prend naturellement un certain temps. On devra alors pendant ce temps tenir les troupes toutes prêtes à combattre, ce qui, comme nous l'avons dit, n'empêche pas de laisser faire la soupe et de donner à manger aux chevaux.

Les points qu'on choisira pour des positions de ce genre devront être de telle nature, que les troupes y soient à couvert et ne puissent que fort difficilement y être inquiétées par l'ennemi. L'eau et le bois devront se trouver en quantité suffisante à proximité de ces positions. On aura de plus le droit de réquisitionner dans les localités voisines tout ce dont on pourra avoir besoin pour améliorer la nourriture des hommes et des chevaux.

2. Positions de combat.

Ces positions se subdivisent en positions de bataille, d'avant-garde et d'arrière-garde. Dans chacune de ces espèces on cherche à assurer au feu son maximum d'effet et à protéger ses propres troupes contre les effets du feu de l'ennemi. Mais la deuxième de ces considérations ne saurait jamais influer sur la première.

a. *Positions de bataille.*

On appelle positions de bataille, celles sur lesquelles on peut accepter un combat et le soutenir jusqu'au bout. Celui qui vient occuper une position de combat pour y attendre l'attaque de l'ennemi, se met alors momentanément sur la défensive, et ce sera alors, du fait que l'on voudra rester plus ou moins longtemps sur la défensive, que dépendra le choix d'une position qui ait surtout une valeur réelle au point de vue défensif. On ne devra agir de la sorte que dans des cas fort rares, par cela même qu'une position défensive n'est réellement forte que quand il existe sur son front des obstacles sérieux qui interdisent plus ou moins au défenseur la possibilité de prendre l'offensive après avoir repoussé l'ennemi, et qui poussent, d'autre part, l'ennemi à tourner une position qu'il ne saurait guère attaquer de front.

A ce propos, on aurait tort de s'en tenir au principe théorique, en vertu duquel l'ennemi doit forcément attaquer une position de ce genre, surtout si cette position se trouve placée perpendiculairement à la direction qu'il suit, et ne saurait passer à côté d'elle en la négligeant. On doit, au contraire, dans chacun de ces cas, se persuader de ce fait que, si l'ennemi ignore alors ce qu'il a à faire, il faudra diriger contre lui des attaques parties de ces positions, et que ce sera alors le défenseur qui devra profiter des avantages que lui donne sa propre position et des désavantages qui en résultent pour l'ennemi, pour prendre l'offensive contre lui. Mais si l'ennemi, qu'on attaque au moment où il exécute un mouvement tournant, réussit néanmoins à se déployer en avant de son aile menacée, en moins de temps qu'il n'en faut au défenseur pour se former de son côté en avant d'un obstacle placé sur le front de la position défensive qu'il occupait jusqu'alors, ce défenseur se trouvera alors dans une position d'autant plus critique, que les troupes ennemies auront, en général, sur les siennes, le double avantage du nombre et de la confiance morale. Il faut donc, au contraire, que la position défensive soit organisée de manière à permettre de déployer rapidement des forces considérables, auxquelles on fera prendre l'offensive; il faut donc, pour cela, qu'il ne se trouve, autant que faire se pourra, aucun obstacle en avant du front. On ne saurait donc, en réalité, considérer comme position de bataille une position qui n'aurait de valeur que par les *obstacles existant en avant de son front*. Il faut, au contraire, qu'une position de ce genre *possède de forts points d'appui sur ses ailes, ait en avant un vaste champ de tir*, et des vues étendues dans chacune des principales directions d'où l'ennemi peut déboucher. Il faut surtout que l'on *puisse prendre l'offensive* sans aucune difficulté. Pouvoir reprendre l'offensive dès que les circonstances le permettront, tel doit être l'objectif principal de celui qui, pour y livrer une bataille décisive, a occupé une position, sur laquelle il veut, en attendant les événements, rester sur la défensive.

Les obstacles qui se trouveront en avant du front d'une position ne sont donc plus désormais une des conditions essentielles que doit remplir de nos jours une position de combat. En revanche, et par suite de la portée considérable des armes à feu actuelles, le champ de tir qui s'étendra en avant d'une position couverte (ce sera de préférence une pente douce s'abaisssant progressivement dans la direction de l'ennemi) aura une importance capitale. On devra alors envisager ce champ

de tir et les vues qu'on a sur le terrain en avant, non
pas seulement tel qu'il se présente vu du haut de la
position, mais encore tel qu'il sera au point de vue
où se placera l'assaillant. Il faut, en effet, une artillerie puissante et ayant la supériorité du nombre, une
infanterie des plus braves et plus nombreuse que celle
du défenseur, pour enlever à ce défenseur, par une attaque directe, une position du haut de laquelle il pourra, tout en restant plus ou moins à couvert, battre avec
son artillerie et sa mousqueterie tout le terrain en
avant. Ce n'est en général que plus tard que l'assaillant
dessine son attaque de front, qu'il combine alors avec
une autre attaque dirigée sur l'une des ailes de la position. Il faut donc, par suite, que toute position de bataille ait de *forts points d'appui sur ses ailes*. Ces points
d'appui peuvent être, soit des terrains impraticables,
soit des positions dominantes occupées par l'artillerie,
qui obligeront alors l'ennemi à exécuter une marche
plus longue pour effectuer un mouvement tournant et
le forceront à se résoudre à un fractionnement de ses
forces, qui permettra de défendre offensivement la position. On peut encore, dans ce cas, se mettre plus complétement à l'abri d'une attaque dirigée contre une aile
en gardant en réserve certaines troupes pour repousser
les corps ennemis qui auront été chargés d'exécuter le
mouvement tournant. Des bois et des terrains couverts
situés sur les flancs d'une position enlèvent toute valeur
à cette position, du moment où de gros corps ennemis
pourront les traverser.

Il est encore utile d'insister sur le rapport qui doit
exister entre l'*étendue même de la position et l'effectif
dont on dispose*. On comptait jadis comme maximum
10 hommes pour chaque pas du front de défense.
Quoique les progrès incessants faits par les armes à
feu aient puissamment contribué à faciliter la défense

du front, on fera bien néanmoins de s'en tenir encore dans les environs de ces chiffres, par cela même qu'à cause de la tendance que l'assaillant aura à diriger des attaques contre les flancs de la position, il faudra que les troupes de la défense prennent une formation assez profonde, par cela même qu'afin de pouvoir étendre ou changer son propre front pendant le cours du combat, le défenseur aura besoin d'au moins 8 hommes par mètre.

Certains points d'appui naturels de la défense locale qui se trouvent sur le front et sur les flancs de la position contribuent à augmenter sa valeur : ce sont, par exemple, de petits villages aux maisons solidement bâties, des châteaux, des parcelles de terrains boisés, tous les divers accidents de terrain que des troupes peu nombreuses suffisent pour défendre et qui obligent l'ennemi à déployer et à employer, pour les enlever, des forces considérables. Toutes les fois qu'on ne trouvera pas sur un terrain des points d'appui de ce genre, on devra y suppléer par des *travaux de fortification passagère*, tels que des épaulements pour les pièces, des tranchées-abris, etc., qui couvrent les défenseurs de la position. On devra alors exécuter des travaux de ce genre, non-seulement sur le front, mais encore sur les flancs de la position.

A cause de la portée considérable des armes à feu, il faut absolument que la position ait une *profondeur assez considérable,* afin que les réserves puissent se former à couvert et se tenir complétement à l'abri du feu de l'ennemi. Ainsi placées en arrière, elles seront plus à même de répondre par une attaque de flanc à une attaque de flanc de l'ennemi.

Il nous reste encore à envisager le cas d'*une retraite*. Il faut alors que le terrain situé en arrière de la position soit parfaitement praticable et n'offre d'obstacles d'aucune espèce à la marche des troupes. Une position excellente en elle-même perd absolument toute valeur lorsqu'elle se trouve adossée à un terrain impraticable ou à un fleuve, qu'on ne pourra passer que sur un petit nombre de points. Une forêt, au contraire, qui sera sillonnée par des routes nombreuses, et qu'on aura reconnue à l'avance, sera, en revanche, d'une utilité incontestable, par cela même qu'elle dérobe presque immédiatement aux vues de l'ennemi les troupes qui se retirent et qu'elle ralentira forcément la poursuite. Dans ce cas, il sera bon de disposer d'une deuxième position assez proche, sur laquelle on pourra se rallier et arrêter la poursuite de l'ennemi.

Le rapport, qu'on rédigera sur la reconnaissance, devra envisager, étudier et résoudre dans un ordre rationnel et méthodique les différentes questions que nous venons d'indiquer, et se terminer par un jugement général sur l'ensemble de la position. En admettant même que le côté stratégique de la question soit déjà résolu pour le commandement en chef au moment où l'on donne aux officiers l'ordre de reconnaître une position de ce genre, il n'en faudra pas moins insister au point de vue tactique sur les inconvénients ou les avantages que présentera l'aile la plus menacée. Parfois même on demandera aux officiers de fournir un projet de répartition des troupes sur la position. Il sera bon alors de joindre un croquis au rapport et d'y figurer à l'aide d'une ligne ponctuée le terrain qu'on aperçoit du haut de la position. On indiquera alors par des hachures celles des parties du terrain qui, bien que battues par les feux de la position, sont cependant invisibles.

b. Positions d'avant-garde.

Ces positions ont de nombreux points de similitude avec les positions d'avant-postes que nous étudierons plus loin ; elles en diffèrent cependant en ce qu'elles sont toujours des positions de combat et qu'elles ont toujours un caractère offensif. On a admis en principe qu'il était dangereux de pousser une avant-garde assez loin en avant de la position principale en lui donnant l'ordre de combattre sur la position qu'on lui a fait occuper. En effet, on n'arrive pas, en général, de la sorte au but qu'on s'était proposé et qui consistait à obliger l'ennemi, en le forçant à livrer un semblable combat, à révéler ses intentions ultérieures et à affaiblir ses forces. Il résulte au contraire généralement, de semblables combats, que l'avant-garde est contrainte à se retirer et est poussée par l'ennemi jusque sur la position principale. Si l'on ne se décide pas alors à soutenir cette avant-garde, elle arrivera sur la position principale toute rompue et dans un désordre tel qu'on ne saurait guère l'employer de nouveau dans le courant de la même journée, et que le spectacle qu'elle a présenté, influe d'une manière désastreuse sur le moral du reste des troupes, tandis qu'au contraire le succès, que l'ennemi aura remporté, contribuera toujours à relever le moral et la confiance de ses soldats.

Si, pour prévenir de semblables conséquences, on fait soutenir cette avant-garde par des troupes empruntées au gros, on dégarnira la position principale d'une partie de ses forces et on finira par livrer bataille sur un point tout autre que celui sur lequel on s'était proposé de le faire. L'avant-garde, qu'on poussera en avant d'une position de combat, ne doit donc avoir qu'un rôle d'observation, ne doit donc être affectée qu'au service de sûreté, et sa conduite se trouve, par suite, déterminée par les principes qui régissent le service des avant-postes.

On peut cependant pousser en avant une avant-garde, en lui donnant l'ordre de combattre et de se maintenir sur une position, toutes les fois que l'on voudra, en continuant la marche en avant, faire arriver le gros usque sur cette position ou même le porter au delà. En cas d'attaque, on ne fera, en soutenant l'avant-garde, que suivre l'idée qu'on poursuit. On n'arrivera souvent même à la réalisation de cette idée qu'en engageant une avant-garde qu'on aura poussée en avant avec ordre de combattre; c'est ce qui se produit, par exemple, quand on commence à déboucher d'une montagne, à passer un fleuve : le combat engagé par l'avant-garde permet alors au gros d'avoir le temps et l'espace dont il a besoin pour se déployer. Quand, par suite de la supériorité numérique des forces ennemies, on ne pourra arriver à ce résultat en continuant à agir offensivement, il faudra rester momentanément sur la défensive et choisir par conséquent une position avantageuse.

Les conditions, que devra remplir une position de ce genre, ressemblent à celles qu'on exige d'une position de bataille, surtout pour tout ce qui a trait à l'effet des armes à feu. La distance à laquelle se trouve le gros, le temps qu'il lui faudra pour venir au secours de l'avant-garde, doivent être considérées et influent puissamment, presque exclusivement même sur l'étendue que devra avoir le front de la position, sur le choix des points auxquels il conviendra d'appuyer les ailes, enfin sur la possibilité de donner ultérieurement à la position une extension plus grande. Mais, dans un cas semblable, la retraite se fera forcément bien souvent dans des conditions désavantageuses : une avant-garde, en effet, qu'on aura, afin de faciliter le passage du gros, poussée de l'autre côté d'une rivière, aura naturellement ce fleuve à dos et devra, contrairement à tous les principes généralement admis, livrer un combat en ayant un défilé derrière elle. Aussi doit-on, autant que possible, éviter de faire occuper à une avant-garde de semblables positions de combat; mais, dans ce cas, il faudra que le gros soit toujours assez près pour pouvoir soutenir en temps utile l'avant-garde que l'ennemi viendrait à attaquer avec des forces supérieures.

c. *Positions d'arrière-garde.*

Les positions d'arrière-garde doivent avoir une valeur défensive des plus réelles et de plus posséder sur les ailes des points d'appui des plus forts. Il faut aussi que le tir de l'artillerie puisse y produire de grands effets, et que l'effectif de l'infanterie nécessaire pour les occuper soit relativement peu considérable. L'attaque de front d'une position de ce genre doit offrir de grosses difficultés ; le mouvement tournant, que l'assaillant tentera d'exécuter pendant le combat, doit présenter de graves inconvénients, par cela même que l'ennemi sera obligé de s'étendre au loin pour tenter de déborder avec quelque chance de succès les ailes de la position. C'est ainsi qu'on atteindra le plus souvent le but qu'on se proposait : gagner du temps pour assurer la retraite en bon ordre du gros.

Une position d'arrière-garde n'a pas besoin de remplir les conditions nécessaires pour pouvoir reprendre l'offensive : il faut donc, dans ce cas, qu'il y ait en avant et sur le front même de la position un obstacle sérieux. La reconnaissance aura souvent pour but de trouver et de déterminer plusieurs positions d'arrière-garde placées les unes derrière les autres sur la ligne de retraite. Il suffit alors de se rappeler qu'un petit détachement a besoin, pour se reporter d'une position qu'il abandonne jusque sur une autre, de moins de temps qu'un corps d'un effectif plus considérable, mais que, d'un autre côté, un corps de troupes considérable peut par lui-même se défendre plus longtemps qu'un corps d'un effectif plus faible, pendant le temps naturellement plus long qu'il lui faut pour se reporter sur une position plus éloignée. Comme il faut admettre que les arrière-gardes, dont il s'agit, possèdent une artillerie à elles, le minimum de l'intervalle qui doit exister entre deux positions d'arrière-garde subséquentes est déterminé par la portée maxima du canon de campagne (4 kilomètres).

L'ennemi devra alors finalement renoncer à n'exécuter que des attaques directes contre le front ou des attaques enveloppantes qui lui coûteront toujours, quand les positions d'arrière-garde auront été judicieusement choisies, des pertes sensibles. En revanche, il cherchera à tirer parti de sa supériorité numérique en débordant une des ailes et en tentant d'obliger par des manœuvres le défenseur à abandonner sa position. Ce seront tout naturellement les conditions stratégiques qui influeront surtout sur le choix de cette aile. Parfois cependant ces considérations stratégiques seront reléguées tellement au second plan, que ce sera alors des considérations tactiques qu'il faudra plus particulièrement tenir compte. On devra alors choisir, autant que possible, les positions successives de manière que ce soit tantôt l'aile gauche, tantôt l'aile droite qu'il sera plus facile de déborder. S'il en était autrement, il suffirait d'avoir débordé l'aile menacée de la première position pour anéantir presque du même coup la valeur défensive des positions subséquentes. Quant à l'arrière-garde, alors même qu'on lui fera occuper deux positions successives, ce ne sera jamais en réalité que grâce à l'une de ces positions qu'elle parviendra à gagner du temps. Toutes les autres conditions, que devront remplir les positions d'arrière-garde, résultent de leur caractère général de positions de combat. Mais des positions de ce genre, qui ne doivent servir en réalité qu'à gagner du temps, et sur lesquelles on ne doit pas résister jusqu'à la dernière extrémité comme sur des positions de bataille, pourront donc avoir par rapport au nombre des troupes une extension plus considérable.

Il sera fort avantageux de pouvoir, dès que l'on aura abandonné la position, trouver l'occasion de tenter avec sa cavalerie un coup de main imprévu contre les têtes de colonnes ennemies qui se seront laissées peut-être entraîner à une poursuite imprudente. Des mouvements offensifs de ce genre ralentissent la poursuite et rendent l'ennemi plus prudent. Quant à l'infanterie, il en résulte pour elle l'immense avantage de pouvoir continuer tranquillement sa marche sur une route couverte ou derrière un pli de terrain.

3. Positions d'avant-postes.

Les positions d'avant-postes nous servent à *observer les troupes ennemies* et à *assurer la sûreté de nos propres troupes.* Pour réaliser la première de ces conditions, on doit rechercher des vues étendues ; pour la deuxième, on doit chercher à rendre moins accessibles à l'ennemi les abords de la position. Ce sera donc grâce à un heureux hasard qu'on trouvera ces deux conditions remplies par un même terrain à un degré égal. Mais ces deux conditions ont une importance d'autant moins grande par rapport, au but général qu'on se propose, que la cavalerie qu'on aura poussée au loin en avant, suffira pour le service d'observation, et qu'on obtiendra le degré de sécurité voulue en faisant occuper par de l'infanterie et de l'artillerie les points qui paraissent les plus propres à contrarier les mouvements que l'ennemi pourrait vouloir exécuter. Mais ce sera surtout grâce au service d'observation au loin qu'on arrivera à cette sécurité, car les avant-postes ne sont pas destinés en général à constituer une défense proprement dite qui serve à arrêter la marche de l'ennemi, mais doivent simplement mettre à l'abri d'une surprise les troupes

placées plus en arrière. Ce n'est que dans la marche en retraite que l'on devra essayer de faire filer le gros, en ordonnant à l'arrière-garde et à ses avant-postes d'opposer une certaine résistance à l'ennemi. La position d'avant-postes se confond alors, sous plus d'un rapport, avec la position d'arrière-garde. On indique en général à l'officier qu'on charge de reconnaître une position d'avant-postes, les points de la ligne qu'on veut faire occuper au gros. C'est par rapport à la force de ce gros, au rayon qu'occuperont ses bivouacs et ses cantonnements, qu'on détermine la distance, l'extension et la forme de la ligne des avant-postes, c'est-à-dire de cette ligne sur laquelle seront établis d'une manière constante des postes d'observation en arrière desquels se trouveront les grand'gardes. Cette ligne sera d'autant plus courte et d'autant plus rapprochée du gros, que le terrain situé entre elle et ce gros favorisera plus la défense et permettra de la prolonger davantage, et que, d'autre part, on aura poussé plus loin en avant des cavaliers chargés du service d'observation. On doit alors considérer les points de croisée des routes, les défilés de toutes espèces, les localités importantes, car il faut admettre que l'ennemi aura sur ces points des forces assez nombreuses, ou dirigera des forces sur ces points. Quand la cavalerie est poussée au loin, la ligne des avant-postes se compose de petits détachements qui servent d'appui à cette cavalerie et qui, reliés à cet effet entre eux, sont établis près des routes principales, veillant chacun à leur propre sûreté en se gardant en avant contre les surprises que pourraient tenter contre eux des partis ennemis.

Le gros des avant-postes leur sert de soutien, et ce seront les circonstances qui décideront si ce gros devra venir renforcer la ligne des avant-postes, ou si au contraire il devra se contenter de recueillir ces avant-postes. On ne saurait trancher de pareilles questions qu'après s'être rendu compte tant de la position de l'ennemi et de sa propre position que de la nature même du terrain. Le rapport sur la reconnaissance contient un projet d'ensemble pour l'établissement de la ligne des postes d'observation, des détachements qui leur serviront de soutien à eux et à la cavalerie, et du gros des avant-postes, enfin un avis sur la question de savoir s'il convient de donner à tous ces avant-postes un ou plusieurs chefs. La solution de cette question varie en effet par suite de l'extension même de la ligne, par suite de l'interruption naturelle de la ligne résultant de l'existence d'un gros accident de terrain. On renonce en effet au principe du commandement unique toutes les fois que des considérations de cette espèce pourraient exercer une influence nuisible sur l'ensemble de la direction.

I. — *Reconnaissance contre l'ennemi, ou reconnaissances de terrains occupés par l'ennemi.*

L'officier d'état-major ne doit pas, dans ce cas, reculer devant une rencontre avec l'ennemi, rencontre qu'il ne recherchera pas cependant inutilement. On ne l'envoie en effet en reconnaissance que *pour voir*. Une blessure qu'il reçoit, la chute de son cheval blessé, peuvent le faire tomber entre les mains de l'ennemi, et faire complétement échouer la mission qu'on lui avait confiée. Enfin la part personnelle qu'il prendra au combat détournera son attention et l'empêchera d'observer avec calme. Souvent, cependant, ce ne sera que grâce à un engagement naturellement de peu de durée, ce ne sera qu'en perçant sur un point les avant-postes ennemis, qu'il réussira à s'acquitter de sa mission. Il devra alors se porter rapidement et résolûment en avant pour apercevoir ce qu'il doit voir. Dès qu'il a obtenu le **résultat** voulu, il doit, sans plus tarder, se fier à **la vitesse de** son cheval, jusqu'au moment où il aura rejoint **les troupes** amies. Il sera donc indispensable que l'officier choisisse pour des entreprises de ce genre son meilleur cheval, son cheval le plus sûr. Les ordonnances qui l'accompagnent doivent être également bien montées. A cause du danger personnel que l'on court toujours dans de semblables reconnaissances, il sera toujours bon de n'avoir sur soi aucun papier, qui, dans le cas où l'on viendrait à être pris, fournirait à l'ennemi des renseignements toujours précieux pour lui. On ne saurait cependant se passer d'une carte et d'un carnet, mais ni cette carte ni ce carnet ne doivent contenir aucune note qui puisse faire connaître le but de la reconnaissance. L'officier qui a pris l'habitude de marquer journellement sur sa carte les positions des troupes et des postes, de faire sur son carnet un extrait des ordres d'opérations, devra se garder d'emporter cette carte et ce carnet et les remplacera par des pièces moins compromettantes. Quand on est chargé de reconnaître la position de l'ennemi, il s'agit la plupart du temps et de trouver les meilleurs chemins pour s'en approcher, et les meilleurs moyens pour s'en emparer, et d'en rendre compte à son retour. Quand la position sera bien choisie, une attaque de front n'aboutira que bien rarement au but désiré. C'est là un principe dont l'officier envoyé en reconnaissance fera bien de se pénétrer, et il devra par suite reporter toute son attention sur l'aile que, vu la situation stratégique, il importe d'attaquer. Si, en vertu des ordres qu'on a reçus, on n'a à reconnaître qu'une partie de la position ennemie, on devra tenir compte de la conduite probable des troupes qu'on portera contre les points voisins de cette partie de la position. C'est là chose d'autant plus importante, qu'il faut à ce propos déterminer les routes à couvert que suivra l'artillerie et la position que prendra cette artillerie chargée d'engager le combat. Quand on ne forme qu'une partie du tout, on sera naturellement obligé de se restreindre souvent même d'une manière peu avantageuse, à cause de la place qu'il faut laisser aux corps voisins. Afin d'éviter toute collision, on devra donc s'entendre avec les officiers qui font la reconnaissance des parties contiguës de la position ennemie.

Les résultats que donne une reconnaissance de ce genre, exécutée en général *avant* le commencement du combat, sont le plus souvent incomplets, par cela même qu'à l'exception du terrain qui se trouve en avant de la position ennemie, on n'aperçoit cette position que d'un seul côté et que l'on n'a pu voir qu'une partie infiniment faible des troupes ennemies.

On doit chercher à combler ces lacunes inévitables en redoublant d'attention *pendant* le combat et en s'efforçant de tirer parti des différents incidents amenés par le combat. Quand on livrera de grandes batailles, on devra charger spécialement certains officiers de ce genre d'observation.

<h3 style="text-align:center">κ. — Forteresses ennemies.</h3>

La reconnaissance faite par l'officier d'état-major a principalement trait à l'observation et à l'investissement de la place. S'agit-il au contraire d'un coup de main ou d'une attaque de vive force, il faudra alors que des officiers du génie prennent part à cette reconnaissance. Ces officiers ainsi que les officiers d'artillerie sont d'ailleurs chargés de reconnaître une place dont on veut faire l'attaque en règle. Enfin, si l'on veut bombarder la place, ce seront les officiers d'artillerie qui naturellement joueront le principal rôle dans la reconnaissance.

Quand on veut cerner et investir une place, il s'agit tout d'abord de déterminer la ligne sur laquelle on se proposera d'opposer une résistance aux grandes sorties ayant pour but de rompre les lignes de l'assiégeant. On doit donc prescrire immédiatement certains travaux de fortification qu'il faut commencer aussitôt. Comme la garnison de la place peut toujours, en partant du centre de la circonférence, jeter inopinément sur un point quelconque des lignes d'investissement des forces considérables, il faut disposer judicieusement les réserves et établir des communications à couvert entre chacun des différents corps de troupes placés sur le périmètre de la première ligne d'investissement.

C'est là une condition particulièremment difficile à remplir quand une forteresse est située sur le cours d'un grand fleuve qui coupe en deux le corps d'investissement. On devra alors déterminer immédiatement les points sur lesquels il faudra établir des ponts, qu'on protégera le plus possible à l'aide d'ouvrages fortifiés.

Il faut ensuite s'occuper de la disposition des avant-postes, qu'il importe, afin d'arriver à un blocus aussi complet que possible, de placer avec beaucoup de soin et beaucoup de méthode et qui, grâce à quelques travaux exécutés sur le terrain, doivent pouvoir repousser de petites sorties et tenir tête à des forces supérieures, au moins pendant le temps qu'il faut au gros pour être prêt à combattre.

Dans la guerre de marche, on arrive à ce résultat en plaçant les avant-postes à une distance assez considérable et de l'ennemi et du gros qu'ils sont chargés de couvrir. La nature même de la guerre de siége exclut plus ou moins l'application de cette manière de faire, parce qu'en effet, en augmentant les distances, on étend considérablement la ligne entière d'investissement, qui devient alors trop longue par rapport à l'effectif des troupes dont on dispose.

Du reste, quand l'effectif de ces troupes sera insuffisant, on devra se contenter d'observer simplement la forteresse. On n'arrivera pas ainsi à isoler complétement la place, mais on la mettra souvent dans l'impossibilité d'exercer une action quelconque au dehors, pour peu que les troupes d'observation ne soient pas numériquement par trop inférieures à la garnison de la place. On ne saurait, en effet, affecter aux actions qui dépassent le voisinage immédiat de la place, qu'une partie seulement de la garnison, et ce sera dans ce cas la direction probable dans laquelle, par suite même de l'ensemble des événements, la garnison cherchera à opérer, qui influera sur le choix du point sur lequel il conviendra d'établir le gros des forces du corps d'observation. C'est dans des cas semblables qu'il sera surtout, à cause de l'importance qu'ont les lignes de retraite pour les troupes de la place qui exécutent une sortie, avantageux de se porter sur une position flanquante. Quant au service d'observation proprement dit, il incombe à la cavalerie placée à une plus grande distance des ouvrages, et dont l'effectif est toujours supérieur à celui de la cavalerie de la garnison.

C'est conformément aux principes que nous venons d'énoncer, que l'on devra exécuter la reconnaissance du terrain autour de la place et des positions occupées par l'ennemi.

A côté des considérations tenant à l'effectif des troupes dont on dispose, les renseignements qu'on se sera procurés sur la force et la valeur de la garnison, sur l'état des ouvrages et de leur armement, sur les approvisionnements et les ressources de toute espèce de la place, permettront au général, soit de se résoudre à observer simplement la place, soit de se rendre compte si l'investissement immédiat est possible. Quand on sera fermement décidé à faire sous peu le siége en règle et à commencer bientôt le bombardement de la place, la reconnaissance, à laquelle prendront part des officiers d'artillerie et du génie, aura pour but d'établir les lignes d'investissement, de sorte qu'elles puissent préparer avantageusement les opérations ultérieures. Quant à l'officier d'état-major, il doit être à ce moment bien convaincu que l'on ne saurait se passer du soutien si essentiel de l'infanterie, ni pendant le cours de l'attaque en règle, ni pendant le bombardement. Il faudra donc insister sur la position qui sera faite à cette arme par le choix même du front d'attaque, etc., etc.

Si l'on veut tenter une surprise ou une attaque de de vive force, il faudra surtout voir si, par suite d'un service exceptionnellement fatigant ou par suite de l'état même des ouvrages, une pareille entreprise a quelques chances de réussir. On doit alors reconnaître avec soin les routes d'approches, afin de pouvoir prescrire exactement à chaque corps le rôle qu'il aura à jouer. Tout ordre incertain ou obscur résultant d'une reconnaissance incomplète, défectueuse, causera inévitablement un insuccès.

L'officier d'état-major et l'officier du génie sont solidairement responsables dans le cas où un obstacle imprévu, qu'ils n'auraient pas signalé, viendrait faire échouer l'entreprise.

Si leur reconnaissance n'a pas donné sous ce rapport des résultats bien positifs, il est de leur devoir de ne pas se prononcer en faveur de cette entreprise.

IX. — RÔLE PARTICULIER DE L'OFFICIER D'ÉTAT-MAJOR PENDANT LES OPÉRATIONS.

Ce n'est qu'éventuellement et en passant que dans le *cours* de cet ouvrage nous avons eu occasion de parler du rôle personnel de l'officier d'état-major. Nous nous sommes, dans les chapitres précédents, plus particulièrement efforcé d'exposer tout ce qu'un officier d'état-major, tout ce qu'un officier entrant, dans l'état-major, a besoin de connaître et de savoir. On peut cependant avoir beaucoup appris et rencontrer néanmoins, dans l'application pratique, des difficultés qu'on ne parvient à surmonter *complétement* que grâce à l'expérience personnelle. La guerre est donc en cela, comme en presque tout ce qui concerne le soldat, le meilleur professeur qu'on puisse avoir.

Mais la guerre est, dans le fait, un état exceptionnel, et le service qu'on aura à faire en temps de paix n'offre que des occasions bien rares, bien clair-semées, de se rendre compte de la manière dont il conviendra d'appliquer pratiquement les connaissances théoriques qu'on a acquises. Nous entreprendrons, dans ce dernier chapitre, en nous fondant et sur des faits consacrés depuis longtemps et sur notre propre expérience, l'examen et l'étude soit de certaines questions que l'officier d'état-major peut être en temps de guerre appelé à résoudre à lui seul, soit de certains cas dans lesquels il peut rendre des services réels en assistant son général.

A. — *Service des nouvelles et renseignements.*

C'est en général parce que l'on n'est qu'incomplètement renseigné sur la situation de l'ennemi, et surtout sur sa force numérique, sur son état moral, sur sa position et ses projets, que l'on prend en temps de guerre de mauvaises dispositions. Celui des deux partis qui est mieux renseigné sur son adversaire, a un immense avantage : ses résolutions reposent sur des bases solides, sur des données positives. Il *sait*, alors que son adversaire en est réduit à *deviner*. Cela suffit pour démontrer toute l'importance d'un bon service de renseignements. Un service de ce genre a pour base fondamentale la connaissance *complète, absolue* de l'organisation de l'armée ennemie et du caractère de cette armée. Ce n'est, en effet, que grâce à cette connaissance qu'on réussit à comprendre une foule de nouvelles.

L'un des devoirs du pouvoir central de l'état-major (en Allemagne du grand état-major) consistera donc à se procurer en temps de paix des renseignements sur l'organisation des armées étrangères, surtout de celles qu'on a un intérêt tout particulier à connaître, parce qu'on a tout lieu de croire, soit qu'elles combattront à côté de nous, soit que nous aurons à les combattre. Les moyens à employer pour arriver à cette connaissance des institutions militaires de l'étranger sont de diverse nature.

Les rapports faits tant par les attachés militaires que par les officiers envoyés à l'étranger, en mission temporaire, ou pour suivre les grandes manœuvres, fournissent une certaine somme de renseigements et attirent l'attention tant sur les articles de la presse quotidienne que sur les productions de la littérature militaire de ces pays. L'étude consciencieuse de ces ouvrages, des règlements de service et d'administration qu'on peut se procurer, et, avant tout, du budget de l'armée qu'on soumet tous les ans aux chambres des représentants du pays, permet de compléter les notions qu'on a déjà acquises sur l'organisation de ces armées. Avant tout il faut *parfaitement* connaître l'organisation de sa propre armée, sans laquelle il est impossible de pouvoir faire de comparaison, de pouvoir émettre d'avis.

On ne doit pas oublier non plus que, pendant toute la durée de la préparation à la guerre, ainsi que pendant chacune des différentes périodes dont elle se compose, la valeur qu'il convient d'attribuer à la connaissance de certains faits relatifs à l'état de l'armée ennemie, est essentiellement variable. Il importe alors d'arriver à connaître les faits qui, à ce moment, permettent de prendre des résolutions capitales.

Il s'agit alors, quand une guerre devient imminente, sourtout des questions relatives au commencement et à l'exécution de la mobilisation. Les études qu'on aura faites, les renseignements qu'on se sera procurés sur cette mobilisation, le travail auquel on se sera livré pour déterminer le rendement du réseau des voies ferrées, permettent de supputer le temps qu'il faudra pour concentrer sur la frontière l'armée ennemie, le temps qu'il lui faudra pour pouvoir commencer les opérations. Il sera sage et prudent de ne pas se faire une idée trop dédaigneuse de ce que l'ennemi peut faire sous ce rapport, car les différentes mesures qu'on prendra alors dépendront uniquement du résultat de ce calcul.

La surprise causée par la rapidité inattendue que l'ennemi a pu apporter à sa mobilisation a pour conséquence un bouleversement des plus graves de toutes les mesures qu'on avait prescrites. Si au contraire il faut à l'ennemi, pour mobiliser ses forces, plus de temps que nous ne l'avions pensé, il résultera toujours de ce fait des conséquences inespérées.

Quand il s'agira de déterminer le point sur lequel l'ennemi concentrera le gros de ses forces, on devra rechercher quelles sont, au point de vue stratégique, les positions qui lui sont le plus avantageuses et qui nous sont le plus défavorables. En dehors de la configuration même du réseau routier, on pourra tirer des indices précieux de la connaissance des points sur lesquels sont établis les magasins de l'ennemi. Pour arriver sous ce rapport à des résultats positifs, il faut employer des agents spéciaux (*des espions*). On trouve aussi dans les journaux d'excellents renseignements tant par rapport au choix des points probables de concentration que par rapport à l'*ordre de bataille* de l'armée ennemie. La possession de cet ordre de bataille et sa tenue au courant pendant toute la durée de la campagne permettent de tirer plus complétement parti de tous les renseignements qu'on se procurera ultérieurement. Pendant toute la période, pendant laquelle s'effectueront les marches et le déploiement des deux armées, un service actif d'espionnage pourra fournir des détails précis sur la répartition des troupes ennemies, sur l'état de leurs effectifs, de leur armement, de leurs approvisionnements, de leur esprit, etc., et contribuer à combler les quelques lacunes que pourrait présenter l'*ordre de bataille* de l'armée ennemie que l'on est parvenu à se procurer. Une concentration plus dense, le rassemblement de troupes dans des bivouacs peuvent révéler l'intention de l'ennemi de commencer immédiatement les opérations. L'étude de ces différents faits devra, à ce moment, être confiée à des gens bien payés, qu'on a l'habitude de voir en temps ordinaire passer fréquemment la frontière, qui connaissent bien le pays, qui ne se font pas remarquer, et qui ont de bons amis en pays ennemi.

Le rôle des *espions de profession* s'efface pendant les opérations proprement dites.

Leurs renseignements, ou du moins ceux relatifs au

nombre et au mouvement des troupes ennemies en face desquelles on se trouve, arrivent généralement trop tard. Tant qu'on est dans son propre pays, on est alors bien mieux renseigné par des habitants du pays, bons patriotes, tout prêts à se dévouer , et connaissant parfaitement toutes les routes, tous les sentiers. Mais même alors, comme lorsqu'on se trouve en pays ennemi, ce sera la cavalerie qui, en exécutant des reconnaissances, devra fournir les renseignements les plus nombreux et les plus précieux. Enfin l'interrogation des prisonniers, des déserteurs, des habitants du pays eux-mêmes, lorsque la loquacité fait partie du caractère des gens du pays, fournit parfois aussi des renseignements utiles.

A côté de ce service de renseignements dont on tirera un parti immédiat, l'état-major général devra continuer son service ordinaire pendant toute la durée de la guerre.

Des agents soldés, qu'on fera bien de se procurer en temps de paix et dont on aura pu mettre ainsi la fidélité à l'épreuve, restent en pays ennemi, suivent en se tenant au centre même de la vie militaire, le développement et la marche des événements et expédient par la poste ou le télégraphe, en les faisant passer par les pays neutres, leurs correspondances qu'ils rédigent dans une forme qui ne révélerait rien à quiconque ne serait pas au courant du langage adopté.

On ne doit pas se contenter de faire observer uniquement l'ennemi et le pays ennemi. Il faut également surveiller les pays et les armées qui restent momentanément neutres : l'action diplomatique s'endort en effet rarement pendant une guerre, et décide parfois les pays neutres qui, par suite même des événements militaires, peuvent se trouver menacés dans leurs intérêts personnels, à prendre des résolutions soudaines.

Ce service de renseignements est presque entièrement dans les mains de l'état-major général.

Le rôle que l'état-major général aura à remplir, varie en raison des circonstances, et il faudra par suite que, même en temps de paix, il ait à sa disposition des fonds secrets qui lui serviront à entretenir des agents. Aussi devra-t-on considérer comme un immense avantage, si l'on a pu s'attacher des personnes qui ne servent pas à prix d'argent, mais que des motifs d'une autre nature ont poussé à offrir leurs services.

On devra néanmoins apporter la plus extrême prudence dans la correspondance qu'on entretiendra avec les différents agents.

Les officiers d'état-major des corps de troupes mobiles, chargés du service des renseignements, éprouvent de grandes difficultés à faire leur choix parmi les individus qui viennent s'offrir comme espions. Une grande partie de ces individus ne cherche qu'à *gagner* de l'argent sans être prêts à *mériter ce salaire* en exposant leur vie. La sécurité relative que donne la position d'*espion double*, c'est-à-dire d'espion servant aux deux partis, oblige à une circonspection et à une prudence extrêmes. Aussi est-il de règle de ne parler autant que possible à un espion que sur la ligne même des avant-postes, ou sur des points qui ne lui permettent pas de se rendre compte de notre situation et de la faire connaître plus tard à l'ennemi. Afin d'éprouver la véracité de ces individus, on pourra donner simultanément la même mission à plusieurs de ces espions: mais on devra veiller alors à ce qu'ils ne puissent communiquer entre eux, car ils ne tarderaient pas alors à s'entendre. Tout en les chargeant de vous renseigner sur des faits qu'on ignore, on peut leur demander des renseignements sur des faits déjà connus; les renseignements, que l'espion rapportera à ce sujet, permettront de se rendre un compte exact de sa bonne foi. De plus, on devra, dans les missions qu'on confiera aux espions, avoir soin de les charger de vous renseigner et sur des faits qu'on tient à connaître et sur des faits insignifiants : en effet, dans le cas où l'on aurait chargé un espion double de chercher uniquement à vous éclairer sur un sujet important, les révélations, qu'il ferait à l'ennemi, permettraient à ce dernier de deviner assez facilement parfois les projets de ses adversaires.

C'est grâce aux manœuvres du temps de paix qu'on habituera *la cavalerie à s'acquitter du service de renseignements*. Comme il est mille choses qu'on ne saurait faire pendant ces exercices, comme par exemple enlever des lettres, les livres des télégraphes, etc., on devra, avant le début des opérations, appeler l'attention sur des actes de ce genre. Enfin souvent, pendant le cours même d'une campagne, il faudra donner à la cavalerie des missions qui résultent de la situation même du moment.

Mais, alors même que ce service se ferait avec toute la perfection voulue, il n'en est pas moins toujours fort difficile de découvrir la vérité au milieu du nombre considérable de nouvelles et de renseignements, souvent complétement contradictoires, qu'on reçoit. Sans parler même de la vraisemblance plus ou moins grande qu'ont, en raison même de la situation militaire, ces différentes nouvelles contradictoires, il faudra tenir compte de la personnalité de l'individu qui fournit le renseignement, de la confiance que l'on accorde à certains corps, en raison même des renseignements qu'ils ont fournis précédemment, enfin de la répétition d'une nouvelle qui, transmise déjà quelques jours auparavant, avait alors été considérée comme fausse. Ce n'est que grâce à l'expérience qu'on arrivera à démêler la vérité, bien que certaines personnes aient pour cela un talent tout particulier.

On devra alors confier à ces dernières personnes tout le détail du service des renseignements, ce qui permet de tirer pleinement parti des nouvelles qu'on reçoit en tenant constamment au courant l'*ordre de bataille* de l'armée ennemie. Le grand quartier général et les quartiers généraux d'armée posséderont chacun un officier d'état-major particulièrement apte à ce service, qui sera uniquement chargé de tirer parti des divers renseignements qui lui seront parvenus directement et sur son ordre, ou qui lui sont transmis par les différents chefs relevant de ce quartier général.

Au quartier général de corps d'armée, ce sera le chef d'état-major général qui devra tenir, dans sa main, tout le service des renseignements, même lorsqu'il emploiera un de ses officiers à dépouiller et à comparer les nouvelles qu'il reçoit. L'officier d'état-major de la division est chargé de ce service au quartier général de cette division, et doit communiquer immédiatement tous les renseignements au général de division.

Une fois les renseignements *interprétés*, *élucidés*, l'officier qui est chargé de ce soin doit les *transmettre* à ses chefs hiérarchiques. Il ne supprime que les nouvelles *complétement* insignifiantes ou erronées. On ne saurait classer dans la catégorie des nouvelles complétement insignifiantes, par exemple, un renseignement annonçant qu'on n'a pas trouvé l'ennemi sur un certain point : une nouvelle de ce genre peut en effet avoir de l'importance aux yeux du général en chef, bien que cet officier général ait raison de demander toujours des réponses positives. Enfin, quand le rapport sur les renseignements parvenus dans la journée doit contenir une opinion sur le résultat total, on doit se garder d'en exclure ce qui paraît quelque peu improbable et invraisemblable, il faudra transmettre ces nouvelles, en exposant les raisons qui semblent s'opposer à leur exactitude. Quant aux nouvelles importantes, urgentes, on devra les transmettre non-seulement à son chef hiérarchique immédiat, mais aux grands commandements, et si faire se peut, même au général en chef, toutes les fois du moins qu'expédiés directement ces renseignements leur parviendront plus rapidement.

B. — Négociations avec l'ennemi.

Les opérations militaires aboutissent parfois de temps à autre, et toujours finalement, à des résultats tels qu'il est indispensable ou désirable d'interrompre momentanément l'état de guerre, ou même de le faire cesser. Quand il s'agira d'une cessation *générale* des hostilités, les pourparlers militaires marcheront du même pas que l'action diplomatique qui peut alors exercer une influence réelle sur la partie purement militaire des négociations. La diplomatie au contraire n'a rien à voir à la cessation *locale* des hostilités; des négociations de ce genre ne concernent que l'autorité militaire.

Ce sont presque toujours les officiers d'état-major qui sont chargés de pareilles négociations avec l'ennemi. Il s'agit alors surtout de tirer le meilleur parti possible de la position bonne ou mauvaise dans laquelle on se trouve. Pour arriver à ce résultat, il faudra dissimuler habilement à l'ennemi sa propre faiblesse et insister d'autre part sur les faiblesses connues de l'adversaire. Bien qu'il soit évidemment hors de propos de s'ouvrir à l'ennemi, on ne peut cependant, d'autre part, exiger d'un officier qu'il raconte à l'ennemi des choses qu'il sait être positivement fausses.

Si en revanche l'ennemi oppose des allégations erronées, il n'y a aucune raison de l'éclairer sur l'état réel des choses. On doit encore moins faire de la **grandeur d'âme**, même en présence du malheur. On ne saurait jamais compter, en effet, ni sur la réciprocité, ni sur la gratitude.

On doit tirer complétement parti des *succès* qu'on a remportés, tout en rendant dans la forme à un ennemi brave et vaillant tous les honneurs possibles, en tant toutefois qu'on ne prive pas les troupes victorieuses des honneurs qui leur sont dus en vertu du droit de la guerre. En agissant autrement, on blesserait les sentiments de l'armée. On ne saurait jamais tirer un trop grand parti *matériel* d'une victoire qu'on a remportée, et il faut alors tenir compte des sacrifices et des pertes de l'armée. Risquer, en s'inspirant de sentiments de fausse humanité et de fausses idées chevaleresques, d'imposer de nouveau à l'armée de semblables sacrifices, ce serait agir en contradiction complète avec les principes qui doivent toujours régir les négociations avec l'ennemi.

On peut alors, à la suite des conférences qu'on a eues, arriver souvent à rédiger une convention. Cette convention doit préciser exactement les droits et les devoirs de chacun des deux adversaires. Afin d'assurer l'exécution loyale de ces conventions, on doit chercher à se procurer la plus grande sécurité possible, à laquelle on n'arrive en général qu'en s'assurant les moyens voulus pour faire exécuter par la force les conditions qu'on a arrêtées, et qu'en se résolvant à des mesures de rigueur toutes les fois que l'adversaire n'a pas rempli les engagements qu'il avait pris.

Les négociations qu'on doit entamer avec l'ennemi pouvant reposer sur les bases les plus diverses, il est, par suite, impossible de poser des règles qui puissent servir dans tous les différents cas, dans lesquels on pourra avoir à conclure une convention. Nous ne saurions donc déterminer ici quelques principes que relativement à la conclusion d'armistices et de capitulations.

Une *convention de suspension d'armes* a pour but de séparer momentanément les deux adversaires, tout en réservant l'éventualité de la reprise des hostilités, dans le cas où l'on ne conclurait pas un traité de paix pendant la durée de cet armistice. Il s'agit alors de déterminer une ligne de démarcation, mieux encore une zone neutre, qu'aucun des deux partis ne saurait ni franchir ni même fouler, pendant toute la durée de l'armistice. La largeur de la zone neutre peut, dans la guerre d'opérations, avoir une étendue d'un à deux jours de marche. Cette zone sera réduite à son minimum d'épaisseur quand on sera devant une forteresse investie. On ne devra pas choisir, comme ligne de démarcation ou comme ligne de délimitation de la zone neutre, une ligne de communication (voie ferrée, grande route, etc.), mais on choisira de préférence un obstacle qu'on ne puisse franchir que sur un petit nombre de points. On simplifie, de la sorte, le service de sûreté, qu'on ne saurait supprimer du moins en première ligne pendant toute la durée de l'armistice. L'expérience démontre, en effet, que parfois, en dépit de la convention qu'on a conclue, soit par suite d'actes d'indiscipline, de malentendu, ou de projets déshonnêtes, on a tenté des attaques qui peuvent avoir par la suite des conséquences désastreuses pour celui qui, sur la foi des traités, s'était endormi dans une sécurité absolue.

Une convention de suspension d'armes doit contenir des données précises sur la durée totale, ou sur le terme de dénonciation de cet armistice. On devra, en fixant ces délais, tenir compte de la possibilité du *rétablissement* (rétablissement) de l'armée, de l'existence d'un nombre suffisant d'abris convenables pendant l'armistice, enfin de la position qu'il s'agira de prendre à l'expiration de l'armistice. La question de savoir si une forteresse investie pourra être ravitaillée, pendant un armistice et proportionnellement à sa durée, devra être résolue d'une manière spéciale. On devra, en tous cas, exclure de pareilles conventions toutes les conditions dont on ne saurait surveiller l'exécution. Une convention de suspension d'armes doit donc être rédigée dans des termes aussi simples et aussi précis que possible.

Une capitulation repose toujours sur l'impossibilité dans laquelle se trouve l'un des partis, de continuer à combattre. Celui qui capitule est seul juge d'apprécier si cette impossibilité existe réellement. Ce n'est que dans des cas tout à fait exceptionnels, quand les considérations politiques priment les questions militaires, qu'il peut se faire qu'on se résolve à capituler, bien qu'on soit encore en état de combattre. On pourra alors se demander si l'ennemi ne cherche pas ainsi, par une capitulation prématurée, à obtenir des conditions plus avantageuses. On doit toujours exiger que les troupes se constituent prisonnières de guerre, qu'on livre tout le matériel de guerre, etc., etc.

Les conditions d'époque et le lieu de la reddition des troupes et du matériel doivent être déterminés d'une manière précise, et on doit assurer leur exécution en y affectant spécialement des troupes qu'on tiendra toutes prêtes à cet effet. Lors de la capitulation d'une place, on occupe d'abord les ouvrages avancés et détachés, puis les postes de l'enceinte principale. Lorsque la garnison sera sortie de la place, aura été désarmée, et se sera constituée prisonnière de guerre, on prendra possession des magasins de poudre, etc., et on fera entrer dans la place la nouvelle garnison.

Un officier d'état-major envoyé pour traiter avec

l'ennemi, recevra du général en chef les instructions relatives aux points sur lesquels il ne doit *faire aucune concession*, et à ceux sur lesquels il lui est *permis de céder*.

Cet officier peut naturellement accepter des conditions plus avantageuses : mais il ne saurait, sans y avoir été autorisé, souscrire à des conditions plus rigoureuses. On verra alors si, en raison de la situation même dans laquelle on se trouve, on devra rompre immédiatement les négociations, ou s'il y a lieu d'en réserver la continuation éventuelle après avoir été chercher de nouvelles instructions. On devra toujours avoir recours à cette dernière manière de faire, toutes les fois qu'il y aura intérêt à gagner du temps.

Toute convention souscrite par un officier d'état-major ne devient généralement exécutoire que lorsqu'elle a été ratifiée par le général en chef. Mais le refus de ratification est alors aussi pénible pour cet officier général que pour l'officier d'état-major. Il faut donc, par suite, que l'officier d'état-major réclame des instructions aussi détaillées que possible, demande en présence de cas qui lui paraissent douteux des instructions supplémentaires que lui rapportera alors l'officier qu'il s'est adjoint et qu'il a emmené avec lui. Le droit des gens protége la personne des négociateurs (parlementaires) pendant tout le temps de leur séjour chez l'ennemi. Bien que le droit des gens ait été parfois violé sous ce rapport, bien qu'on ait souvent tiré sur des parlementaires, se présentant cependant dans les formes voulues (accompagnés d'un trompette sonnant « au parlementaire » et protégés par le drapeau blanc), il est bon de reconnaître que ces faits imputables parfois à un excès résultant d'une haine de races, ont été le plus souvent causés par l'ignorance des corps de troupes ou des individus. La sécurité même, que le

droit des gens assure au parlementaire, lui impose l'obligation de se tenir strictement dans les limites de la mission qu'il doit remplir auprès du commandant en chef du corps ennemi, et d'éviter avec soin tout abus qui pourrait résulter de sa présence parmi les troupes ennemies. En agissant autrement, il renoncerait de lui-même à la protection qui lui est donnée par le droit des gens, et il s'exposerait à toutes les rigueurs avec lesquelles l'ennemi pourrait à bon droit le traiter. Afin d'empêcher le parlementaire de se rendre compte de la position et de l'esprit des troupes, l'ennemi a le droit de faire bander les yeux à ce parlementaire.

On ne saurait d'ailleurs obliger l'ennemi à recevoir contre son gré un parlementaire. Le commandant d'une place assiégée, mais résolue, par exemple, à se défendre jusqu'à la dernière extrémité, fera bien de refuser de recevoir un parlementaire et de ne tolérer, dans ce cas, qu'un échange de communications écrites, qui seront remises aux avant-postes. En campagne on devra toujours arrêter les parlementaires aux avant-postes. On verra alors si, en raison des circonstances, il faudra les renvoyer purement et simplement, s'il y aura lieu ou de les entendre aux avant-postes ou de les faire arriver, en prenant toutes les mesures de précaution voulues, jusqu'au quartier général. On devra commander immédiatement le feu contre tout parlementaire qui, au lieu de s'adresser à un chef, sommera une troupe de se rendre.

c. — *Marches.*

L'officier d'état-major doit, pendant l'exécution d'une marche, se tenir constamment au courant des mouvements de toutes les troupes que les dispositifs de marche ont mises en route, en tant toutefois que ces mouvements peuvent avoir un intérêt pour le corps dont il fait partie. Dans le cas où les ordres supérieurs donnés à ce propos prêteraient à une interprétation amphibologique, on devra immédiatement demander des éclaircissements. On doit de plus, pendant la marche, veiller au maintien des communications et contrôler l'existence des correspondances avec les colonnes voisines, enfin s'assurer également que les communications, qu'on a prescrit d'établir entre les différentes parties du corps, fonctionnent effectivement. Si certaines fractions ont marché à une allure ou dans une direction autre que celle qui leur avait été désignée, on devra leur faire faire halte. L'officier d'état-major se tiendra, pendant la marche, à côté de son général, à moins que celui-ci ne lui ait assigné une autre place, en le chargeant de missions d'une nature particulière. Nous allons indiquer quelques-unes de ces missions que l'officier d'état-major peut même, en cas de besoin, provoquer sur sa demande :

1º Se porter jusqu'à la tête et même en avant de la tête d'avant-garde, pour se procurer des renseignements sur l'ennemi et sur le terrain. Les différents renseignements relatifs au terrain peuvent comprendre alors le choix de positions d'avant-garde, de routes permettant de se déployer pour combattre, d'emplacements pour les bivouacs, de points pour les haltes (on devra alors éviter d'assigner des positions de *rendez-vous* à des divisions et des brigades entières et de leur faire faire de longues haltes *sur les* routes mêmes), des projets d'établissement de cantonnements et de *camps de localité*, etc. Quand plusieurs officiers d'état-major seront attachés au corps de troupes, il sera souvent utile d'en attacher, pendant toute la durée de la marche, un à l'avant-garde (ou arrière-garde) avec plusieurs ordonnances, afin qu'il puisse informer rapidement le général des événements qui se produisent, des remarques qu'il a faites ;

2° Longer toute la colonne pour s'assurer qu'elle continue à rester formée, sans s'allonger outre mesure. Les allongements insignifiants n'ont, en effet, aucune importance. Des allongements constants, ou l'accroissement des profondeurs de marche des colonnes formées par les différents corps de troupes démontrent, ou que la discipline de marche est défectueuse, ou que la tête marche trop vite, ou enfin que les troupes commencent à être à bout de forces. Dans ce dernier cas, l'infanterie laissera derrière elle de nombreux traînards. L'officier d'état-major doit revenir auprès de son général à une allure des plus vives, et lui rendre compte de ce qu'il a vu ;

3° Quand il est attaché à une colonne latérale, lui donner une direction, toutes les fois que, comme cela se présente, par exemple à l'occasion d'un combat, il y a lieu de diriger de ce côté sa propre colonne, en cessant alors de marcher dans la direction primordiale. Parfois aussi il peut être utile d'orienter de la sorte une colonne voisine, dont la coopération peut être utile par rapport au but que poursuit la colonne qu'on dirige. Dans une division, dont l'état-major ne comprend, comme on le sait, qu'un seul officier d'état-major, on fait partir, à cet effet, un des officiers attachés à cet état-major ;

4° En retraite précéder la colonne jusqu'au défilé qu'elle devra traverser, et s'assurer que la colonne pourra s'y engager et le passer sans danger, sans rencontrer de résistance ; si, par une raison quelconque, la colonne doit faire halte avant de traverser le défilé, ou si l'ennemi la presse, on devra de suite rechercher une bonne position d'arrière-garde.

D. — *Combat.*

Bien que l'officier d'état-major ne prenne pas part au combat en qualité de commandant d'un corps de troupes, il peut néanmoins rendre de grands services pendant les combats. Son devoir consiste à assister son général par tous les moyens en son pouvoir et surtout en tout ce qui n'a pas un rapport immédiat avec le commandement des troupes engagées. Il ne doit pas chercher à exercer d'influence sur la direction des troupes engagées. Il vaut en effet, assurément bien mieux que le général n'ait pas besoin des *conseils* de son officier d'état-major. Cet officier doit donc, quand on ne lui demande pas son avis, se garder d'autant plus de l'exprimer qu'il arrive souvent qu'un général soit désagréablement impressionné par l'opinion émise par son subordonné qu'il n'aura pas mis formellement en demeure de faire connaître ses idées.

En pareil cas, il vaut infiniment mieux, quand bien même on aurait à proposer une mesure excellente, attendre pour en faire la proposition, et chercher habilement à trouver le moyen de se faire questionner. L'officier d'état-major peut arriver à ce résultat en éveillant, par exemple, par une réminiscence habile et toujours permise, l'attention du général que d'autres considérations absorbent peut-être en ce moment. C'est souvent même un devoir pour l'officier d'état-major que de chercher à intervenir de la sorte. Le tact même qu'apportera l'officier d'état-major dans des cas de ce genre, l'intelligence et le jugement dont il aura donné des preuves, amèneront la plupart du temps le général à demander l'avis et parfois à suivre les idées de l'aide naturel et le plus proche qu'il ait dans son état-major. C'est là un fait qui se manifeste d'une manière bien plus frappante dans les quartiers généraux d'armée et de corps d'armée, en raison même de la haute situation et de l'expérience plus grande des chefs d'état-major.

L'officier d'état-major appartient pendant le combat à son général, qu'il ne quittera que sur son ordre formel et qu'il rejoindra le plus vite possible toutes les fois qu'on l'aura envoyé remplir une mission particulière. Nous examinerons donc ici quelques-unes des principales missions de ce genre qui peuvent être confiées à un officier d'état-major.

1° Reconnaître l'ennemi et le terrain menant à l'ennemi.

2° Se renseigner sur les incidents du combat que le général ne peut apercevoir, sur la position de ses troupes et des troupes voisines.

3° Conduire certaines parties du corps, etc., orienter les différents chefs de corps sur les routes qu'il y a le plus d'avantage à suivre.

3° Faire parvenir à destination les ordres importants et ceux qu'il y a lieu de modifier en cas de besoin, conformément aux idées du général. On devra faire connaître d'*une manière complète* au chef de corps auquel on apportera un ordre, toutes les circonstances qu'il lui importe de ne pas ignorer. L'officier d'état-major doit du reste s'exprimer avec la plus grande prudence en présence des troupes et des chefs subalternes, et ne doit jamais répandre des nouvelles qui pourraient abattre le moral des troupes.

Il est de plus extrêmement important :

5° De recueillir et de conserver tous les renseignements écrits qu'on reçoit, etc., etc., en ayant soin de noter sur ces dépêches mêmes l'heure de leur réception. Dans les grands états-majors, un officier sera spécialement affecté à ce service.

6° Rédiger et faire partir en temps voulu les renseignements à adresser au général en chef, sous les ordres duquel on est placé, à moins que ce général n'ait envoyé à cet effet un de ses officiers. En agissant de la sorte, le général en chef est sûr de recevoir des nouvelles plus fréquemment et plus à propos.

7° Remarquer les différents besoins des troupes pendant le cours du combat, et prendre les mesures voulues pour les satisfaire, veiller surtout à tout ce qui a trait à l'établissement d'ambulances, à l'évacuation des blessés, au remplacement des munitions sur la ligne de combat, au mouvement des colonnes de subsistances, etc. Il s'agit alors de consulter à cet effet et de mettre en mouvement les différents facteurs chargés de ces services, afin de se renseigner sur l'état exact des troupes et des choses.

Dans un *combat offensif*, on doit avant tout faire une reconnaissance rapide de la position ennemie et de ses abords, puis rechercher de bonnes positions pour l'artillerie, voir s'il y a lieu de détacher certaines troupes, orienter enfin les chefs en sous-ordres auxquels on a donné une mission particulière, parce que le général n'aura ordinairement que le temps de leur donner purement et simplement cet ordre. On ne doit pas perdre de vue que les réserves, qu'on garde momentanément en arrière, doivent pouvoir entrer en ligne au moment voulu, ainsi que certaines colonnes et certains trains à mesure que le combat s'accentue. On doit enfin interroger les prisonniers blessés ou non blessés qu'on a pris en se portant en avant.

Dans la défensive, on devra observer attentivement les mouvements de l'ennemi et surtout le déploiement des troupes qui paraissent avoir reçu une destination offensive, ainsi que le flanc que l'ennemi semble vouloir menacer. Il faut donc, par suite, prendre aussitôt des mesures de résistance basées sur la connaissance précise et complète que l'on a de l'emploi à faire des troupes, dont la plus grande partie devra dans la défensive, sans parler des réserves, être toujours disponible. Il faut donc relever sur la ligne de combat, celles des troupes qui ont épuisé toutes leurs forces dans une lutte acharnée et les reporter jusque sur certains points qui serviront en outre de points sur lesquels viendront se rallier les troupes en désordre. On devra en outre se préoccuper des moyens de faire arriver et entrer en ligne les réserves au moment opportun, et avant tout profiter du moment propice pour prendre l'offensive soit sur toute la ligne, soit sur une partie seulement.

Après le combat, l'officier d'état-major doit s'occuper de toutes les mesures de nature à maintenir les troupes en état de combattre, il doit donc chercher à rétablir le plus rapidement possible l'*ordre de bataille* qui a été évidemment troublé par le combat. On arrive ainsi non-seulement à faire profiter les troupes des bienfaits de l'ordre, mais encore à faciliter la marche et l'arrivée des munitions, des subsistances et des bagages des troupes. En agissant autrement, il en résulte un va-et-vient de ces voitures qui ne permet d'avoir recours à elles que beaucoup plus tard, et qui, par suite du long séjour de ces voitures sur les routes, et de l'encombrement qui en est la conséquence, retarde et entrave l'évacuation régulière des blessés.

C'est en raison de l'*issue même du combat* qu'on se décide soit à poursuivre l'ennemi, soit à battre en retraite.

La valeur théorique *de la poursuite* est indiscutable, mais en réalité il faut souvent une énergie peu commune d'esprit et de caractère pour pouvoir régler et exécuter une poursuite avec toute la vigueur voulue. Le vainqueur est en général aussi épuisé par son succès que le vaincu par sa défaite. Plus la lutte a été vive, plus est grand aussi le sentiment de satisfaction qu'on éprouve à voir l'ennemi plier. On craint aussi de commencer prématurément la poursuite avec les quelques troupes plus ou moins en désordre dont on dispose et de compromettre l'importance d'un succès, si chèrement acheté et si péniblement remporté, en donnant contre des réserves ennemies composées de troupes fraîches. On ne considère alors que l'état de ses propres troupes, état qui laisse beaucoup à désirer, et l'on ne songe pas à se représenter l'état plus déplorable encore dans lequel doivent se trouver les troupes de l'adversaire. Enfin de plus on a une tendance naturelle, basée sur une juste reconnaissance, à ménager des troupes auxquelles on vient de demander des efforts si considérables. Tout cela est de l'humanité, mais c'est aussi de la faiblesse.

Par cela même que l'officier d'état-major a pris une part moins active, moins directe au combat, on est d'autant plus en droit d'exiger de lui qu'il résiste aux impressions douloureuses que laisse toujours derrière elle, même une bataille gagnée. Il doit réfléchir au lieu de se réjouir du succès qu'il vient de remporter. Mais c'est la réflexion même, qui démontre qu'il faut poursuivre l'ennemi en se servant de toutes les forces dont on dispose, « jusqu'au dernier souffle des hommes et des chevaux. » Ce que nous abandonnerons sur le champ de bataille et en route, nous rejoint plus tard, tandis que tout ce que l'ennemi abandonne, tombe entre nos mains.

L'officier d'état-major doit donc rechercher quelles sont les troupes les plus prêtes, les plus aptes à exécuter cette poursuite ; ce seront de préférence les troupes les plus avancées et les plus légères. D'ailleurs sur le champ de bataille, ce sera à la cavalerie et à l'artillerie dont les feux poursuivront au loin l'ennemi, qu'il appartiendra de tirer tout d'abord parti du succès. La poursuite ultétérieure sera l'affaire de la cavalerie à laquelle on adjoindra de l'artillerie à cheval. Si le combat a pris fin à la tombée de la nuit, on poussera des troupes d'infanterie en tête; la cavalerie est en effet trop exposée quand on la fait marcher dans les ténèbres. Mais elle doit alors suivre de près l'infanterie, afin de pouvoir commencer à s'acquitter de sa mission dès l'aube. Plus elle pourra faire, pendant la matinée et la journée qui suivront la victoire, mieux cela vaudra. Mais, pour que la cavalerie puisse obtenir des avantages réels sur l'arrière-garde ennemie composée de troupes de *toutes armes*, il faut que le terrain présente certaines conditions qu'on ne saurait trouver réunies partout. L'infanterie et l'artillerie de campagne doivent donc suivre d'assez près pour pouvoir soutenir la cavalerie dans les moments les plus difficiles. Quelle que soit la hardiesse qu'on apporte à la poursuite, on ne doit cependant jamais cesser d'être prudent; les têtes de colonnes devront surtout se garantir contre des attaques par surprise et s'assurer des soutiens et des points d'appui en arrière.

Il faut pour cela qu'on possède une cavalerie nombreuse et hardie. Si l'ennemi possède au contraire plus de cavalerie, la poursuite se ralentira bientôt, à cause des exigences qu'impose le service de sûreté et de l'incertitude dans laquelle on se trouvera par rapport à la direction qu'il convient de prendre.

Des colonnes de troupes en bon ordre doivent suivre de près l'avant-garde que, vu l'urgence, on a composée des premières troupes qu'on a trouvées, afin de la soutenir et de la relever à la première occasion.

Si, à la suite de la première journée de poursuite, on a acquis la conviction que l'ennemi se retire en désordre, il sera bon de tenter des attaques de nuit qui le démoraliseront complétement. On aurait d'autant plus tort de diriger des attaques de ce genre contre un ennemi en bon ordre, que l'insuccès presque certain de semblables coups de main aurait pour effet de relever le moral de l'adversaire.

Outre la *poursuite directe*, il sera bon de porter simultanément en avant une *colonne parallèle* qui tournera les positions occupées par l'arrière-garde ennemie et contraindra cette arrière-garde à se retirer en toute hâte. Si l'on peut alors se servir des chemins de fer, on réussira à précéder et à prévenir l'ennemi sur des points importants, on aura des chances de pouvoir changer sa défaite en catastrophe, et en tout cas on l'obligera à modifier la direction primitive qu'il avait donnée à son mouvement de retraite.

On doit toujours prévoir, avant chaque combat, l'éventualité d'une défaite et par suite d'une *retraite*. Les considérations stratégiques influent sur la direction même dans laquelle on pourra avoir à battre en retraite, les considérations tactiques déterminent les moyens à employer pour se porter dans cette direction.

Il faut avant tout, comme nous l'avons dit précédemment, qu'il existe à peu de distance une position d'arrière-garde, et en arrière de cette position, un terrain dans lequel les troupes vaincues trouveront de nombreuses voies de communications et de bonnes positions de ralliement.

On doit au plus tard, dès que la fortune commence à devenir contraire, prendre les mesures nécessaires pour reconnaître le terrain à travers lequel il s'agira de battre en retraite. Il faut alors reconnaître avec un soin tout particulier les chemins, les désigner d'une manière spéciale afin qu'on puisse les retrouver la nuit et éviter des erreurs funestes. On placera dans les carrefours, aux points de croisée des routes, des officiers ou des sous-officiers dont on est sûr, qui seront munis d'instructions écrites indiquant les directions que doivent prendre les différentes unités tactiques, ainsi que les points de ralliement qui leur sont affectés. On devra déterminer ces derniers points de manière qu'une fois ralliées, les troupes se retrouvent dans l'ordre dans lequel elles étaient avant le combat. On facilitera de la sorte les mouvements des colonnes, des trains et des bagages, et toutes les mesures relatives à leur marche et à leur direction. Ces trains, etc., etc., doivent d'ailleurs être portés en arrière le plus vite possible, afin de déblayer le réseau des routes dont les troupes auront à faire usage. On ne fera faire halte à ce moment, et dans un endroit favorable, c'est-à-dire en arrière d'un accident de terrain qui les couvrira, qu'aux trains qui sont nécessaires pour faire vivre les troupes, pour effectuer le ravitaillement des munitions.

L'état-major doit alors s'occuper de reconstituer le plus vite possible des colonnes de marche en bon ordre : mais, dans ce cas, on ne saurait pendant les premières heures prétendre obtenir un ordre réel. On devra se contenter alors de voir des bataillons, des escadrons ou des batteries isolées, pour peu qu'ils soient en bon ordre, entrer dans la colonne, sans vouloir établir un ordre, un rang entre eux. Il faut en effet avant tout chercher à mettre, sans s'arrêter, une certaine distance entre l'ennemi et le gros des forces. En agissant de la sorte, on arrivera plus aisément à faire, pendant la 2ᵉ marche, marcher les troupes dans un ordre correspondant à l'ordre de bataille.

On formera l'arrière-garde avec les troupes les plus sûres, avec celles qui seront encore le plus en état de combattre, et selon le cas, on attachera à cette arrière-garde de l'artillerie et de la cavalerie.

Pour le reste, l'état-major doit s'efforcer sans relâche

à faire passer les troupes par les meilleurs chemins, à leur assurer des subsistances abondantes, à leur procurer de bons abris.

Mais ce qui, bien plus que tout le reste, contribuera à relever le moral des troupes, ce sera une victoire que l'état-major doit sans relâche, et par tous les moyens en son pouvoir, s'efforcer de préparer en recherchant une occasion favorable pour tomber sur les têtes des colonnes ennemies chargées de la poursuite.

Il me reste encore à dire, à la fin de ce chapitre et en terminant ce livre, que chacun des *actes* de l'officier d'état-major doit avoir pour point de départ l'*approbation* de son général. L'officier d'état-major ne devra pas toujours *attendre qu'on lui attribue* un rôle, mais il devra demander *la permission* d'agir, toutes les fois du moins que cette autorisation ne lui aura pas été donnée une fois pour toutes par rapport à certaines questions.

Un officier d'état-major instruit, actif, intelligent, honoré de la confiance de son chef, pourra donc parvenir sans peine à se rendre utile, toutes les fois qu'il apportera dans tous ses actes le tact voulu. Si ce tact lui fait défaut, ou si toute son attention est absorbée par des choses insignifiantes, son oisiveté et son insuffisance mal dissimulées par une activité apparente ne tarderont pas à apparaître. De semblables officiers ne sont pas plus faits pour servir dans l'état-major que pour remplir des fonctions importantes.

FIN.

TABLE DES MATIÈRES.

PARIS. — IMPRIMERIE DE J. DUMAINE, RUE CHRISTINE, 2.